职业教育汽车类专业规划教材

# 汽车销售顾问实务

戴　华　主编／赵江　苏忆　副主编

清华大学出版社

北京

## 内容简介

本书是基于国内外汽车销售现状及发展的趋势，从汽车销售岗位工作任务分析入手，以汽车销售的整个过程为主线进行编写的。全书共分为9个模块，内容主要涉及汽车销售的九大核心环节，即潜在客户开发、售前准备、热情接待、客户需求分析、产品介绍、试乘试驾、价格价值商谈、新车交付和客户回访。本书注重知识的系统性和实用性，以及学习者技能和岗位素养的培养，使学习者能快速了解汽车销售行业特点，掌握汽车销售流程以及销售技巧，从而很快适应汽车销售类岗位。

本书既可以作为高职高专院校汽车类专业教材使用，又可以作为培养现代汽车4S店销售顾问的培训用书。



**图书在版编目（CIP）数据**

汽车销售顾问实务/戴华主编. --北京：清华大学出版社，2016（2024.9重印）
职业教育汽车类专业规划教材
ISBN 978-7-302-44024-6

Ⅰ.①汽… Ⅱ.①戴… Ⅲ.①汽车－销售－职业教育－教材 Ⅳ.①F766

中国版本图书馆CIP数据核字(2016)第166459号

**责任编辑**：刘翰鹏
**封面设计**：常雪影
**责任校对**：李　梅
**责任印制**：杨　艳

**出版发行**：清华大学出版社
　　**网　址**：https://www.tup.com.cn，https://www.wqxuetang.com
　　**地　址**：北京清华大学学研大厦A座　　**邮　编**：100084
　　**社 总 机**：010-83470000　　**邮　购**：010-62786544
　　**投稿与读者服务**：010-62776969，c-service@tup.tsinghua.edu.cn
　　**质量反馈**：010-62772015，zhiliang@tup.tsinghua.edu.cn
**印 装 者**：三河市龙大印装有限公司
**经　销**：全国新华书店
**开　本**：185mm×260mm　　**印　张**：17　　**字　数**：387千字
**版　次**：2016年9月第1版　　**印　次**：2024年9月第5次印刷
**定　价**：48.00元

产品编号：070134-02

# 职业教育汽车类专业规划教材<br>专家委员会

# 职业教育汽车类专业规划教材
# 编审委员会

# 序

汽车业是国民经济的重要支柱产业之一。汽车工业是生产各种汽车主机及部分零配件或进行装配的工业部门。中国汽车制造业增势迅猛，2009年国内汽车销量突破1300万辆，超越美国成为全球最大的汽车市场。2014年，国内汽车年产销2200万辆。汽车是高科技的综合体，并且随着汽车工业的不断发展，新技术、新材料、新工艺、新车型不断涌现，给人们带来丰富多彩的汽车文化的同时，也给汽车从业人员和汽车专业的教学提出了挑战。

汽车后市场是指汽车销售以后，围绕汽车使用过程中的各种服务，涵盖了消费者买车后所需要的一切服务。商务部公布的汽车授权销售商已经突破9万个，其中24 000家4S店；国内拥有600余家新车交易市场或汽车园区，拥有800余家二手车交易市场，拥有1000余家汽车配件和汽车用品市场。汽车后市场的繁荣形成了巨大的高技能人才需求。

职教领域汽车专业是随着汽车工业不断发展而衍生出来的一个专门服务于这个行业的专业系，主要包括汽车服务工程、汽车销售与评估、汽车检测与维修、汽车商务管理等学科，基本涵盖了汽车行业研发、制造、销售、售后服务等过程。目前一些职业院校人才培养还不能够适应行业发展需要，成为阻碍汽车行业发展的一个至关重要的问题。如何能够协调好行业发展与人才培养问题，需要切实解决在职业教育中汽车专业所需要面对的问题方法，从教学观念着手，切实改进教育方法，注重学生实际操作能力要求，加强学生实际工作能力，加强师资队伍建设，加强与企业的深度融合。

中锐教育集团与上海通用、上海大众、一汽奥迪、广汽本田、中国汽车流通协会以及国内众多的汽车经销商集团合作，学习并吸收国外先进的职业教育经验和人才培养模式，引入汽车主机厂的员工培训模式与方法，和清华大学出版社联合推出此系列规划教材。教材针对当前汽车产业所采用的大量新技术、汽车检测新技术和新设备的升级更新；针对汽车行业与企业对人才需求的新标准和新要求；针对学生今后就业岗位的职业岗位能力要求和职业素养要求，满足汽车专业职业教育产教融合的需要。

随着国家提出创新驱动的战略，未来汽车行业对于技能型人才的需求还将继续扩大，同时国家正在致力推动汽车职业教育的转型升级，汽车行业职业教育面临着机遇和挑战并存的现状。希望通过双方共同的努力，逐步建立整套汽车专业设置的解决方案，完善汽车职业教育与汽车行业企业人才需求、课程内容与汽车职业标准，培养满足未来汽车行业要求的技能型人才。

写于清华园

2014 年 12 月

# 自序

职业教育培养的是技术技能型人才，为工业化转型和经济发展升级换代提供人力资源保障，发展职业教育是提升综合国力和核心竞争力的重要措施和手段，是实现中国梦的重要支撑。职业教育是现代国民教育体系的重要组成部分，在实施科教兴国和人才强国战略中具有重要的作用。党中央、国务院高度重视发展职业教育，《国家中长期教育改革和发展规划纲要(2010—2020)》和《现代职业教育体系建设规划(2014—2020)》等文件都强调要大力发展职业教育，明确未来要让职业学校的专业设置、教学标准和内容更加符合行业、企业岗位的要求。

中锐教育集团创始于1996年，是中锐控股集团旗下的主要成员，总部位于上海，是中国领先的职业教育投资商和服务商，经过多年的不懈努力，形成了涵盖基础教育、高等教育、国际教育、职业教育与企业培训的集团化教育课程体系，是目前国内教育业务范围最广、投资规模最大的教育集团之一。

2006年，中锐教育集团响应国家大力发展职业教育的号召，认真贯彻落实国家教育改革与发展纲要精髓，积极推动汽车制造和服务类专业改革与创新，力争教育教学质量和人才培养指标提升，为行业提供高素质人才。集团以汽车职业教育为龙头，创立"华汽教育"品牌，积极引进国外优质教育资源、课程体系、师资力量以及考试认证体系，整合行业资源，成功开发了符合中国国情、拥有自主知识产权的汽车职业教育课程体系。中锐教育集团把优化专业结构、创新人才培养模式、加强专业内涵建设和课程体系建设作为教育教学改革的重点核心任务，积极组织研发教材，旨在提高教育教学质量和办学水平。

近年来，中锐教育集团坚持教育改革，探索和建立完善的教学体系，围绕学生就业核心岗位的工作领域构建人才培养方案，形成公共教学平台、专业基础平台、专业模块加专业拓展平台的课程体系；针对专业所面向的行业(产业)与岗位群，以岗位通用技能与专门技能训练为基础，系统设计满足专业共性需求与专门化(或个性化)需求、校内校外相结合的实训体系；围绕专业人才培养方案，以培养职业岗位能力和提高职业素养为重点，在校企之间

搭建信息化平台，将企业资源引入教学中，建设开放式的专业教学支持系统，创建先进的数字化学习空间，实现信息化教学资源在专业内的广泛共享。

中锐教育集团不断改革与完善课程结构，自2007年以来，开发了华汽1.0版本、2.0版本和3.0版本的教材。在前三个版本的基础上开发了4.0版本教材。4.0版本教材针对现代汽车上采用了大量的新技术、汽车检测新技术、新设备的升级更新，针对汽车行业与企业对人才需求的新标准与新要求，针对学生今后就业岗位的职业岗位能力要求和职业素养要求，教材建设要体现思路新、内容新、题材新。中锐教育集团积极与上海通用、上海大众、一汽奥迪、广汽本田和全国机械职业教育教学指导委员会、机械工业教育发展中心、中国汽车流通协会，以及与全国众多的汽车经销商集团合作，学习吸收国外先进的职业教育经验和人才培养模式与方法，引入汽车主机厂的员工培训模式与方法，将岗前培训的要求与内容引入课程中，将职业岗位能力要求嵌入课程，课程建设始终贯彻建立以服务地方经济为目标，以学生就业为导向，加强职业素质训导，强化职业道德教育，强化任务驱动、项目导向"教—学—做"一体化的教学模式。

为了适应教学改革的需要，积极发展信息化教学，4.0版教材有纸质版与电子版两种版本，纸质版教材多数采用彩色印刷，图文并茂，更符合高职高专学生的学习要求。中锐教育集团积极开发O2O在线教学与管理平台，将电子版教材放入"电子书包"中，同时与微课、微视频、操作技能培训视频、错误操作纠错视频、原理动画等相配套。与教学互动、在线考试相结合，充分利用信息化教学平台，激发学生的学习积极性和主观能动性，提高教学质量，提高职业岗位能力的培养。

本丛书组建了高等院校、高等职业技术学院、汽车工程学术组织、汽车技术研究机构、汽车生产企业、汽车经销商服务企业、汽车维修行业协会、汽车流通行业协会及汽车职业技能培训机构等各方人士相结合的教材编审委员会，以保证教材质量。

真诚地希望本丛书的出版能对我国的职业教育和技能培训有所裨益，热切期待广大读者提出宝贵意见和建议，使教材更臻完善。

2014年12月

# 前　言

本书贯彻了教育部关于职业教育的指导方针和教育思想，紧跟汽车销售市场和行业的发展，以汽车高端品牌销售模式为蓝本，融入现代学徒制的理念和元素，将高职教育"项目引领，任务驱动"的特色与企业真实的职业标准、岗位要求和职业素养紧密结合，尽力打造一本培养具有分析和解决汽车销售领域工作实际问题的复合型应用人才的优质教材。

本书综合了汽车品牌公司的销售和管理模式，以汽车销售顾问岗位的九大核心环节为主线，分9个模块进行编写。与其他同类书相比，本书在布局和内容上都有一定的创新。首先，每个模块除了正文外，均给出了各模块对应的学习目标和能力目标，使学生们对每个模块的学习目标更为明确；其次，每个模块都从案例导入开始，使学生们能带着真实的工作情境进入学习；再次，每个模块都配有对应的岗位技能考核的标准，便于学生通过考核标准来更好地领悟技能达标的要求；最后，每个模块都附有相应的拓扑图。拓扑图是每个模块对应知识点的梳理，既是对知识点间关系的呈现，也是学生自我考核的依托。学生通过拓扑图能清晰地了解某个模块所介绍的内容和自身在学习中存在的不足。

本书由无锡南洋职业技术学院汽车工程与管理学院汽服教研室主任戴华主编，由北京大易福天技术培训有限公司高级培训师赵江、无锡商业职业技术学院汽服教研室主任苏忆担任副主编。参编人员来自一些品牌汽车4S店的管理人员和高端汽车品牌的培训师。模块1由赵江编写；模块2和模块7由南通文峰伟悦汽车销售有限公司副总王迪娜编写；模块3和模块4由上海雷神销售培训讲师(奥迪)赵海峰编写；模块5和模块6由戴华编写；模块8和模块9由苏忆编写。

本书在编写过程中，得到了同行的大力支持，在此表示诚挚感谢，本书参考了大量国内外文献资料，在此一并向相关参考文献作者表示诚挚的谢意。

由于编者水平有限，书中难免存在疏漏，欢迎读者批评指正。

编　者

2016年7月

# 目 录

## 模块 1 汽车销售实务概述 <<<1



## 模块 2 潜在客户开发及转化 <<<39

## 模块 6 试乘试驾 <<<125



## 模块 7 价格价值商谈 <<<141



## 模块 8 新车交付 <<<159

## 模块 9 客户回访 <<<203



## 作业单 <<<221

# 模块1

## 汽车销售实务概述

### 学习目标

**1. 知识目标**

(1) 了解目前国内汽车销售发展现状及未来趋势；

(2) 能描述国内汽车销售经营模式及不同模式特点；

(3) 熟悉汽车销售企业的组织架构及岗位设置；

(4) 能描述销售顾问岗位的基本职责；

(5) 能描述销售顾问职业素质和形象的基本要素；

(6) 能描述产品展示概念及原则。

**2. 能力目标**

(1) 具备汽车销售市场数据的分析能力；

(2) 具备基本沟通和谈判技巧；

(3) 具备基本产品展示能力；

(4) 具备为客户提供个性化服务能力；

(5) 具备在汽车销售过程中展示出良好商务礼仪的能力；

(6) 具备严谨工作态度及爱岗敬业的精神。

### 案例导入

2014—2015年度是中国汽车销售行业特殊的一年，国内的汽车销售遇到了较大的发展瓶颈。作为汽车技术服务与营销专业的大二学生小赵，酷爱汽车，从事汽车销售工作意愿较强烈。同时，他也了解汽车销售行业发展实际情况，但是对于自身能力和行业就业的具体需求的了解不足。因此他急迫想了解汽车销售实务的具体知识和技能，为日后就业打下坚实的知识、技能基础。

## ◎学习方案

（1）通过对汽车行业的现状、经营的模式以及未来发展趋势的了解，对汽车销售行业实际发展有一个全面的认识。

（2）通过对汽车典型企业组织架构的剖析，明确自己的职业定位和今后的职业发展方向。

（3）基于4S店对汽车销售顾问的职业能力、职业素养的要求，结合相关实训，全方位了解汽车销售顾问的职业特色。

## 拓 扑 图

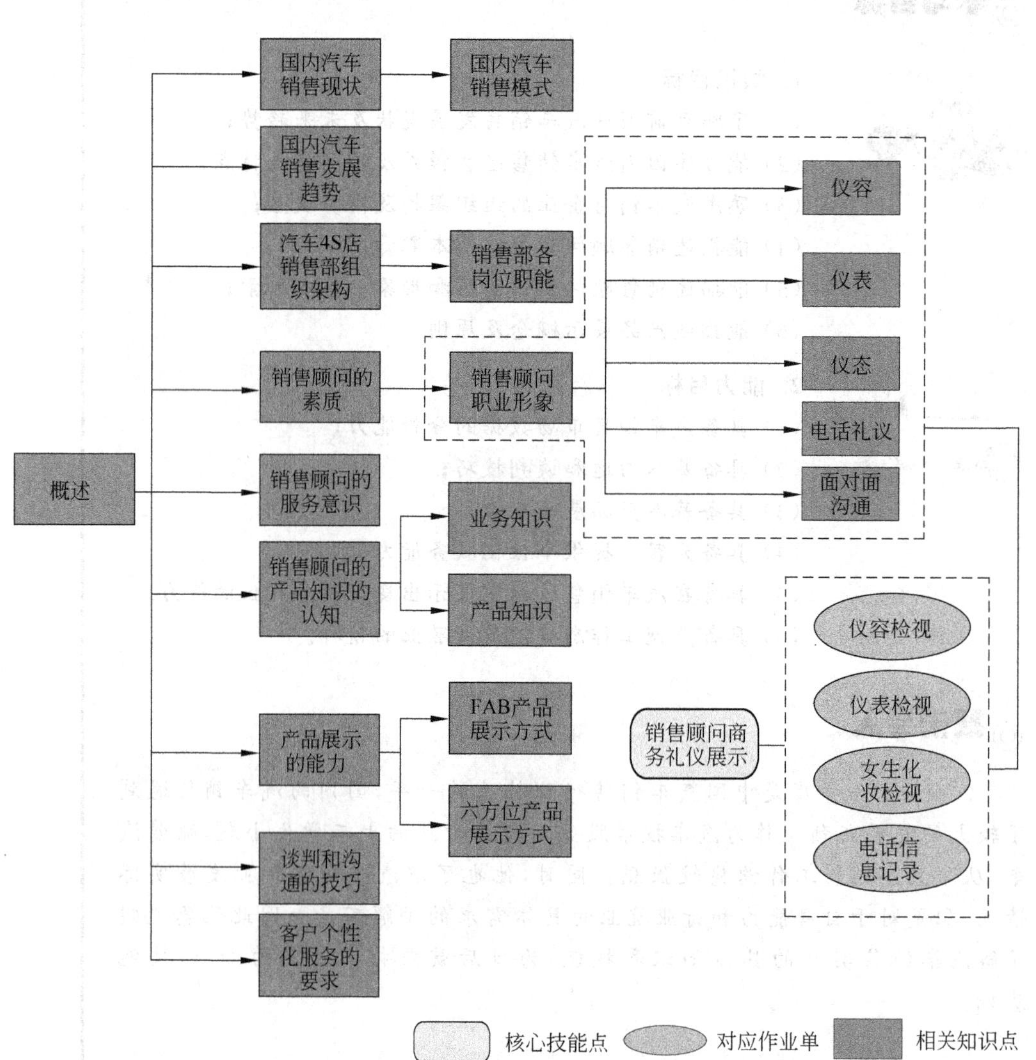

## 1.1 国内汽车销售现状及发展趋势

我国作为汽车制造和消费大国,截至 2014 年汽车保有量达到了 1.54 亿辆。随着国内经济持续稳健发展,我国汽车保有量继续呈快速增长趋势。2014 年新注册汽车 2188 万辆,保有量净增 1707 万辆,两项指标均达历史最高水平。数据显示,全国有 35 个城市的汽车保有量超百万辆,其中北京、成都、深圳、天津、上海、苏州、重庆、广州、杭州、郑州 10 个城市超过 200 万辆。根据权威数据显示,我国汽车市场依然在全球汽车销售市场领域扮演着举足轻重的角色。

汽车消费市场的增长速度,一定基于消费者的根本需求,其包括增量需求和存量需求。在洞悉增、存量需求之前,可以先参考我国国民收入和汽车保有量,如图 1-1 所示。回顾一下我国汽车需求的发展历程。

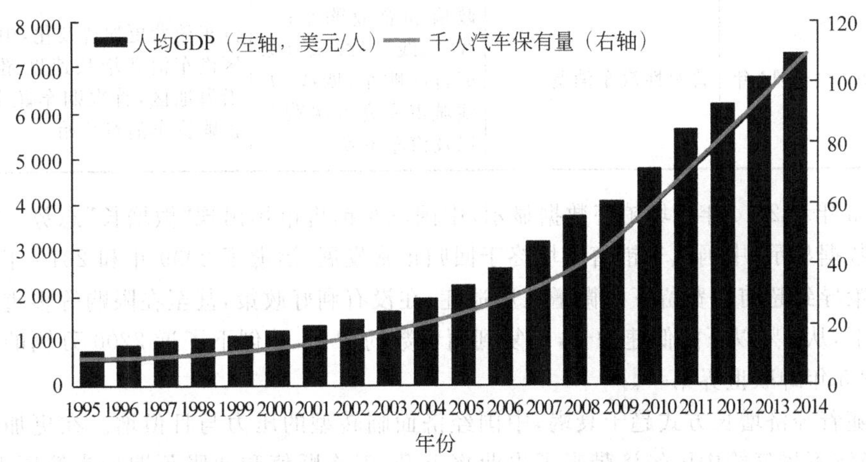


**图 1-1 1995—2014 年中国人均 GDP 和千人汽车保有量**

分析人均 GDP 和千人汽车保有量的动态关系可以发现:过去近 20 年的中国千人汽车保有量和人均 GDP 之间存在极高的相关性(相关系数高达 99.2%)。2002 年,中国人均 GDP 仅 1482 美元,当年民用汽车千人汽车保有量为 16;在随后的 12 年,中国的人均 GDP 增长近 5 倍,达到 2014 年的 7312 美元;千人汽车保有量增长超 6 倍,至 107 倍。足以证明,中国经济快速发展所带来的居民收入水平的大幅提高是中国汽车需求快速增长的根源。

伴随着中国经济发展速度的不断变化,汽车需求随之出现了明显的迭代效应,即随着消费者收入水平不断临近并突破汽车消费的临界点,推动汽车市场增长的增量需求持续出现,同时,随着时间的演进,原有的增量需求随之转化为存量需求,而新的增量需求再次成为中国汽车市场,尤其是乘用车市场的助推剂。

基于中国汽车市场增量需求和存量需求出现的关键时间节点,中国汽车市场发展历程大致可以分为五个阶段,如表 1-1 所示。

表 1-1　中国汽车市场发展的五个阶段

| 阶段 | 年　份 | 增量需求 | 存量需求 | 特　征 |
|---|---|---|---|---|
| 一 | 2000 年之前 | 政府、企事业单位 | 无 | 公务汽车需求为主；汽车市场波动剧烈；以进口车市场为主导 |
| 二 | 2001—2004 年 | 一线城市家庭首次购车 | 政府和企业购车 | 一线城市家庭首次购车大规模出现，在此期间北京汽车销量占全国 1/10 |
| 三 | 2005—2007 年 | 二线、三线城市家庭首次购车 | 政府和企业购车；一线城市家庭首次购车 | 随着经济繁荣，以东南沿海发达城市为代表的家庭开始大规模购车 |
| 四 | 2008—2011 年 | 汽车下乡及四、五线城市家庭首次购车 | 政府和企业购车；一线、二线、三线城市家庭首次购车 | "四万亿"计划与汽车振兴计划刺激汽车提前进入家庭；部分四五线城市家庭首次购车，经济型汽车出现阶段性热销 |
| 五 | 2012—2014 年 | 普及性汽车消费 | 政府和企业购车；一线、二线、三线城市家庭首次购车；四线、五线城市家庭首次购车以及汽车下乡 | 汽车消费更加普及化，中西部地区汽车消费增长速度超过东南沿海地区，首次购车超七成，增换购汽车消费开始 |

2013 年和 2014 年市场销售数据显示，中国汽车销售市场出现"微增长"态势。2013 年的销售数据显示，中国汽车销售市场终于回归正常发展，治愈了 2009 年和 2010 年由刺激消费政策导致超前消费留下的微增长后遗症，在没有利好政策，甚至在限购等多重不利因素影响下，从 5%以下的低速增长，恢复到两位数的增长，并创下了近 2200 万辆的销量成绩，连续 5 年蝉联世界第一。

但随着经济增长方式趋于衰竭，中国经济面临转型的压力与日俱增。在更加微观的层面，经济不景气给中国经济带来了失业率上升、汇率贬值和通胀预期抬头等压力，并传导到中国汽车消费领域，2014 年之后，中国汽车市场第五个阶段的普及性汽车消费开始从增量需求转化为存量需求，但增量需求在此时处于迷失状态之中，推动中国汽车市场持续增长的长期逻辑被打断，汽车销售市场必将面临较大的挑战。与此同时，汽车销售行业的模式也必将进行变革和发展，以期应对未来汽车销售市场的风云变化。

## 1.1.1　国内汽车销售模式

随着国内社会经济的快速发展、汽车市场的逐渐成熟以及在"互联网＋"时代的引领下，目前国内汽车销售模式也呈现多元化发展趋势。目前我国汽车产品较为典型的销售模式包括品牌特许经销商、汽车经销企业、汽车销售商务平台 3 个。

### 1. 汽车特许经销商

1）汽车特许经销商的概念

汽车特许经销商，又称为"4S 店"。它是一种汽车销售及服务模式，属于品牌特许经营的范畴。具体而言，它包括集整车销售（Sale）、配件供应（Spare part）、售后服务

(Service)、信息反馈(Survey)于一体的特许经销一种品牌的汽车销售服务公司。

2) 汽车特许经销商的特点

随着中国汽车市场逐渐成熟,用户的消费心理也逐渐成熟,用户需求多样化,对产品、服务的要求也越来越高,越来越严格。“4S 店”的出现,恰好能满足用户的各种需求。它可以提供装备精良、整洁干净的维修区、现代化的设备和服务管理、高度职业化的气氛、保养良好的服务设施、充足的零配件供应、迅速及时的跟踪服务体系。通过“4S 店”的服务,可以使用户对品牌产生信赖感,从而扩大汽车的销售量。

特许经销商必须按照厂家要求单独注册公司来运营,并且所有的厂房等基础设施及生产设备都必须按照厂家的统一标准建设,如图 1-2 所示。经销商的运营模式必须按照厂家的标准执行,同时不断获得厂家的专业培训和技术支持,并每年接收厂家的专业业绩评估考核,或者厂家会定期进行第三方专业调查公司进行满意度调查。特许经销商销售和售后服务过程中,车辆和零配件直接由厂家专供,从而杜绝车辆和配件的质量问题。

图 1-2　品牌特许经销商

## 2. 汽车经销企业

汽车经销企业是随着市场经济的发展而产生的有别于特许经销商销售模式的一种新型的汽车交易场所和方式。它集中了国内外各种品牌、价格、档次的汽车,由多个代理经销商分销,形成集中的多样化交易场所,使购车人在同一地点即可比较选择各种品牌的车辆。

1) 汽车经销企业的概念

汽车经销企业,俗称汽车交易市场。它是指一些小规模经销商(一般是二级、三级代理商),租借一些汽车市场的摊位或者某个门面开展直接面对客户销售汽车的业务方式,如图 1-3 所示。

2) 汽车经销企业的特点

汽车经销企业有三大特点:价格低、品种全、服务好,满足了中国消费者在消费的过程中都希望能够进行“一站式”服务的、交易手续少的需求。大的汽车交易市场一般都有金融、税务、保险、车管等相关职能部门入驻现场服务,可以很好地满足消费者的这种消费

图 1-3 汽车经销企业

习惯，而一般的品牌专卖店则没有这种优势。

当然，汽车经销企业依然存在较大的弊端：①价格竞争激烈，会造成恶性竞争，市场稳定性差；②汽车经销企业的硬件与软件方面无法满足客户日益增长的需求；③特别关键的是汽车经销企业无法提供良好的售后服务及车源质量保证。

**3. 汽车销售商务平台**

随着信息化、网络化、数字化的发展，借助网络广泛地从事商品与服务的电子商务，大大扩展了交易范围，有效地缩短交易时间、降低交易成本，提高交易效率，并使交易透明化。在这种背景下，传统制造企业、经销商企业纷纷应用网络技术，以实现企业电子商务化，增强企业的市场竞争力。

在被称为“互联网+”的时代中，基于 Internet 的电子商务活动也越来越频繁地出现于现代中国的汽车销售活动中，汽车销售商务平台已然成为一种新的汽车销售渠道。

1) 汽车销售商务平台的概念

汽车销售商务平台，通常被称为“网络销售”，即通过相关网络来宣传自己的品牌、经销商，推广自己的产品或服务。

对于现在的汽车行业而言，实施电子商务已成为各大汽车集团以及特许经销商的共识，如一汽-大众奥迪设立了天猫官方旗舰店，如图 1-4 所示。各经销商集团运用汽车媒体网站建立销售网络平台，如图 1-5 所示。客户可以通过手机端 APP 或者计算机端网页进行相应的消费活动。

2) 汽车销售商务平台的特点

相对于传统营销手段，网络营销能够超越时间和空间的制约，更直接的满足消费者的需求，同时减少了传统营销中“层层剥扣”的问题，能很好地控制终端客户的满意度，给客户更大的优惠，具有更大的优势。

汽车销售商务平台有其相应的优势和劣势，如表 1-2 所示。

图1-4 一汽-大众奥迪天猫官方旗舰店

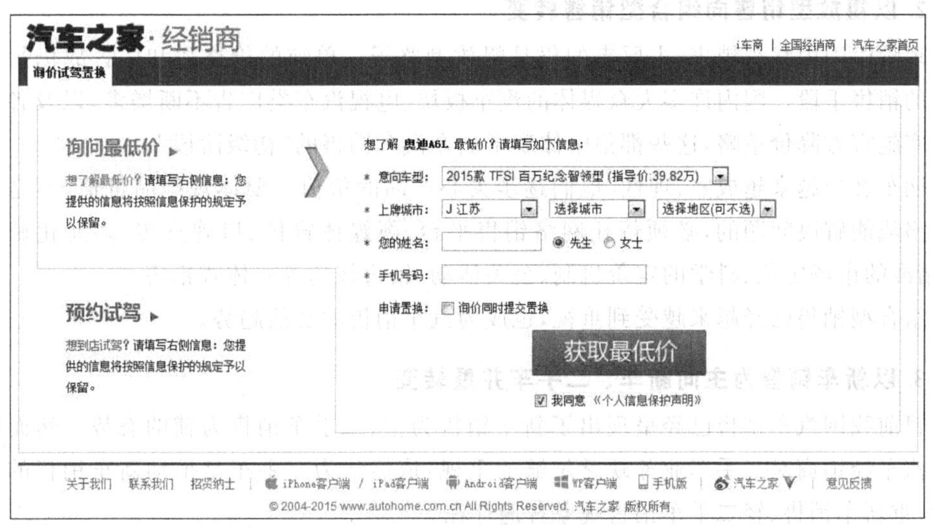


图1-5 经销商媒体网站销售平台

表1-2 汽车销售商务平台优劣势

| 汽车销售商务平台优势 | 汽车销售商务平台劣势 |
|---|---|
| (1) 有效改变了传统销售渠道。 | (1) 客户网购车辆尚缺乏信心。 |
| (2) 经销商企业成本有效降低。 | (2) 网络销售与经销商销售之间仍存在一定冲突。 |
| (3) 企业与客户实现双向沟通。 | (3) 网络销售的产品实际体验不足。 |
| (4) 较大地促进了汽车销售良性发展。 | (4) 网络销售大宗金额消费尚存在安全性问题。 |
| (5) 品牌和经销商获得了更好的广告传媒效果 | (5) 网络销售平台发布信息的可靠性尚欠缺 |

但是，基于网络的虚拟特点，同样制约着汽车销售市场。由于汽车属于非标准化产品，不像衣服、化妆品等标准产品，目前不能完全通过网络进行整车销售的全过程。其大

部分依然采用 O2O 的模式进行，注重线上咨询、线下经销商实体体验服务。因此，可以看出特许经销商仍然是目前最根本、最有效的汽车销售模式。

### 1.1.2 国内汽车销售发展趋势

伴随国内汽车行业的日渐成熟，“销售观念”已经从以卖方需要为中心，转变为以买方为中心。“汽车销售观念”的核心是考虑如何通过产品研制、传送以及最终产品的消费等有关的所有活动，来满足客户的需求。

因此以客户的需求为汽车销售活动的起点和中心，成为未来国内汽车销售发展的必然趋势。具体体现在以下几个方面。

**1. 以单一销售产品向综合服务进行转变**

消费者的购车理念越来越成熟，汽车经销商应该从原有的单一销售产品向综合服务转变，以面对激烈的市场竞争，已凸显出“销售服务理念”是提升客户满意度的重要措施。

**2. 以粗放型销售向组合型销售转变**

现阶段国内汽车销售，主要走的仍是粗放型路子。单纯的价格战和广告战仍是企业热衷的销售手段。国内许多大众媒体的汽车板块、电视汽车类广告不断增多，以及各厂家不断实施官方降价策略，这些都集中体现了当今汽车销售的“初级阶段”。

购车客户越来越成熟、理性，他们逐步关心产品的价值。要体现产品价值，不是单一的价格战能解决问题的，必须依托网络销售平台、新媒体宣传、口碑宣传、多元化销售渠道、精准的市场定位、科学的定价机制、公关活动、销售技巧等立体式销售。

组合型销售已经越来越受到重视，也成为汽车销售的必然趋势。

**3. 以新车销售为主向新车、二手车并重转变**

目前我国汽车销售已经呈现出了新车销售为主、二手车销售为辅的态势。然而现在国内汽车经销商对二手车业务缺乏足够的重视，依然认为二手车是推动新车销售的一种手段，重新车销售、轻二手车销售现象普遍存在。

在国内一些发达城市，二手车的销售已经成为汽车销售的主要利润增长业务。目前，国内大部分合资品牌都积极开展了二手车销售业务板块，如奥迪品鉴二手车、宝马尊选二手车等。

## 1.2 汽车 4S 店销售部组织架构及职能

目前汽车销售的基本业态，依然以汽车 4S 店作为汽车销售的主体存在。不同品牌 4S 店组织架构和岗位设置有所区别，本节将分别介绍不同规模 4S 店销售部组织架构与岗位设置。

##  1.2.1 汽车4S店销售部组织架构

不同品牌4S店销售部组织架构大同小异,岗位设置名称略有区别。为了具有针对性和代表性,下面以奥迪品牌经销商销售部为例。

奥迪特许经销商(4S店)根据其规模大小分为小规模经销商、中等规模经销商、大规模经销商。按照其规模不同,奥迪厂家对于4S店整体组织框架及岗位设置有所差异。

奥迪小规模经销商销售部组织架构如图1-6所示。

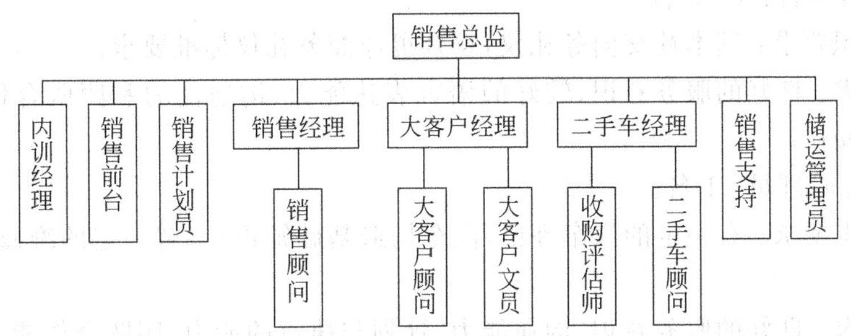


图1-6 奥迪小规模经销商销售部组织架构

奥迪小规模经销商与中等规模经销商、大规模经销商销售部组织架构之间的关键区别在于:奥迪中等、大规模经销商二手车业务单独成立销售部,设置二手车部。

##  1.2.2 汽车4S店销售部岗位设置及职能

### 1. 奥迪经销商销售部岗位设置及要求

(1) 销售总监:1名。

特殊知识要求:了解汽车行业市场、具有扎实的汽车方面的专业知识;具有深入的营销知识;熟悉奥迪产品知识、业务流程及厂家关于销售的相关政策,具备基本的财务和法律知识。

技能要求:具备敏锐的市场洞察力;出众的团队领导能力和发展他人的能力;较强的组织、协调能力;良好的关系建立能力、沟通能力和冲突解决能力。

(2) 销售经理:4~6名销售顾问配备1名销售经理。

特殊知识要求:了解汽车行业市场、掌握汽车方面的专业知识;具有良好的营销和奥迪产品知识,熟悉业务流程及厂家关于销售的相关政策,基本的财务和法律知识。

技能要求:良好的团队领导能力、关系建立能力、沟通能力和冲突解决能力,具有较强的理解力和执行力;熟练掌握各类办公软件的操作。

(3) 销售计划员:CKD(国产车)1名,FBU(进口车)年销量超过50辆设1位专职FBU销售计划员1名。

特殊知识要求:掌握数据统计与处理方面的专业知识;对销售市场及竞争对手有一定的了解。

技能要求:具有较好的组织协调能力、市场分析能力;能够熟练操作计算机。

(4) 销售顾问：按照每名销售顾问每年销售新车 80～100 辆的标准配备。

特殊知识要求：掌握营销相关知识；了解汽车行业并熟悉奥迪产品及销售流程知识。

技能要求：良好的销售与谈判能力、沟通表达能力、关系拓展与维护能力以及较强的计划执行能力；熟练掌握各类办公软件的操作；持有驾驶执照。

(5) 销售支持：若干名。

特殊知识要求：良好的奥迪产品知识；信息技术知识；车辆贷款知识；车辆保险知识。

技能要求：良好的服务意识、沟通能力和团队合作能力；掌握计算机日常操作。

(6) 销售前台：1～2 名。

特殊知识要求：基本社交商务礼仪，符合奥迪商务礼仪标准要求。

技能要求：良好的服务意识、较好的语言表达能力、沟通能力和团队合作能力；掌握计算机日常操作。

(7) 储运管理员：1 名。

特殊知识要求：有一定的汽车理论、汽车构造基础知识；了解一定的维修常识和营销知识。

技能要求：良好的服务意识、沟通能力、计划与执行的能力、团队合作能力；能够熟练使用计算机；持有驾驶执照。

(8) 大客户经理：1 名。

特殊知识要求：具备良好的营销知识和奥迪产品知识，良好的社交礼仪知识。

技能要求：良好的商业敏感性、关系拓展与维护能力、沟通能力、演示能力、团队合作能力。

(9) 大客户顾问：按照每名销售顾问每年销售新车 80～100 辆的标准配备。

特殊知识要求：具备良好的营销知识和奥迪产品知识。

技能要求：良好的商业敏感性、关系拓展与维护能力、沟通能力、演示能力、团队合作能力。

(10) 大客户文员：小规模经销商可根据自身大客户业务开展的实际情况灵活设置该岗位；中等规模及大规模经销商配备 1 名。

特殊知识要求：具备良好的营销知识和奥迪产品知识。

技能要求：具有较强的沟通能力；具有较强的责任心和敬业精神；能够熟练操作各种办公软件，并能熟练使用其他办公自动化设备。

(11) 二手车经理：1 名。

特殊知识要求：有良好的营销知识和奥迪产品知识；了解汽车构造及维修知识，熟悉各种汽车相关配置及状况；了解二手车市场以及竞争对手的情况。

技能要求：良好的组织协调能力、沟通能力及团队合作能力；有驾驶执照；熟悉计算机操作。

(12) 二手车顾问：若干。

特殊知识要求：熟悉奥迪产品知识；了解汽车构造、维修知识及各种汽车相关配置状况；了解二手车市场以及竞争对手的情况。

技能要求：良好的销售与谈判能力、沟通表达能力以及较强的计划执行能力；熟悉计

算机操作；持有驾驶执照。

(13) 收购评估师：1名。

特殊知识要求：经过奥迪AAA二手车业务专门培训，十分了解当地及全国二手车市场行情。

技能要求：具有国家认可的中级及以上评估师资格；对市场有分析、判断能力；持有驾驶执照。

(14) 内训经理：1名

特殊知识要求：熟悉奥迪产品及流程知识；了解汽车构造、维修知识及各种汽车相关配置状况。

技能要求：经过奥迪DIT(内训经理)岗位业务专门培训并通过DIT岗位认证；良好的销售与谈判能力、沟通表达能力、较强的计划执行能力；熟悉计算机操作。

**2. 奥迪经销商销售部岗位职能及权限**

1) 销售总监岗

层级关系：直接上级为总经理；直接下级为销售经理、大客户经理、二手车经理、销售计划员、储运管理员、销售前台、销售支持。

职责及权限：

(1) 根据一汽-大众奥迪销售公司下达的销售任务，制定销售战略和销售计划；

(2) 基于销售计划，结合市场动态，更新销售策略；

(3) 协调相关资源，领导下属员工完成销售目标；

(4) 标准、流程的实施与控制；

(5) 向一汽-大众奥迪销售公司汇报经营和管理工作；

(6) 牵头重大客户的营销工作；

(7) 牵头寻找和选择银行、保险公司等中介合作机构，并维护和拓展业务合作关系；

(8) 团队建设和人员培养；

(9) 其他工作。

2) 销售经理岗

层级关系：直接上级为销售总监；直接下级为销售顾问。

职责及权限：

(1) 协助销售总监制订销售战略和销售计划；

(2) 协助销售总监，进行销售策略的更新；

(3) 以销售任务为目标，根据既定的销售策略，组织下属员工完成销售目标；

(4) 调整优化销售流程，并监督流程的贯彻执行情况；

(5) 牵头处理重大客户投诉；

(6) 协助销售总监，评估银行、保险公司等中介合作机构，并维护和拓展业务合作关系；

(7) 团队建设和人员培养；

(8) 其他工作。

3）销售计划员岗

层级关系：直接上级为销售总监。

职责及权限：

(1) 汇总、编制相关计划；

(2) 数据的记录和整理；

(3) 数据的分析和统计；

(4) 信息传递；

(5) 档案管理；

(6) 其他工作。

4）销售顾问岗

层级关系：直接上级为销售经理。

职责及权限：

(1) 全面贯彻落实一汽-大众奥迪销售的核心流程工作；

(2) 在销售经理的指导下，完成销售现场管理；

(3) 搜集区域市场信息，为上级提供决策支持；

(4) 建立、完善客户信息系统(CRM 系统)；

(5) 为销售支持工作提供协助；

(6) 学习与自我提升；

(7) 其他工作。

5）销售支持岗

层级关系：直接上级为销售总监。

职责及权限：

(1) 协助客户办理车贷与保险；

(2) 协助客户办理车辆上牌工作；

(3) 完成信息系统管理工作；

(4) 其他工作。

6）销售前台岗

层级关系：直接上级为销售总监。

职责及权限：

(1) 负责电话接待工作；

(2) 客户接待与分流引导；

(3) 信息统计；

(4) 其他工作。

7）储运管理岗

层级关系：直接上级为销售总监。

职责及权限：

(1) 商品车日常管理；

(2) 车辆信息的管理；

(3) 治安及防火管理；
(4) 负责商品车入库前检测；
(5) 其他工作。

8) 大客户经理岗

层级关系：直接上级为销售总监；直接下级为大客户顾问、大客户文员。

职责及权限：

(1) 大客户计划及策略制定；
(2) 领导大客户销售顾问，面向批量购买客户开展全方位营销工作；
(3) 监督大客户数据、信息的收集工作；
(4) 完成针对大客户的全程服务的审核工作；
(5) 部门内部管理；
(6) 其他工作。

9) 大客户顾问岗

层级关系：直接上级为大客户经理。

职责及权限：

(1) 面向政府机关、企事业单位等批量购买客户，开展全方位营销工作；
(2) 搜集潜在的批量购买客户市场信息，进行整合分析，为上级提供决策支持；
(3) 建立、完善客户信息系统；
(4) 为大客户提供全程服务；
(5) 其他工作。

10) 大客户文员岗

层级关系：直接上级为大客户经理。

职责及权限：

(1) 大客户申报及回款管理；
(2) 行政文员服务；
(3) 搜集潜在的批量购买客户市场信息，进行整合分析，为上级提供决策支持；
(4) 建立、完善客户信息系统；
(5) 其他工作。

11) 二手车经理岗

层级关系：直接上级为销售总监；直接下级为收购评估师、二手车顾问。

职责及权限：

(1) 明确销售目标和公司预算，制订二手车销售和收益计划；
(2) 二手车销售策略的制定和更新；
(3) 协调相关资源，领导相关人员完成二手车销售目标；
(4) 团队建设和人员培养；
(5) 其他工作。

12) 二手车顾问岗

层级关系：直接上级为二手车经理。

职责及权限：

(1) 协助制订二手车业务计划；

(2) 在二手车经理的指导下，完成二手车销售任务和日常销售工作；

(3) 建立、完善客户信息系统；

(4) 学习与自我提升；

(5) 其他工作。

13) 收购评估师岗

层级关系：直接上级为二手车经理。

职责及权限：

(1) 二手车市场信息收集和分析；

(2) 负责二手车评估，对二手车价格进行核定；

(3) 二手车相关知识培训；

(4) 其他工作。

14) 内训经理岗

层级关系：直接上级为销售总监。

职责及权限：

(1) 根据经销商实际状况、年度经营计划、新车型情况及奥迪培训部对于经销商内训课程体系的要求，明确年度内部培训需求，并根据需求制订内部培训计划。培训计划由销售总监签字确认后生效，并送交经销商人力资源经理处进行备案。

(2) 负责对新入职的销售顾问进行奥迪品牌、产品知识、销售流程与技巧及其他类的基础知识培训，形成内部培训档案，并负责相关考核工作。

(3) 协助其他部门负责人，对该部门新入职人员进行奥迪品牌及相关培训，形成内部培训档案，并负责相关考核工作。

(4) 开发内训教材及内训试题，并进行实施与考核。

(5) 负责与奥迪培训部联络，并依据奥迪网上学习系统、竞争品牌最新动态、厂家最新信息组织销售团队每月进行定期的内部研讨与学习。

(6) 负责或协助总经理助理进行现场指导或其他培训后，经销商改进方案的跟踪和落实。

(7) 分析客户满意度及秘采结果，并制订相应人员行动计划。

(8) 负责维护奥迪经销商培训信息系统及奥迪互动学习平台。

(9) 其他工作。

## 1.3 销售顾问的职业素质

销售顾问是指为客户提供顾问式的专业汽车消费咨询并提供合理化购车方案的汽车销售服务人员。顾问意味着一种高度的专业化，它所涵盖的销售心理学与销售行为学的知识是最广、最全的，同时要求也是最高的。

著名美国汽车销售大师，乔吉·拉德说“不管你卖什么，你永远卖的是你自己”。所以

销售顾问在追求完美的销售行为之前，有必要先着力理解并打造自己这个最重要的“商品”，创立自己这个最核心的“品牌”。

一言以蔽之，先成为完美的销售顾问，然后再追求完美销售行为。

## 1.3.1　销售顾问职业形象

乔吉·拉德说：“销售顾问需要从内心深处尊重客户，不仅如此，还要在礼仪上表现出尊重。否则你别想让客户对你和你的产品看上一眼。”

销售顾问与客户接触过程中，使用规范的礼仪，不仅能够给客户一种“形于外而质于内，秀于外而慧于中”的良好第一印象，同时能够快速拉近客户的心理距离，赢得成交。要达成如此效果，销售顾问要树立良好的职业形象，做到“秀外慧中”，必须掌握必备的商务礼仪。

礼仪是指仪容、举止、表情、服饰、谈吐、待人接物等方面约定俗成的行为规范。“礼”为尊重，“仪”为方式，各包含了不同的内容和维度，如图1-7所示。

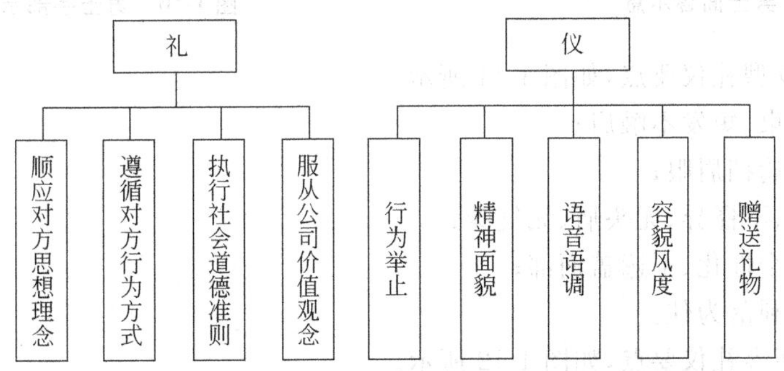


图1-7　礼与仪所包含的维度

礼仪原则：敬人原则、自律原则与适度原则。

礼仪特征：规范性、可操作性、民族性和时代性。

汽车销售顾问的商务礼仪包含仪容仪表和行为规范，以下根据奥迪销售顾问岗位的商务礼仪标准进行介绍。

### 1. 销售顾问的仪容

仪容包括：发型、面容、手部。

(1) 男士发型礼仪要点，如图1-8所示。

① 前不覆额、侧不遮耳、后不触领；

② 梳理定型；

③ 不彩染、不怪异；

④ 无头屑、无气味；

⑤ 不个性化。

图1-8　男士发型示意

(2) 男士面容礼仪要点，如图1-9所示。

① 面容整洁；耳毛鼻毛不外露；

② 耳毛鼻毛不外露；

③ 不留胡须；

④ 牙齿清洁、口腔无异味。

(3) 男士手部礼仪要点，如图 1-10 所示。

① 手部清洁；

② 指甲长度在 0.5mm 以内。

图 1-9　男士面容示意

图 1-10　男士手部示意

(4) 女士发型礼仪要点，如图 1-11 所示。

① 长发扎束、短发不触肩；

② 刘海不遮挡眉眼；

③ 不彩染、不怪异、无头屑、无气味；

④ 不过于个性化、不遮盖面部；

⑤ 以干练利落为佳。

(5) 女士面容礼仪要点，如图 1-12 所示。

图 1-11　女士发型示意

图 1-12　女士面容示意

① 面容整洁，清洁面部去除汗毛；

② 淡妆上岗，淡雅得体，修饰五官；

③ 牙齿清洁、口腔无异味；

④ 香水清新淡雅。

(6) 女士手部礼仪要点，如图 1-13 所示。

① 手部清洁；

② 指甲长度在 0.5mm 以内；

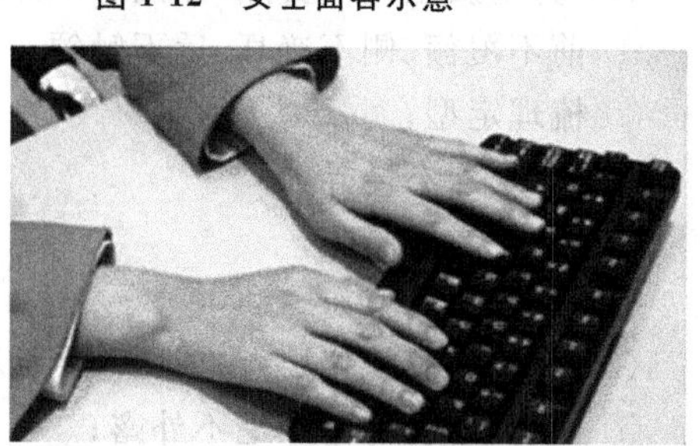
图 1-13　女士手部示意

③ 不涂鲜艳指甲油，可涂抹无色或者肤色指甲油。

## 2. 销售顾问的仪表

仪表包括：西装、衬衫、领带、丝巾、袜子、鞋子。

(1) 男士西服礼仪要点。

① 按岗位规定着装；

② 保持西服干净、平整；

③ 衣袋没有杂物。

男士西服的颜色、领带和衬衫配色，如表 1-3 所示。

表 1-3　西服的颜色、领带和衬衫配色

| 西　服 | 领　带 | 衬　衫 |
|---|---|---|
| 黑色 | 灰色、蓝色、绿色等 | 以白色为首，唯作趣味性穿用时，淡色可与领带颜色相调和 |
| 灰色 | 褐色与黄色 | 以白色为首，唯作趣味性穿用时，淡色可与领带颜色相调和 |
| 暗蓝色 | 蓝色、胭脂色、橙黄色 | 白色、明亮的蓝色 |
| 蓝色 | 暗蓝色、灰色、褐色、胭脂色 | 粉红色、黄色、银灰色、明亮的蓝色 |
| 褐色 | 暗褐色、灰色、绿色、黄色 | 白色、浅灰色、明亮的褐色、银灰色 |
| 绿色 | 褐色、黄色、胭脂色、褐色 | 银灰色、明亮的蓝色、明亮的褐色 |

(2) 男士衬衫礼仪要点，如图 1-14 所示。

① 保持衬衫干净平整；

② 衬衫口袋不乱放杂物。

(3) 男士领带礼仪要点，如图 1-15 所示。

图 1-14　男士衬衫示意

图 1-15　男士领带示意

① 长度齐皮带环；

② 整洁、无污渍、无破损、无皱褶；

③ 领带节不宜太大或太小；

④ 定期更换橙色或深色领带；

⑤ 打温莎结。

男士领带十字结系法如下。

第一步：将领带拿起，右手持窄端，左手持宽端；

第二步：挂于衬衫衣领下；

第三步：左手持宽端部分放在右手窄端上部，右手握住宽端绕左手大拇指一圈，

第四步：将宽端从十字结口从上往下穿过；

第五步：右手拉住窄端，左手握住结口进行上下调整；将领带调整为宽端的长度从上往下垂至皮带结为止，注意保持窄端短于宽端。

(4) 男士皮鞋、袜子礼仪要点，如图 1-16 所示。

① 黑色皮鞋；

② 深色袜子；

③ 保持皮鞋光亮；

④ 皮鞋、袜子与服装搭配协调。

(5) 女士套装礼仪要点。

① 按岗位规定着装；

② 保持套装干净、平整；

③ 颜色协调。

(6) 女士衬衫礼仪要点，如图 1-17 所示。

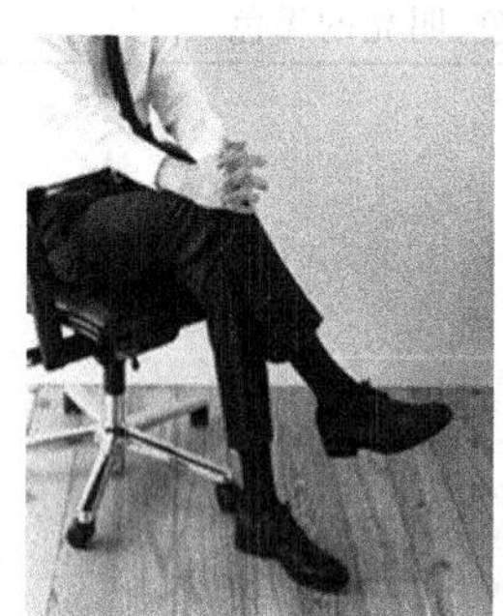

**图 1-16 男士皮鞋、袜子搭配示意**

**图 1-17 女士衬衫示意**

① 按岗位要求穿着衬衫；

② 保持衬衫干净、平整；

③ 衬衫袖口不要卷起。

(7) 女士丝巾系单扣结礼仪要点，如图 1-18 所示。

穿衬衣系单扣结；丝巾结要齐于领口；丝巾下部不可低于衣襟；丝巾要保持干净平整、无污渍。

单扣结系法如下。

第一步：将丝巾铺平，两边向内对折再对折；

第二步：把丝巾放于衬衣衣领下面，两端垂在胸前；

第三步：右边略长，由上往下从左边绕出来，形成一个单扣结。注意，扣结要与衬衣第一颗纽扣对齐；

第四步：整理整齐。

**图 1-18 女士丝巾系单扣结示意**

(8) 女士丝巾系蝴蝶结礼仪要点,如图1-19所示。

穿西装或大衣外套时用此系法;丝巾要保持干净平整,无污渍;蝴蝶结扣平整饱满;两侧翼大小适中、高低齐衬衣领口。

蝴蝶结系法如下。

第一步:将丝巾铺平,两边向内对折再对折;

第二步:把丝巾放于衬衣衣领下面,两端垂在胸前;

第三步:打一个单扣结,扣结要与衬衣第一颗纽扣对齐;

第四步:将下面一端从结口处对折6cm左右的长度;

第五步:将另一端从上向下绕过去,拉出一个结,保持两个结的长度一致;

第六步:将两片蝴蝶结整理拉开,使其大而饱满,保持下面两端的尾部齐于西装领口。

图1-19　女士丝巾系蝴蝶结示意

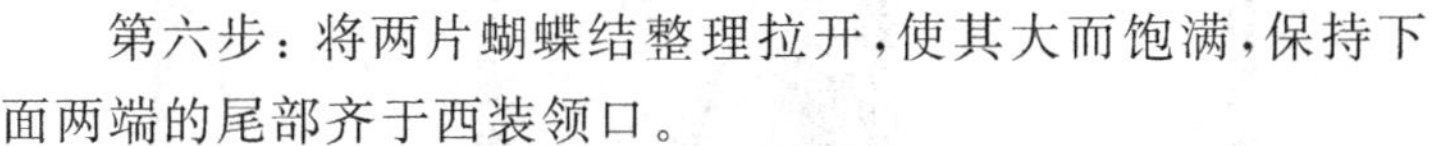

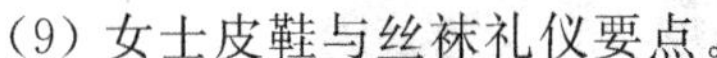

(9) 女士皮鞋与丝袜礼仪要点。

女士皮鞋以黑色船型为宜,鞋跟高度在3～5cm,如图1-20所示。

女士穿肤色连裤丝袜,应无破损、无污渍,如图1-21所示。

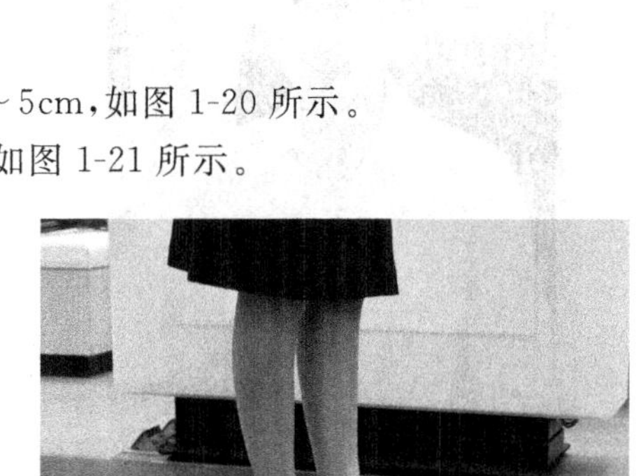

图1-20　女士皮鞋示意

图1-21　女士皮鞋及丝袜示意

(10) 男士及女士饰品礼仪要点。

男士工牌的下缘与上衣口袋上方正中对齐,不要佩戴较为夸张的饰品,如手串。

女士的工牌的下缘与工装领口的高度对齐,不带过于夸张的饰品,在工作岗位不戴戒指,手机不挂在胸前,物品不挂在腰间。

### 3. 销售顾问的仪态

根据阿尔伯特定律,即表现定律7∶38∶55,旨在说明人在沟通过程中,文字占7%,语音语调占38%,身体语言占55%。销售顾问要向客户表示100%的尊重时,采取文字7%+语气38%+身体动作55%的表现形式,就会取得100%的效果。

其中,身体语言占比是明显较大的,也是极为重要的。销售顾问良好的仪态展现即是身体语言的完美展现。

仪态包括:微笑、站姿、蹲姿、坐姿、座次、车次排位、迎接、点头、握手走姿、引领、持物、递物、送客。

1）微笑

微笑是沟通的润滑剂，好的微笑源自乐观的心态、真诚友好的态度。

销售顾问的微笑要做到：目光专注，嘴角上扬，露出牙齿，如图 1-22 所示。

2）站姿

男士站姿礼仪要领：挺胸收腹，脚跟并拢，平视前方，头正颈直，重心放在两脚之间，两脚分开与肩同宽，左手握住右手腕，自然垂于小腹前，如图 1-23 所示。

图 1-22　微笑示意

图 1-23　男士站姿示意

女士站姿礼仪要领：面带微笑，双目平视，头正，颈直，展胸，垂臂，收腹，重心在脚掌上，双脚呈 V 字形或 Y 字形站立，右手握着左手，自然垂放于小腹前，如图 1-24 所示。

图 1-24　女士站姿示意

3）蹲姿

男士蹲姿礼仪要领：双脚前后，半步蹲下，双膝分开，一高一低，上体挺立，如图 1-25 所示。

女士蹲姿礼仪要领：保持与客户适中的距离，上身挺直，双膝并拢，两腿一高一低，侧对客户，靠近客户一侧的腿为高腿位，如图 1-26 所示。

图 1-25 男士蹲姿示意

图 1-26 女士蹲姿示意

4）坐姿

男士坐姿礼仪要领：头部端正，面带微笑，双目平视，腰背挺直，双膝分开与肩同宽，坐座椅的 2/3，如图 1-27 所示。

女士坐姿礼仪要领：头部端正，面带微笑，双目平视，腰背挺直，坐下时双膝要并拢，坐椅子的 2/3，保持膝盖合并。若着裙装，应用手背将裙子稍向前拢一下，腿缝不要正对客人方向，先侧向倾斜，双手搭扣放于外侧腿上，如图 1-28 所示。

图 1-27 男士坐姿示意

图 1-28 女士坐姿示意

5）座次排位

销售顾问在接待客户时，为了营造良好的沟通氛围，积极要求客户入座。此时一定注意座次的礼仪要点，如图 1-29 所示。

邀客先坐，以右为尊，同性邻座。

居中为上，以右为上；位前为上，面门为上；远门为上，临窗为上。

6）车次排位

销售顾问在接待客户过程中，涉及试乘试驾环节或者其他车辆接待事宜，此时要注意车辆座次排位的礼仪要点，如图 1-30 所示。

副驾是末座，后座高前座，右座高左座；若车主驾车，副驾是尊位。

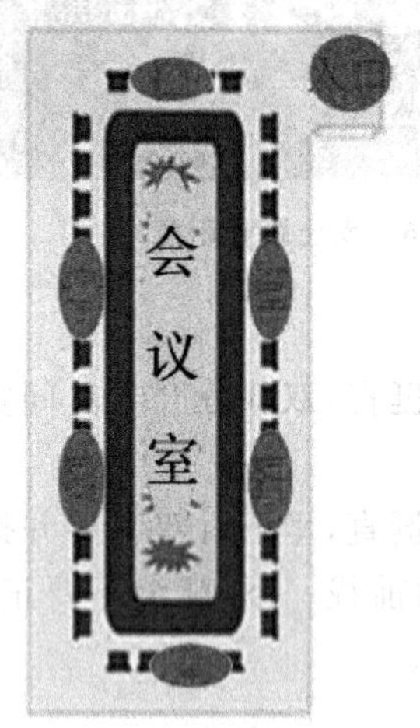


图 1-29　座次示意

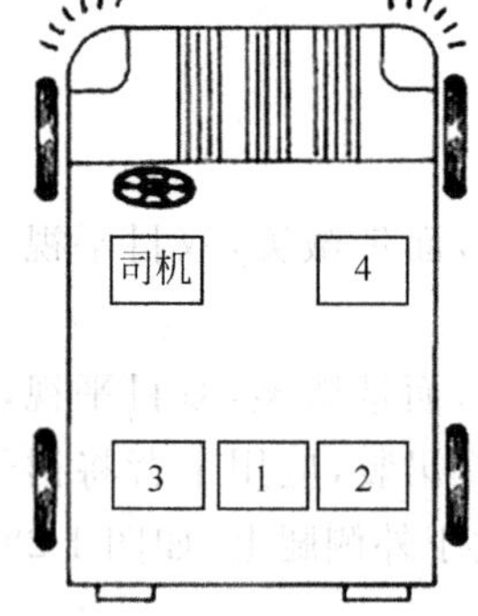


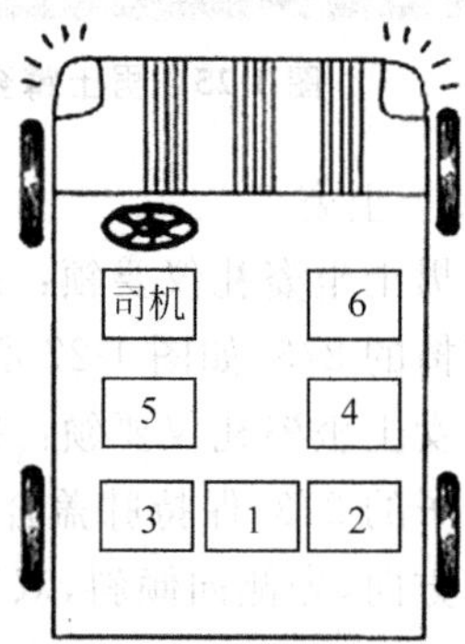


图 1-30　车次排位示意

7）迎接及点头

销售顾问应做到：保持微笑，五步目迎，目光注视客户的脸部三角区；三步问候，采用立正姿势问候，问候语吐字要清晰；点头示意，上身前倾微微点头，如图 1-31 所示。

8）握手

握手礼仪要领：销售顾问热情主动，尊者为先，微笑注视，掌心相对，上身前倾，双脚并拢，力度适中，时间为 3s，如图 1-32 所示。

9）引领

销售顾问接待客户过程中，根据不同流程要适时进行引领。

引领礼仪要点：销售顾问应位于客户左前侧，指引时五指并拢，目光要关注客户，面对客户要微笑，如图 1-33 所示。

10）名片接递

销售顾问和客户初次接触时，进行问候后，在自我介绍环节需要向客户递送名片，同时有时也会接到客户的名片，因此要注意名片接递的礼仪要点。

图 1-31　迎接及点头示意

图 1-32　握手示意

递送名片礼仪要领：销售顾问应正面呈送，双手递出，双脚并拢，面带微笑，上身前倾，自我介绍，如图 1-34 所示。

图 1-33　引领示意

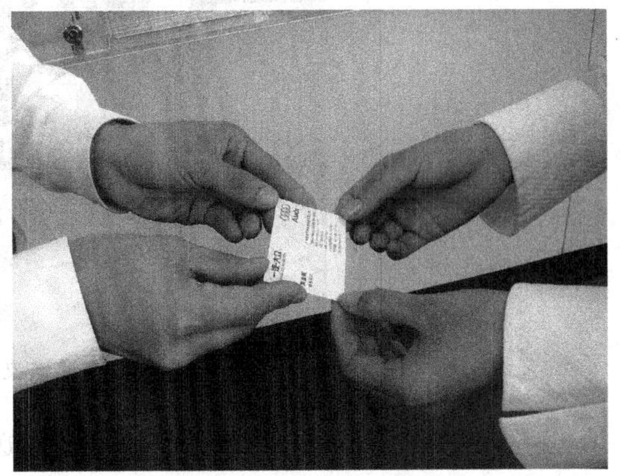

图 1-34　递送名片示意

接名片礼仪要领：销售顾问应双手接名片，面带微笑，目光注视对方，左手接，右手递，以示尊重，礼貌地称呼对方，放入名片夹或衣袋，如图 1-35 所示。

11）递送物品

销售顾问在接待客户过程中，常会递送相应物品，如茶水、文件资料、签字笔等，如图 1-36 所示。

图 1-35　接名片示意

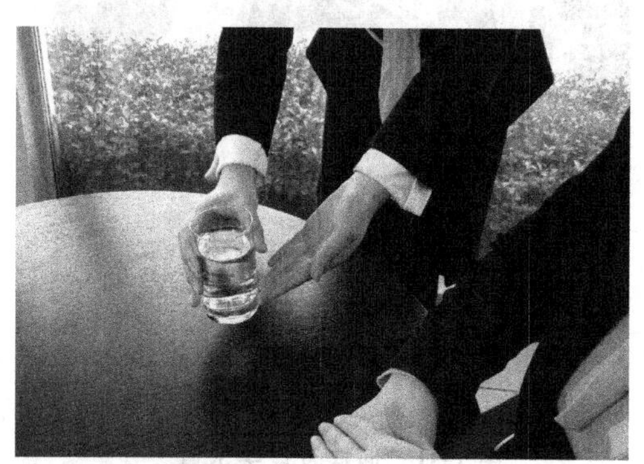

图 1-36　递送茶水示意

递送茶水礼仪要领：立正姿势，以盘托杯；右侧上茶，勿递手中；面带微笑，手势示意；注视客户，使用敬语，如××先生您好，这是您所要的××饮料，请慢用。

递送文件资料礼仪要领：正面朝客户，上身略前倾，目光要关注，用双手递出，如图 1-37 所示。

图 1-37　递送文件资料示意

递送签字笔礼仪要领：面带笑容，双手递送，将笔尖朝向客户左侧，如图 1-38 所示。

12）送客

当客户离开经销商、结束此次来访时，销售顾问应该积极热情地送客。送客礼仪要领：面带微笑，握手致谢，送至门口，挥手告别，如图 1-39 所示。

图 1-38 递送签字笔示意

图 1-39 送客示意

**4. 销售顾问电话礼仪规范**

1）接听电话步骤

（1）销售顾问在铃响四声内接听电话，左手握听筒，右手拿笔准备记录，如图 1-40 所示。

图 1-40 接听电话示意

（2）销售顾问主动报出自己的公司、部门。

（3）销售顾问确认对方的公司、部门、姓名，或者迅速转告给对方要找的人。

（4）销售顾问应答明确，适时回应对方一句，作好记录，重点重复；当要找的人不在时，要记录好对方的姓名、电话、事情内容。

接听电话的记录要点为 5W1H，即 Who—谁；When—什么时候；Where—在哪里；What—做什么；Why—为什么做；How—怎么做。

（5）销售顾问在电话结束时互相寒暄，在等对方挂断电话之后，再挂断电话。

2）接听电话注意事项

（1）电话铃响四声内接起电话，接听让人久等的电话，要向来电者致歉。

(2) 接电话时，清楚的应对，要以对方站在面前的心情来说话。

(3) 若是代听电话，一定要主动问客户是否需要留言；需要转告电话时，尽可能早地转达到。

(4) 避免使用不标准的用语，注意自己的声音、语速，不要根据对方变换语气，同时不要打断对方的话，不要感情用事。

(5) 听到电话铃响，若口中正嚼东西，不要立刻接听电话，应迅速吐出食物，再接电话。

(6) 听到电话铃响，若正嬉笑或争执，一定要等情绪平稳后再接电话。

(7) 讲电话的声音不要过大，话筒离口的距离不要过近或过远。

(8) 电话来时，若正和来客交谈，应告诉对方有客人在，待会儿给他回电。

(9) 工作时朋友来电，应扼要迅速地结束电话。

(10) 接到投诉电话，千万不能与对方争论。

如果销售顾问采用短信的方式与客户进行沟通，注意礼仪要求：有尊称，有问候，要目的明确，无错别字，有自我介绍，有落款。

**5. 面对面沟通礼仪要点**

销售顾问与客户建立面对面沟通时，要主动打招呼：您好！介绍自己的姓名、单位、部门、职务。聆听时，要面带微笑，目光柔和，注视对方双眼与鼻尖组成的面部三角区，如图 1-41 所示。

图 1-41　面对面沟通示意

## 1.3.2　具有以客户为中心的服务意识

汽车工业在中国还是一个非常年轻的领域，这使得许多的从业人员都因此抓住了最初的机会，获得了回报，更有一些人获得了丰厚的回报。但是，随着市场的逐渐成熟，客户获得的有关汽车消费知识的逐渐增加，仅仅依赖简单的能说会道、滔滔不绝、口若悬河的方式来销售汽车，将远远不能如早期一样迅速地获得客户的信任了。当然，对于汽车这种产品，失去了客户的信任，销售自然也无法完成。

汽车销售市场已从原有的卖方市场向买方市场转变，单纯地销售向服务转变的重要阶段。在汽车销售过程中，客户关心的是自身利益，而销售顾问关心的是经销商和自身的利益，这两者本质上是一致的。只有客户的利益实现保障且最大化的前提下，经销商和销售顾问的利益才能实现。因此销售顾问应本着以客户为中心的原则，多询问客户，深度挖掘客户的真实需求，针对客户需求进行汽车销售工作。

但是很多销售顾问常常自认为很专业，处处以自我为中心，这恰恰给客户带来反感，从而使得沟通无法顺畅地进行。出现这样的问题，其主要根源还是客户感觉自身没有获得销售顾问的关注，具体表现形式如图1-42所示。

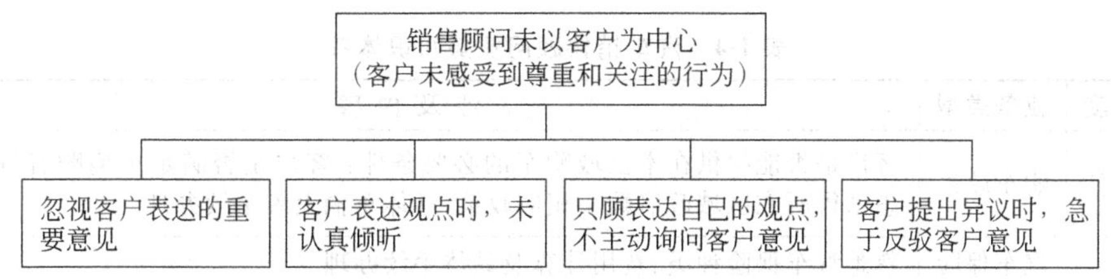


**图1-42 销售顾问未以客户为中心的具体表现形式**

在以客户为中心进行销售的过程中，应注意以下几个方面。

（1）沟通中尽量少使用带有个人偏好的词语。

在与客户沟通中，避免使用“我感觉”“我认为”等较为主观偏好的词语，而是基于客户询问其意见，如“您最关注车辆的哪些性能？”“您对于车辆配置有哪些重点要求？”让沟通始终以客户需求为导向。

（2）在介绍汽车产品知识时，结合客户的需求。

销售顾问向客户介绍汽车产品的特点和优势，是销售过程中极为重要的环节。销售顾问一定要基于客户真实需求和利益进行产品介绍，应依照下列步骤进行产品推荐。

第一步：深度了解客户最关心、最重视的车辆卖点。

第二步：依据客户最关心的车辆卖点问题，进行有针对性的介绍。

第三步：基于客户单一性问题，只需要将产品和客户联系起来进行详细介绍。

第四步：基于客户多元化问题，寻找客户最核心的需求点，采用举例等多元化展示方法进行介绍。

（3）深度挖掘客户需求。

客户的需求不是单方面的，需求本身也不是十分明确的，客户可能关注的产品卖点较多，如可能关注车辆性能、车辆功能使用方法、车辆外观及内饰设计、二手车、金融业务等。在有些情况下，产品不能同时满足客户所有的需求，销售顾问此时应及时通过询问、向客户提出建议等方法帮助客户做出选择，从而处处显示出对于客户的关注。

（4）在沟通中，案例使用同客户的实际情况结合。

销售顾问经常会以自己或者身边人、名人的案例来展示产品的特点及优势，这样的案例同样不能脱离客户的认知范畴，否则无法与客户产生共鸣，难以达到客户认同。

案例选择应注意：案例内容应与客户的经历相似；案例所反应的事物、态度及评价应与客户的价值观接近；案例所反应的兴趣爱好应与客户类似；案例中出现的人物应同客户

的年龄段接近。

总而言之，销售顾问与客户接触中，始终要以满足客户利益点为最终的目标，让客户始终有一种被关注、被尊重的感觉，体现出“以客户为中心”的服务意识。

## 1.3.3 熟悉业务和产品知识

### 1. 汽车销售顾问应具备的业务知识

为了更好地服务于客户，销售顾问需具备一定的汽车销售业务知识体系，如表1-4所示。

表1-4 汽车销售顾问业务知识体系

| 业务维度 | 业务类型 | 涉及内容 |
| --- | --- | --- |
| 销售条件 | 购车政策 | 客户是否能提供在本区域购车的必要条件：客户是否满足车辆购置资格；熟悉销售所在区域政府购车相应政策，具体车辆上牌手续办理 |
| 衍生产品 | 汽车保险 | 熟悉汽车保险种类、费用计算及具体手续办理 |
|  | 二手车 | 向客户熟练推荐二手车评估业务具体项目，客户旧车基本市场价格区间，二手车评估主要项目点和具体手续办理 |
|  | 金融 | 向客户熟练推荐厂方及经销商所提供的各种车辆贷款业务，并能独立为客户计算和展示贷款方式、具体的贷款手续等 |
|  | 精品 | 基于客户需求推荐适合的车辆精品，如车膜、旅行套件等。 |
| 售后 | 售后服务 | 必须熟悉有关车辆售后服务项目：保养基本知识，具体手续办理 |

### 2. 汽车销售顾问应具备的产品知识

为了更好地服务于客户，销售顾问应具备一定的汽车销售产品知识体系，如表1-5所示。

表1-5 汽车销售顾问产品知识体系

| 知识维度 | 知识类型 | 涉及内容 |
| --- | --- | --- |
| 汽车基本知识 | 车辆材料 | 原材料是国产还是进口；材料有何特点；与竞品相比的优势 |
|  | 车辆生产过程 | 汽车生产过程、工艺特点，与竞品相比的优势 |
|  | 车辆三包知识 | 熟悉我国关于汽车三包政策的具体内容，并能熟练向客户介绍 |
| 本品知识 | 品牌特点 | 掌握本车品牌的历史、理念及价值，以及品牌具体的优势 |
|  | 车型及款式 | 掌握本品具体销售车型及各车型相关款式的基本参数和配备信息 |
|  | 车型卖点 | 掌握本品各车型具体的优势卖点，能向客户展示 |
| 竞品知识 | 核心竞品 | 熟悉核心竞品与本品之间的优势、劣势、售后服务、价格、付款方式等方面差异，具体向客户展示的话术 |
|  | 边缘竞品 | 除了熟悉核心竞品知识以外，销售顾问还应关心边缘竞品知识，以应对客户的对比讲解 |

### 1.3.4　产品展示能力

汽车产品展示是销售汽车关键的环节。通过调研，在展示过程中做出购买决策的占最终购买的74%，但是，客户未作出采购的主要决定时间也是在汽车展示的过程中发生的。同时对于销售顾问而言，产品展示环节也是其与客户建立信任度、专业度及检验产品和客户需求匹配的重要时刻。因此具备产品展示能力对于销售顾问而言极为重要。

(1) 采用FAB原则展示产品的能力。

FAB原则的精髓在于：客户看在眼里的往往是F(Features)，即产品特征；专业人员看到的是更深入的A(Advantages)，即功能及优势；销售员则既需要看到F，也要看到A，但更重要的是要看到B(Benefit)，即给客户带来的真实利益。

销售顾问运用FAB原则时，可以分为3个步骤。

在了解产品的卖点后，运用FAB原则，销售顾问才能把最符合客户需求的产品优势推荐给客户。在运用FAB法时，通常是按照特点(F)、功能(A)、好处(B)的步骤针对客户的需求进行产品介绍。

参考话术：因为我们奥迪有……所以我们具有……的功能；同时跟竞争对手相比，我们具备……的优势，因此对您而言拥有……的好处。

(2) 采用六方位展示产品的能力。销售顾问能通过产品知识学习后，采用六方位绕车向客户展示符合其需求的产品卖点的能力。

### 1.3.5　具有沟通和谈判的技巧

汽车销售作为“顾问式销售”，非常重视沟通及谈判技能，沟通谈判技能的提高不仅对销售行为有明显的促进作用，而且可以明显地改善周围的人际关系。

在销售的核心技能中，沟通和谈判技能被视作极为重要的技能。

在沟通中最重要的不是察言观色，也不是善辩的口才，而是运用倾听技巧。倾听是沟通中非常重要的技能，而比倾听更重要、更优先的是在沟通中使用赞美的技巧。

事实证明，在销售过程中赞美客户的确带来了实际销售业绩的大幅度提升，以及与客户关系的本质改变。其实，一般人都会赞美他人，但是缺乏系统地运用到销售过程中，运用到与客户沟通的过程中。赞美客户有以下两个基本的方法。

(1) 赞美客户的提问，赞美客户的观点，赞美客户的专业性。

当客户问到任何一个问题时，不要立刻就该问题的实质内容进行回答，要先加一个沟通中的“引子”，即赞美的语句。如“您说得真专业，一听就知道您是行家。”“您说得真地道，一听就知道您来之前对于奥迪A4这款车做了充分的准备工作。”

(2) 赞美客户的观点或者问题的合理性。

例如，“您看问题真的非常准确，而且信息及时。”“如果我是您，我也会这样问的。”“许多人都这么问，这也是大多数消费者都关心的问题。”“您这么一问，让我想起了上次几个客户，他们也是这么问的。”最后一句话特别好，不仅说明了客户的问题是合理的，也暗示了其他问题的客户都是从我这里买的车。

当然，销售顾问在使用赞美技巧时一定要明确使用注意事项：①赞美客户时要真诚。而真诚的表现形式就是，要看着对方的眼睛，用庄重的态度、稳重的语调及缓慢的语气来说；②赞美要有事实依据，赞美客户不能言之无物，要以事实为基础。例如，"您问的这个问题真专业"之后，如果客户有疑惑，或者你对客户是否接受了你的赞美没有把握，你可以追加这样的话："一般的客户都只会对汽车的舒适性、安全性或动力性等方面提出意见，像您这样关注参数的，一看就是行家呀！"

### 1.3.6 具备为客户提供个性化服务的能力

随着互联网的迅速发展，现在客户可以随时随地地利用各种数字化沟通渠道与经销商进行咨询互动，完成线上的交流分享。

因此基于客户接触的前置化和数字化，电销网销的增长现实及线上销售的兴起；客户进店状态与需求差异；客户多家询价比价的现实及决策间隔延长；客户多业务需求与经销商运营现状，在销售中倡导并提供涵盖新车、二手车、金融、保险、精品及服务的全业务解决方案等变革，销售顾问应该具备提供满足客户个性化需求服务的能力。例如，提供匹配客户个性化需求的个性化的销售流程。

当然，作为一名优秀的销售顾问，所需的技巧及能力远远不止这些，例如还需具备：接待能力、提问技巧、心理承受能力、客户投诉处理能力等。因此销售顾问只有不断地学习、不断地提升自我，最终才能成为优秀的销售精英。

## 1.4 技能实训：个人形象设计

**1. 实训要求及注意事项**

(1) 按实训规定穿好服装。男生服装包括衬衫、西服、领带、深色皮鞋；女生服装包括衬衫、西装裙、丝巾、黑色皮鞋，长发盘起；

(2) 实训时要认真积极，不允许说笑、打闹；

(3) 服从实训指导教师的安排，未经教师批准，不得擅自离开、开启车辆等；

(4) 实训时注意使用标准话术及动作的规范性；

(5) 车辆、工作场所、通道应保持有序、整洁；

(6) 实训结束，整理清洁设备和场地。

**2. 设备/工具/耗材的要求**

(1) 设备工具：化妆包(洁面用品、修眉用品、腮红刷、美容指、口红等)、风貌镜。

(2) 耗材：个人形象设计化妆流程卡、个人形象设计眉形设计说明卡、仪容检视表、仪表检视表、女生化妆检视表。

**3. 个人形象设计技能实训主要步骤**

(1) 将班级人员分组，男生分1组、女生分成1组，分别交由一名实训指导教师带领实训。

(2) 在教师指导下阅读个人形象设计化妆流程卡、个人形象设计眉形设计说明卡、仪容检视表、仪表检视表、女生化妆检视表等材料。

(3) 利用0.5课时，男生组指导教师采用作业单1-1和作业单1-2进行检视，并运用PPT、视频等进行现场指导。

(4) 利用0.5课时，女生组由指导教师挑选一名女生，教师模拟化妆师，根据个人形象设计化妆流程卡(表1-6)及个人形象设计眉形设计说明卡(表1-7)，边讲解边演示化妆过程，着重强调理论知识(化妆要领及注意事项)。

**表1-6 个人形象设计化妆流程卡**

| 流程 | 化妆程序 | 产品选择 | 工具选择 | 使用方式 | 时间要求 | 使用要求 |
|---|---|---|---|---|---|---|
| 1 | 洁面 | 干性皮肤选择滋润美白类洁面乳；油性至混合性皮肤选择清爽控油或深层清洁类洁面乳 | 专业洁面海绵、洁面乳 | 取1cm左右洁面乳在手心，加水打出泡沫分别涂在额头、鼻翼、两边面颊和下颚 | 洁面乳在脸上的时间不要超过一分钟 | 一定要用清水冲洗干净，洁面最好用温水 |
| 2 | 修眉 | 建议选择电动专业修眉器，比较安全，不容易划破皮肤 | 毛巾、修眉器或修眉刀、眉钳、眉镊、眉剪 | 洁面后，用热毛巾在眉毛的部位捂3～5min，再用修眉工具修眉，修眉时一定要先确定好眉形，再修去多余的杂毛 | 热毛巾捂3～5min，修眉大约2min | 修眉时注意不要修到设计好的眉形，以免破坏眉形 |
| 3 | 爽肤 | 干性皮肤选择滋润美白类爽肤水，油性至混合性选择清爽或祛角质类爽肤水 | 化妆棉、爽肤水 | 先用爽肤水将化妆棉湿透，来擦拭面部，再取蚕豆大小爽肤水轻拍在脸上 | 爽肤水被面部皮肤所吸收。大约30s | 爽肤水使用时尽量避开眼周肌肤 |
| 4 | 眼部护理 | 建议偏干的皮肤可以选择用霜状产品，偏油或中性皮肤建议选用胶状产品 | 眼霜或眼胶 | 用专业美容小号勺取米粒大小的产品，分别点在眼睛下面，使用美容指由内向外轻轻按摩，直到完全被眼部皮肤所吸收 | 大约1min的时间(产品被吸收即可) | 切勿按摩用力过重，以不带动皮肤为好 |
| 5 | 润肤 | 干性皮肤选择滋润或美白类霜状润肤产品；油性至混合性皮肤选择控油锁水类液状润肤产品 | 润肤露 | 取黄豆大小的量，在掌心捂热后分五点涂于脸上，再由下向上，由内向外的方式按摩到吸收 | 1min左右(吸收即可) | 用手背去感觉面部，面部和手有一点粘为适宜。过滑是用量过多；不粘是用量不够 |

续表

| 流程 | 化妆程序 | 产品选择 | 工具选择 | 使用方式 | 时间要求 | 使用要求 |
|---|---|---|---|---|---|---|
| 6 | 隔离 | 经常外出的可以选择SPF25～30/RA+++的隔离防晒产品;在室内工作的可以选择SPF15/RA++的防晒隔离产品 | 隔离霜 | 取黄豆大小的量先上在5个点,再用手指慢慢点拍开来 | 点拍均匀为止(30～40s) | 1min左右(吸收即可),要点拍均匀,用量不宜过厚,最好选用清爽型的隔离霜 |
| 7 | 粉底 | 皮肤偏干的可以选择粉底膏(滋润有一定遮盖力);皮肤油或混合性可以选择粉底液(清爽,通透) | 专业粉底刷或专业粉底海绵 | 最好使用专业粉底刷或粉底海绵均匀地拍在脸上及露出的肌肤上 | 涂抹均匀,至不显厚重为止(1min左右) | 不显厚重,与本身肤色不能有太明显的反差,涂抹一定要均匀 |
| 8 | 定妆 | 建议选择散粉(蜜粉),最好是没有颜色的,透明散粉不影响低妆的颜色,更通透 | 专业定妆粉扑或专业定妆散粉刷 | 用专业散粉刷刷在脸上,或用粉扑按拍在脸上 | 20s左右 | 不泛油光,不堆积,自然通透 |
| 9 | 画眉 | 最为普遍的有眉笔和眉粉。使用眉笔画眉线条感强,要很好地掌握眉笔的使用;眉粉画眉自然,并且使用简单,好掌握。选用黑色或棕色 | 眉笔和眉梳,或专业眉刷 | 由眉峰下笔,慢慢向眉尾刷过去,再轻轻地在眉头带过 | 30～40s | 眉形要适合脸形,眉头处理自然,眉形不能脱离自身眉体 |
| 10 | 画眼影 | 眼影宜选用棕色系、明黄色、大地色、淡紫色等浅淡幽雅的色系 | 专业眼影刷3把 | 贴近眼尾睫毛根部向内眼角的方向晕染,同时向上晕开 | 1min左右 | 眼影涂抹要均匀,不堆积,颜色一定要从睫毛根部到眼眶周围由深到浅自然晕开 |
| 11 | 画眼线 | 眼线的颜色以黑色、咖啡色为主 | 专业眼线刷 | 贴近眼尾睫毛根部向内描画出一条自然的眼线 | 40～60s | 眼线不可张扬,线条要流畅,自然清晰,不可过粗。工作妆不建议画下眼 |
| 12 | 涂睫毛膏 | 睫毛膏建议选择纤长、根根分明的类型,这类睫毛膏不易粘连打结 | 专业睫毛刷、睫毛夹 | 先用睫毛夹将睫毛由根部、中部、尾部三段夹卷翘,再用睫毛膏由根部到尾部走"Z"字的方式刷均匀 | 1min左右 | 睫毛一定要卷翘,睫毛膏要涂抹均匀,不粘连,不结块 |
| 13 | 涂腮红 | 腮红宜选择肉粉色、棕粉色等自然淡雅的色系 | 专业腮红刷 | 使用专业腮红刷,蘸取适量腮红,根据自己脸形刷在脸颊上 | 20s左右 | 腮红颜色不宜过红,用量不宜过厚,涂均匀 |

表 1-7　个人形象设计眉形设计说明卡

| 脸形分类 | 脸形特点 | 适宜眉形 | 呈现效果 |
|---|---|---|---|
| 标准脸形(鹅蛋脸) | 三庭五眼为标准 | 标准眉形 | 眉头对齐内眼角垂直上方,眉峰在黑眼球外圈的垂直上方,眉尾、眼尾与嘴角在一斜线上 |
| 圆形脸(苹果脸) | 给人可爱的感觉 | 挑眉 | 眉头向前,压低,眉峰也同时向前,宜提高,眉尾不宜过长 |
| 方形脸(田字脸) | 给人感觉不够柔和,生硬 | 弯眉 | 眉头向前并压低,眉峰向前峰要柔和,眉尾不宜拉长 |
| 正三角形脸(梨形脸) | 下颚过宽,额头偏窄 | 平眉 | 眉头后移,眉峰向后宜平,眉尾拉长,使脸上部看上去饱满 |
| 倒三角形脸(瓜子脸) | 下颚过窄 | 上扬眉 | 眉头稍微向前,眉峰可适度提高,眉尾上扬 |
| 长脸形(国字脸) | 三庭过长,五眼过窄 | 一字眉 | 眉头向后,眉峰也向后,不宜高,眉尾拉长 |
| 菱形脸 | 面部两端过窄,面中略宽 | 平眉 | 眉头向后移,眉峰向后,峰不宜高,眉尾宜拉长 |

(5) 将女生再次分小组(建议不超过 10 名/组)进行化妆演练,教师循环指导;男生组进行仪容仪表检视及修正训练。

(6) 最后由指导教师进行检视。检视时,按学生名单进行,男生检视的作业单为作业单 1-1 和作业单 1-2;女生化妆检视的依据为作业单 1-3,指导教师将根据以上三张作业单分别进行检视及记录实际礼仪情况。

## 1.5　技能实训:个人仪态展示

### 1. 实训要求及注意事项

(1) 按实训规定穿好服装。男生服装包括衬衫、西服、领带、深色皮鞋;女服装包括衬衫、西装裙、丝巾、黑色皮鞋,长发盘起。

(2) 实训时要认真积极,不允许说笑、打闹。

(3) 服从实训指导教师的安排,未经教师批准,不得擅自离开、开启车辆等。

(4) 实训时注意使用标准话术及动作的规范性。

(5) 车辆、工作场所、通道应保持有序、整洁。

(6) 实训结束,整理清洁设备和场地。

### 2. 设备/工具/耗材的要求

(1) 设备/工具:谈判桌一张、椅子一把、实训整车一辆、茶具若干。

(2) 耗材:模拟产品手册、模拟名片、签字笔。

### 3. 个人仪态展示技能实训主要步骤

(1) 将班级人员分成两大组,每组 15～20 人,分别交由一名实训指导教师带领,将各组再分成面对面两列进行实训。

(2) 两列学生相互对视，指导教师启发微笑的内心语言，进行微笑训练，并相互给出感受反馈，指导教师给出改善建议。

(3) 指导教师统一口令："立正，稍息"。男女学生按照理论课程学习到的握手礼进行握手训练，学生相互给出感受反馈，指导教师给出改善建议。

(4) 指导教师统一口令："接下来，进行坐姿的练习，请男生就座，女生点评。"按照理论课程学习到的坐姿标准进行坐姿训练。指导教师反馈纠正，男女循环练习。

(5) 指导教师组织学生分列，面对面站立，先由男生扮演客户，女生引领，男生点评女生在引领过程中的礼仪行为是否正确，引领到谈判桌前入座。男女循环练习，指导教师给出改善建议及错误纠正。

(6) 指导教师组织学生分列，面对面站立，先由男生扮演客户，女生进行递送产品手册、茶水、名片及签字笔训练，男生点评女生在递物过程中的礼仪行为是否正确。男女循环练习，指导教师给出改善建议及错误纠正。

(7) 指导教师组织学生分列，面对面站立，按照理论课程学习标准站姿站立，练习送客。指导教师给出改善建议及错误纠正，循环进行训练。

(8) 结束仪态技能训练后，指导教师根据考核评分表(表 1-8)，进行实训技能考核。

**表 1-8　仪态技能考核表**

| 次序<br>要点 | 1 | 分值 | 得分 | 2 | 分值 | 得分 | 3 | 分值 | 得分 | 4 | 分值 | 得分 | 5 | 分值 | 得分 |
|---|---|---|---|---|---|---|---|---|---|---|---|---|---|---|---|
| 礼仪考核要点 | 着装 | 5 | | 五步目迎 | 3 | | 自我介绍 | 3 | | 扶椅 | 2 | | 眼神交流 | 2 | |
| | 站姿 | 5 | | 三步问候 | 3 | | 递名片 | 1 | | 座次 | 5 | | 语音语调 | 5 | |
| | | | | 点头示意 | 1 | | 引领 | 3 | | 坐姿 | 5 | | 关注客户 | 5 | |
| | | | | 真诚微笑 | 1 | | 尊称 | 1 | | 递茶 | 5 | | 引领看车 | 5 | |
| | | | | | | | 握手 | 1 | | 递资料 | 5 | | 送客 | 2 | |
| | | | | | | | | | | 手势 | 2 | | | | |
| 话术考核要点 | | | | 您好！欢迎光临×××奥迪展厅！ | 5 | | 我是销售顾问×××，有什么可以帮助您的？ | 5 | | 请坐 | 2 | | 我带您看一下车 | 5 | |
| | | | | | | | 您这边请 | 2 | | 请用茶 | 22 | | 感谢您的光临，期待下次再见 | 5 | |
| | | | | | | | 先生/女士 | 2 | | 请看，这是产品资料 | 2 | | | | |

## 1.6　技能实训：电话沟通礼仪

### 1. 实训要求及注意事项

(1) 按实训规定穿好服装。男生服装包括衬衫、西服、领带、深色皮鞋；女生服装包括衬衫、西装裙、丝巾、黑色皮鞋，长发盘起。

(2) 实训时要认真积极，不允许说笑、打闹。

(3) 服从实训指导教师的安排，未经教师批准，不得擅自离开、开启车辆等。

(4) 实训时注意使用标准话术及动作的规范性。

(5) 车辆、工作场所、通道应保持有序、整洁。

(6) 实训结束，整理清洁设备和场地。

### 2. 设备/工具/耗材的要求

(1) 设备/工具：前台桌、椅子、模拟电话机、电话接拨话术卡、电话信息记录卡、客户信息参考脚本。

(2) 耗材：文件夹、签字笔、记录纸。

### 3. 电话沟通礼仪实训主要步骤

(1) 将班级人员分组，20人一组，分别交由一名实训指导教师带领实训。

(2) 在指导教师指导下阅读电话接拨话术卡、电话信息记录卡、客户信息参考资料等材料。

(3) 指导教师从小组中抽出两位学生，分别扮演销售顾问和客户进行接听礼仪训练。接听电话参考话术见表1-9，拨打电话参考话术见表1-10，电话信息记录卡见作业单1-4，客户信息参考脚本见表1-11。扮演客户的学生给予感受反馈，指导教师根据训练情况给予改善建议及错误行为纠正。

(4) 学生分别按照理论课程学习标准，依次进行循环电话接听礼仪训练。

(5) 指导教师根据训练情况，进行电话沟通礼仪技能考核。

表1-9　接听电话参考话术

| 流　　程 | 参考话术 |
| --- | --- |
| (1) 拿起听筒，告知自己姓名 | ①“早上好/下午好/您好，欢迎致电×××奥迪4S店，我是销售部×××销售顾问，很高兴为您服务”<br>②“不好意思，让您久等了，欢迎致电×××奥迪4S店，我是销售部×××销售顾问，很高兴为您服务”(假设电话铃声已响3声以上接听) |
| (2) 确认对方基本信息 | ①“先生/女士，您好，请问您贵姓?”<br>②“×先生/女士，您好!” |
| (3) 获取对方来电用意 | ①“×先生/女士，有什么可以帮到您?”<br>②“好的”“是的”“明白” |

续表

| 流　　程 | 参考话术 |
|---|---|
| (4) 进行信息确认 | ①"好的，×先生/女士，您主要关注我们奥迪×车型的价格/配置这些信息，是吗？"<br>②"×先生/女士，我再重复一下……您是这个意思吗？" |
| (5) 结束 | ①"为了更好地给您提供及时购车信息，×先生，方便留下您的电话号码吗？"<br>②"好的，谢谢，清楚了……"<br>③"谢谢您的来电，再见！" |

**表 1-10　拨打电话参考话术**

| 流　　程 | 参考话术 |
|---|---|
| (1) 问候，告知自己姓名 | "早上好/下午好/您好，我是×××奥迪 4S 店销售部×××销售顾问" |
| (2) 确认对方基本信息 | ①"请问是×先生/女士吗？"<br>②"×先生/女士，上次您来我们展厅看奥迪 A4……" |
| (3) 电话内容 | ①"×先生/女士，这次给您打电话就是想了解一下，A4 这款车您考虑得怎么样了？还有哪些您比较担心的问题？"<br>②"×先生/女士，我们店本周正好有促销活动，想邀请您来店。"<br>③"您本周什么时候有空，可以来店里……" |
| (4) 结束 | ①"好的，×先生/女士，那本周×见，恭候您的到来！"<br>②"×先生/女士，下次有好的活动，我再给您打电话！"<br>③"谢谢，再见！""麻烦您了！" |

**表 1-11　客户信息参考脚本**

| | |
|---|---|
| **客户 1 基本信息** | 姜女士　　年龄：32 岁 |
| | 职业：汽车零部件私营销售公司老板 |
| | 业余生活和爱好：喜欢听音乐、健身、购物 |
| | 家庭成员：3 人，即自己、丈夫和孩子 |
| | 信息来源：网络获取 |
| | 电话来意：了解奥迪 A4 车型信息 |
| | 接触和约见方式：电话接触 |
| **客户 2 基本信息** | 王先生　　年龄：41 岁 |
| | 职业：某工程公司驻非洲工程师(电力工程) |
| | 业余生活和爱好：钓鱼，阅读 |
| | 信息来源：电视上看过广告 |
| | 咨询车型：奥迪 A6 40TFSI |
| | 购车用途：近期从国外回国探亲，打算给家里买辆车 |
| | 经常的乘员：妻子、8 岁的女儿(上下学接送) |
| | 接触和约见方式：之前来电咨询过×××销售顾问 |

## 练习与思考题

### 1. 填空题

(1) 目前我国汽车产品较为典型的销售模式包括：________、________、________。

(2) 销售顾问的礼仪包括：________、________和________三个维度。

(3) 商务礼仪的基本原则：________、________及________。

(4) 产品展示原则 FAB 中，F：________，A：________，B：________。

(5) 倾听时，应该耐心、目光关注，不轻易打断，及时予以________。

(6) 正确的座次排位原则是：居中为上、以右为上、________排为上、远________为上、临________为上。

(7) 微笑时，应该乐观积极、真诚友好、发自________。

(8) 男士商务皮鞋的要求是________色系带、________个孔。

### 2. 判断题

(1) 男士衬衫上衣口袋可以放手机、钱包、打火机和香烟。 ( )

(2) 采取蹲姿介绍前大灯时，应高腿侧对客户。 ( )

(3) 短信沟通应主题明确、内容简明扼要、结构完整、语言规范。 ( )

(4) 客户上车时，应及时帮助客户打开车门，并做保护手势，请客户上车。 ( )

(5) 女士就座时头部端正、面带微笑、双目平视、腰背挺直；坐下时，双膝、双脚并拢。 ( )

(6) 夏季女士丝巾应系单扣结。 ( )

(7) 汽车销售商务平台，通常被称为“网络销售”，就是通过相关网络来宣传自己的品牌、经销商，推广自己的产品或服务。 ( )

(8) 汽车特许经销是一种汽车销售及服务模式，不属于品牌特许经营的范畴。 ( )

(9) 座位排次：邀客先坐、以右为尊、同性邻座。 ( )

(10) 微笑是沟通的润滑剂，好的微笑源自乐观的心态、真诚友好的态度。 ( )

### 3. 选择题

(1) 男士面容整洁干净，( )天刮一次胡须。

A. 每天　　B. 两天　　C. 三天

(2) 男士西服单排扣有两个。在正式场合站立时，应( )。

A. 只扣上边一个　　B. 只扣下边一个

C. 两个都扣上　　D. 两个都不扣

(3) 一位女士拥有 5 枚戒指、3 条手链、4 条项链、2 副耳环，则她应该( )。

A. 全部佩带　　B. 各佩带一件

C. 佩带某一类的全部　　D. 佩带总共不超过 3 件

(4) 在商务场合，男士穿黑色皮鞋应穿( )袜子。

A. 深色　　　　B. 白色　　　　C. 红色

(5) 男士穿西装时，工牌带法错误的是(　　)。

A. 工牌别在西装上衣袋口上缘正中处

B. 工牌下缘与地面平行

C. 工牌佩戴在右胸口处

(6) 就座时，座椅面的(　　)左右，于礼最为适当。

A. 1/2　　　　B. 1/3　　　　C. 2/3

(7) (　　)递笔，笔尖朝(　　)。

A. 单手，右　　　　B. 双手，右　　　　C. 单手，左　　　　D. 双手，左

(8) 电话沟通时，错误的做法是(　　)。

A. 对方先挂　　　　B. 自己先挂　　　　C. 地位高者先挂电话

(9) 与别人交谈时，不属于三不准的是(　　)。

A. 打断别人　　　　B. 补充对方　　　　C. 更正对方　　　　D. 看着对方

(10) 销售顾问在介绍车辆时，在第一方位介绍发动机打开引擎盖时，右手保护手位应放在(　　)。

A. 客户胸前　　　　B. 客户面部　　　　C. 客户头顶　　　　D. 客户腰际间

**4. 简答题**

(1) 简述国内汽车销售发展趋势。

(2) 简述国内汽车销售模式，并说明各自的优劣势。

(3) 简述何谓销售顾问职业形象。

(4) 简述销售顾问在介绍汽车产品知识时，应参考哪些步骤进行展示。

# 模块 2

# 潜在客户开发及转化

## ◎学习目标

**1. 知识目标**

(1) 熟悉潜在客户的定义;
(2) 熟悉潜在客户开发的渠道;
(3) 掌握潜在客户判定技巧;
(4) 掌握潜在客户挖掘的技巧;
(5) 掌握潜在客户转化的技巧。

**2. 能力目标**

(1) 具备潜在客户判定的能力;
(2) 具备潜在客户渠道开发能力;
(3) 具备潜在客户转化能力;
(4) 具备潜在客户管理能力;
(5) 具备潜在客户渠道管理能力;
(6) 具备潜在客户转化营销管理能力。

## ◎案例导入

销售顾问小李到奥迪汽车4S店上班不久,还处于实习阶段,他很希望通过自己的努力,为4S店开发一些潜在的客户,但是每天到4S店展厅的客户有限,有些客户来看车后不愿意留下客户信息,而有些客户显然已有熟悉的销售顾问在跟进。小李很苦恼,不知该如何开发新的客户资源。

## ◎学习方案

(1) 通过本模块的学习,了解潜在客户的主要开发渠道;
(2) 在日常生活中做个有心人,反复练习潜在客户判定的技巧;
(3) 认真学习本模块关于"潜在客户开发技巧"这部分内容;
(4) 当挖掘到潜在客户后,要学会进行客户的转化。

# 拓　扑　图

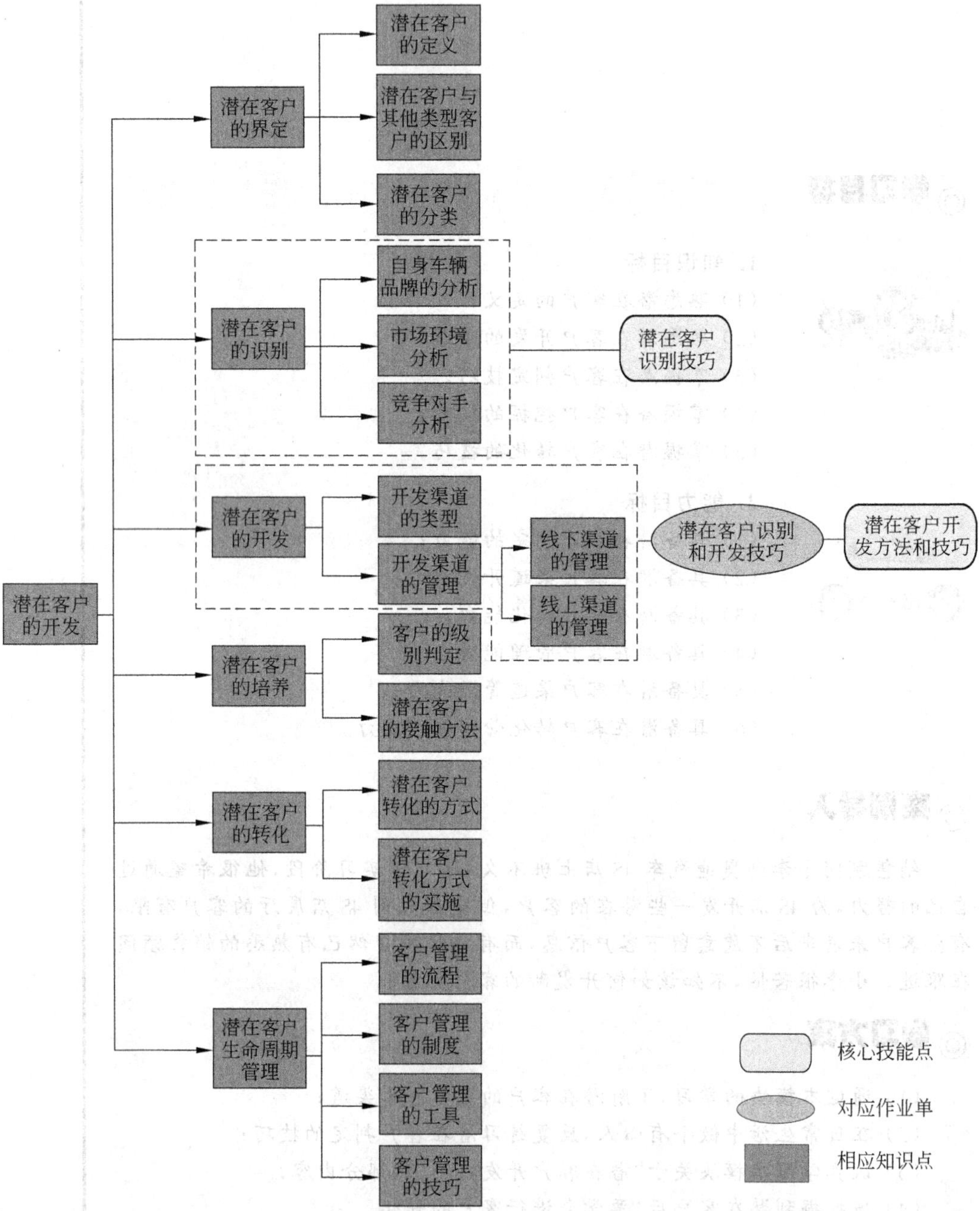

- 潜在客户的开发
  - 潜在客户的界定
    - 潜在客户的定义
    - 潜在客户与其他类型客户的区别
    - 潜在客户的分类
  - 潜在客户的识别
    - 自身车辆品牌的分析
    - 市场环境分析
    - 竞争对手分析
    - ——潜在客户识别技巧
  - 潜在客户的开发
    - 开发渠道的类型
    - 开发渠道的管理
      - 线下渠道的管理
      - 线上渠道的管理
    - ——潜在客户识别和开发技巧——潜在客户开发方法和技巧
  - 潜在客户的培养
    - 客户的级别判定
    - 潜在客户的接触方法
  - 潜在客户的转化
    - 潜在客户转化的方式
    - 潜在客户转化方式的实施
  - 潜在客户生命周期管理
    - 客户管理的流程
    - 客户管理的制度
    - 客户管理的工具
    - 客户管理的技巧

核心技能点

对应作业单

相应知识点

# 2.1 潜在客户

汽车销售的竞争日益加剧，等客上门已经无法适应激烈的竞争环境。4S店除了做好来店客户销售工作，在潜在客户开发和转化方面也越来越重视，很多4S店将这项工作交由专人负责。在目前整车销售市场，消费者面临的品牌和商家选择不计其数，主动出击，寻找客户，已经成为必然，所以如何识别潜在客户和潜在客户的管理也越来越重要。

## 2.1.1 潜在客户的定义

### 1. 潜在客户的概念

潜在客户是指有购车需求，同时又具备购买能力的待开发、有可能成为现实客户的个人或组织。潜在客户需要具备的三个基本要素：一是客户有购车需求；二是具备购买能力；三是决定权。客户只有具备这三个基本要素，才是一位有效的潜在客户。

### 2. 潜在客户与其他类型客户的区别

4S店按照与客户接触过程中客户表现出来的态度，将客户分为五级，即：潜在客户、目标客户、准客户、成交客户、忠诚客户。潜在客户是有可能购买产品的客户；目标客户是通过销售人员对产品的介绍，对产品有兴趣的客户；准客户是已经准备购买产品的客户；成交客户是已经购买产品的客户；忠诚客户是指已重复购买本品牌、后续会购买或可以给公司带来收益的客户。

### 3. 潜在客户的分类

潜在客户的分类是潜在客户的开发和管理的基础，按照潜在客户的意向级别，可以将潜在客户分成两大类：一类是一般潜在客户，是指已有购车意向，但未购买，并且对本品牌车型的关注度和认可度不高的个人或组织；另一类是竞争者的客户，是指本品牌车型竞争对手的意向客户群体，这类潜在客户购买意向强烈。

## 2.1.2 潜在客户的识别

识别潜在客户，是潜在客户开发的重要环节，潜在客户识别的基础是熟悉潜在客户的定义，掌握潜在客户的三个基本要素，熟悉潜在客户的分类及其与其他类型客户的区别；此外，还需对自身品牌和车型、市场环境、竞争对手及购买主体的情况进行分析，从而帮助销售人员锁定客户群体，建立该客户群体的特征模型，从而做到潜在客户的识别。

### 1. 自身品牌和车辆分析

(1) 车辆品牌分析从以下几个方面展开：品牌性质、品牌文化特征、偏爱该品牌的人群及人群特征。见表2-1。

表 2-1　品牌分析

| | |
|---|---|
| 品牌属性 | 品牌性质：进口、合资、国产<br>品牌归属地：德系、美系、日系、法系等 |
| 品牌特征 | 品牌发展历史、品牌主张(舒适安全、经济节油、运动操控性) |
| 品牌偏爱人群 | 政府机关、企业老板、高级白领、城市小资、个体户等 |

(2) 车辆分析从以下几个方面展开：车型、价位、配置、油耗、空间。见表 2-2。

表 2-2　车辆分析

| | |
|---|---|
| 车型 | MPV、SUV、轿车(三厢、两厢) |
| 价位 | 价位区间 |
| 配置 | 发动机、变速箱、悬架、导航、定速巡航 |
| 油耗 | 综合工况百公里油耗 |
| 空间 | 长、宽、高、轴距、后备箱空间 |
| 性能 | 安全性、舒适性、动力性、操控性 |

#### 2. 市场环境分析

市场环境分析主要是指目前汽车销售市场环境，具体包括汽车整车销售行情、同价位车型的销量情况、竞争车型的销量情况、本品牌车型整体销量情况以及本品牌区域性销量情况分析。

#### 3. 竞争对手分析

竞争对手分析，主要从两个方面分析。一是竞争品牌车型的分析，分析竞争品牌车型特征、与本品牌车型的对比及优劣势分析，从而制定相应的销售话术；二是分析竞争品牌车型的销量、市场营销策略及购买客户群体的特征，从而分析自身品牌潜在客户群体的特征。

## 2.2　潜在客户的开发

潜在客户的开发是汽车经销商主动出击、主动集客的重要环节，做好潜在客户开发的相关工作，是提升汽车销售很重要的一步。

### 2.2.1　潜在客户的开发渠道及渠道管理

#### 1. 潜在客户的开发渠道

将潜在客户的渠道分为两大类，一类是线上渠道，一类是线下渠道，如表 2-3 所示。

线下渠道与线上渠道相比，更能使消费者参与其中，直接感受汽车所带来的魅力。目前各大 4S 店广泛进行的线下渠道主要有车展(如图 2-1 所示)、汽车团购会(如图 2-2 所示)及主题购车节(如图 2-3 所示)等。

表 2-3　潜在客户的开发渠道

| 渠道类型 | | 具体的渠道 |
|---|---|---|
| 线下渠道 | 店头活动 | 团购会、主题活动等各种以潜客为邀约对象的活动 |
| | 户外活动 | 车展、巡展、团购会、试驾会、异业联盟、主题活动 |
| | 户外广告 | 墙体广告、高炮、户外大屏、展架、单页、电影院、KTV、广告机 |
| | 车友会 | 品牌车型的车友会 |
| 线上渠道 | 广播 | 当地收听率较高的广播节目。例如，音乐广播、交通广播 |
| | 电视 | 收视率较高的电视节目。例如，地方电视台、湖南卫视 |
| | 网站 | 汽车之家、易车网、太平洋汽车、爱卡汽车等 |
| | 电商平台 | 京东、天猫、淘宝 |
| | 微信 | 微信订阅号、微信服务号、微信社区群、微信企业号 |
| | 微博 | 新浪微博、腾讯微博 |
| | QQ | QQ 车友群 |
| | 论坛 | 汽车、美食、摄影、旅游等优秀论坛 |

图 2-1　五一车展现场

图 2-2　团购会现场

图 2-3 主题购车节

**2. 潜在客户的开发渠道管理**

潜在客户的开发，须制定相应的开发渠道管理制度，准备相应的渠道管理工具，将潜在客户开发的渠道管理标准化、规范化。从而达到提升潜在客户的转化率、提升销量的目的。潜在客户的开发渠道管理，需在年度市场工作计划中体现，线上、线下渠道集客活动的时间节点、主题、形式、时间点需在年度市场计划中体现。

1）线下渠道管理

以车展为例。车展是汽车经销商最常组织的购车互动，每年的五一车展、十一车展已成为汽车商家例行组织的活动，汽车商家都很重视五一车展、十一车展，所以投入的财力、人力、物力都很高，除了希望通过大型车展提升销量以外，商家们还通过车展积累意向客户，所以车展是潜在客户开发的重要渠道。那么，如何组织一场好的车展活动，从而提升销量和积累更多的潜在客户？

组织一次活动通常需做许多具体的工作，为了更好地展示工作内容，可参见表 2-4。

表 2-4 组织活动要点

| 序号 | 项 目 | 具 体 内 容 |
|---|---|---|
| 1 | 活动主题 | 确定活动主题，主题能够引发关注 |
| 2 | 活动内容 | 包括活动目的、地点、流程和促销内容，促销内容要有引爆点 |
| 3 | 活动目标及考核 | 设置活动目标及考核办法，确保活动的效果 |
| 4 | 活动推广 | 活动前期预约、宣传，通过线上、线下多渠道宣传 |
| 5 | 活动预算 | 活动物料费、推广费、礼品费用等 |
| 6 | 活动执行 | 活动执行时，需制订活动执行计划推进表，确定相应责任人 |
| 7 | 活动总结 | 总结活动效果，包括成交量、集客量、实际费用、不足之处、改善措施 |

以组织一场××集团购车节为例，来一步步地了解举办一场购车节活动的具体流程和实施细节。

## ××集团购车节活动

（1）活动基本情况

活动基本情况见表 2-5。

**表 2-5 活动基本情况**

| 活动主题 | ××集团元旦购车节，年终大促，1 元购车不是梦 |
|---|---|
| 活动主办方 | ××集团 |
| 活动参与方 | ××集团旗下 4S 店 |
| 活动时间 | 2016 月 1 月 1 日 |
| 活动地点 | 体育会展中心 |
| 活动背景及目的 | （1）利用此次车展，宣传集团旗下各品牌，提高销量、抢占市场，增加单品销量；搜集更多的意向客户资料，通过促销加快消化库存，为本月销售目标冲量，提高新开 4S 店品牌媒体曝光率；让更多的潜在消费群体验××集团旗下各品牌产品的魅力<br>（2）本次车展既提供一个形象展示、多品牌现场交易的平台，也给消费者一个零距离接触爱车、现场“优惠购车”的机会 |

（2）活动实施

① 场地布置，如图 2-4 所示。集团市场部负责场地分配与布置，与各 4S 店市场部对接。

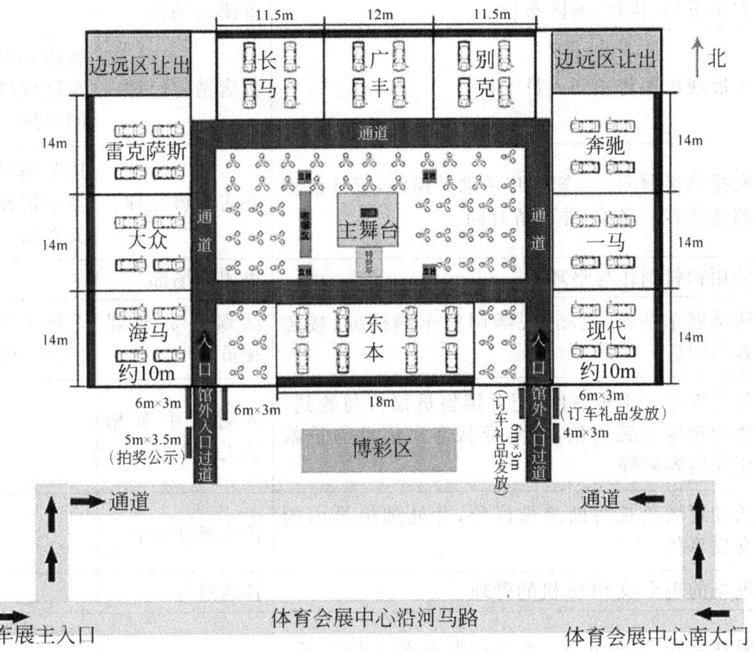


图 2-4 场地布置示意图

② 展车安排，见表 2-6。负责人：×××和×××。12 月 31 日 10:00 前要求参展车入场。

表 2-6　展车安排(以东风本田为例)

| 出车单位 | 东风本田 | | | | | |
|---|---|---|---|---|---|---|
| 出车型号 | 思域<br>15.78<br>红 | CR-V<br>19.38<br>白 | 杰德<br>14.98<br>绿 | 思铭<br>11.18<br>白 | 思铂睿<br>23.78<br>红 | 艾力绅<br>31.98<br>白 |

出样展车及现场布置以库存量为导向。库存积压严重的车型重点布置，利用车展进行消化。

③ 车辆物料安排，见表 2-7。

表 2-7　车辆物料安排

| 日　期 | 事　项 | 负 责 人 |
|---|---|---|
| 12 月 31 日前 | 移动证、海绵胶、柏油沥青、抹布、表板蜡、宣传资料、合同、车辆卫生和脚垫 | 各店展厅主管 |

④ 人员安排，见表 2-8。

表 2-8　人员安排

| 项　目 | 说　　明 | 责 任 人 | 备　　注 |
|---|---|---|---|
| 车展展区 | 现场总指挥 | 各区域经理 | |
| 车展执行 | 方案策划、执行、展区布置 | 集团市场部 | |
| 销售顾问 | 车展现场销售顾问人员安排 | 各店销售经理 | 各店销售经理安排好车展现场，展厅销售顾问值班 |
| 客户邀约 | 安排销售顾问：告知客户活动并邀约，统计活动到场的客户名单，并准备合同 | 各店销售经理 | 按照邀约目标分配到各销售顾问，并制定相关考核 |
| 公用物料 | 公用物料制作与整理 | 集团市场部 | |
| 样车准备 | 活动展车进场、退场，现场调整车辆摆放、接送客户回店 | 试驾专员及驾驶员 | 车辆于 6 月 21 日上午 10:00 前进展 |
| 二手车组信贷组 | 负责现场二手车估价，配合销售员议价与签到，活动现场金融贷款，收集贷款客户信息与贷款相关内容解释 | 各店二手车相关工作人员 | |
| 客户议价 | 活动现场组长协助组员议价，并处理组员内的突发事件 | 各店展厅主管 | |
| 收款 | 现场的现金及 POS 机的管理 | 各店财务 | |
| 登记 | 确认合同、收取定金、填写抽奖券放入抽奖箱、填写订车登记表 | 各店财务 | 将所获奖品在订车登记表中注明(安排市场部 1 人配合) |

续表

| 项　目 | 说　明 | 责　任　人 | 备　注 |
| --- | --- | --- | --- |
| 现场保洁员 | 带清洁卫生工具、大垃圾袋维护现场卫生(包括外场),不得出现乱扔杂物 | 各店保洁员 | 集中清理餐盒等杂物,确保各自责任区域内卫生 |
| 展车钥匙管理及卫生 | 车展前安排销售顾问清洁展车,活动期间所有展车保持整洁 | 各店展厅主管 | |
| 照片拍摄及视频 | 活动期间做好拍摄 | 各店市场专员 | 视频核销用 |
| 优惠政策 | 当天活动现场上午 8:15 前,统一交给主持人许讯 | 各店销售经理 | |
| 订单提报 | 车展当天晚上 20:00 前,订单量及意向客户通报至集团市场部 | | 集团市场经理电话:××××××××× |

(3) 活动目标(以东风本田 4S 店为例)

活动 KPI 设定见表 2-9。

**表 2-9　活动 KPI 设定**

| 东风本田 | 老客户邀约/批 | 新增目标/批 | 集客目标/批 |
| --- | --- | --- | --- |
| 销售顾问 1 | 30 | 12 | 15 |
| 销售顾问 2 | 30 | 12 | 15 |
| 销售顾问 3 | 30 | 12 | 15 |
| 销售顾问 4 | 30 | 12 | 15 |
| 销售顾问 5 | 30 | 12 | 15 |
| 销售顾问 6 | 30 | 12 | 15 |
| 东风本田合计 | 180 | 72 | 90 |
| 目标考核 | 老客户邀约达标奖励 500 元,不达标扣罚 500 元;新增目标完成率 80%以上,奖励 300 元/批;集客目标完成率 80%以上,奖励 50 元/批 | | |

注:表中集客目标即为潜在客户的积累目标。

(4) 活动政策(狂欢六重大礼,提车时兑现礼品)

活动政策见表 2-10。

**表 2-10　活动政策**

| 活动项目 | 政 策 内 容 |
| --- | --- |
| 大礼 1 | 0 元购车礼:0 元享受车辆使用权 |
| 大礼 2 | 预交 200 抵 1000。6 月 9 日起预交 200 元,购车签单后即抵 1000 元现金(限 400 名,额满为止) |
| 大礼 3 | 来就送,买就狂送!凡当日现场订车客户即可获赠好礼一份(限量 1000 份,送完为止) |
| 大礼 4 | 只要你买,我就敢送!在购车节现场,您购买任一款车,即有机会抽取大奖。奖品丰富至极,有价值 6800 元的奔驰高档自行车、IPAD-MINI、空调、洗衣机、电冰箱、汽车保养、电磁炉、榨汁机、空调加湿器、空调扇、彩电、千元油卡等,琳琅满目,绝无仅有的超值机遇 |

续表

| 活动项目 | 政策内容 |
|---|---|
| 大礼 5 | 免费有礼评估：置换购车，最高补贴 50 000 元现金！您开任一辆车至购车节现场，将有专业评估师为您的二手车进行有奖评估。如果您置换指定车型，最高可享受 50 000 元置换购车补贴，机会实在难得 |
| 大礼 6 | 1 月底前提车，额外赠送 500 元维修基金！凡在活动现场订车，并在 2016 年 1 月 31 日前全款提车，主办方额外赠送 500 元维修基金 |

（5）活动流程

活动流程见表 2-11。

**表 2-11　活动流程**

| 时　间 | | 事　项 |
|---|---|---|
| 12 月 31 日 | | 提前一晚将车辆准备到位，所有车辆上午 10:00 前入场 |
| 1 月 1 日 | 7:50 | 所有工作人员到位 |
| | 8:00～8:30 | 活动开始、音乐暖场（如东、启东、泰州店客户到位） |
| | 8:30～9:00 | 主持人开场（许讯、成炜），介绍本次车展活动 |
| | 9:00～9:30 | 车展活动开始（洽谈客户订车） |
| | 9:30～12:30（早订早抽，早订多抽） | （1）奖品抽奖：上午每 20 分钟抽奖 1 次，主持人不断唱票。奖品有洗衣机、电风扇、榨汁机、电磁炉、800 元维修基金、彩电、空调加湿器、电冰箱、价值 6800 元奔驰折叠车。奖品由采购中心统一安排，各店承担相应费用<br>（2）0 元车入围奖：上午 10 点起，每隔 20 分钟抽出 0 元车入围奖<br>（3）上午对下订单前 50 名客户，送出价值 400 元汽车维修基金卡。客户使用时每次限用 100 元 |
| 13:00 | | 购车活动继续 |
| 13:30～17:00 | | （1）奖品抽奖：下午每 30 分钟抽奖 1 次，主持人不断唱票。奖品有空调扇、1000 元维修基金、空调、电冰箱、1000 元油卡、IPAD MINI 1 台、3000 元油卡。奖品由采购中心统一安排，各店承担相应费用<br>（2）0 元车入围奖：下午 2 点起，每隔 1 小时抽出 0 元车入围奖<br>（3）15:58 抽取 0 元车（海马丘比特，由抽出的 10 名入围客户集中在舞台，从抽奖箱中任意摸一个球，球中放入字条，抽出“0 元大奖车”字样的即可获奖；其余 9 名入围者可获得价值 1888 元奔驰拉杆箱）费用由客户所在门店承担 |
| 所有订车客户可参与玩游戏赢大奖 | | （1）所玩游戏是——拉斯维加斯博彩游戏<br>（2）游戏地点是——入门口处<br>（3）规则：凡是订车客户，可凭收据至对应财务处领取博彩筹码 500 分，非订车客户不可参加游戏。游戏结束后客户可根据手中筹码兑换奖品<br>（4）兑换礼品：5001～7000 分获得水杯、7001～9000 分获得回力车模、9001～15000 分获得奔驰签字笔、15001 分以上获得品牌榨汁机 |
| 17:00 | | 活动结束，撤场 |

续表

| 时　间 | 事　项 |
| --- | --- |
| 备注 | 得到0元购车机会用户，必须遵循以下原则：<br>(1) 该用户必须为现场签单用户或现场签单现提客户；<br>(2) 0元车只限于抽中的第二辆车，与合同购买的车型无关；<br>(3) 抽中用户可选择接受0元车或将资格转让他人；<br>(4) 抽中用户必须在所订购的第一辆车即订车合同中所指定车型提车之后，0元车方可生效，否则视为放弃，此优惠机会自动作废；<br>(5) 0元车的个人所得税、购置税、保险费由客户自行承担；<br>(6) 中奖车交付后，车辆产生的维修费等客户自行解决 |

(6) 费用明细

费用明细见表2-12。

**表2-12　费用明细**

| 类　别 | 项　目 | 规格/数量 | 单价/元 | 金额/元 | 备　注 |
| --- | --- | --- | --- | --- | --- |
| 总部统筹 | 场地费、广宣费、保安费、其他 | | 总部统一安排，费用最终凭总部单据报销 | | |
| 展区物料 | 背景桁架＋黑背 | 18m×4m | 38 | 2736 | 广告公司各店平摊 |
| | 软座桌椅 | 20套 | 80 | 1600 | |
| 各店准备物料 | 水注旗/旗面/透明胶 | 各2个 | | — | 仓库领取 |
| | 车衣/轮胎宝/柏油沥青/泡沫清洁剂 | 各4个 | | — | |
| | 对讲机(充好电) | 6 | | — | |
| | 宣传单页 | 1000 | | | |
| | 饮水机/喝水纸杯 | 各店2筒 | | — | |
| 其他(东本) | 展车油费 | 3 | 50/辆 | 150 | 现金支付 |
| | 餐饮费 | 25人 | 20/人 | 500 | |
| | 车身贴/单透后贴 | 25套 | 60 | 1500 | 广告公司 |
| | 巡展5天油费 | 5天 | 100/天 | 500 | |
| | 巡展5天餐饮费 | 5天×2人/天 | 20/天 | 200 | |
| | 活动单页 | 1000 | 0.15 | 150 | |
| | 不可预计费 | | | 350 | |
| 其他(奔驰) | 油费 | 3 | 50/辆 | 150 | 现金支付 |
| | 餐饮费 | 25人/天×1天 | 20/人 | 500 | |
| | 车身贴/单透后贴 | 25套 | 60 | 1500 | |
| | 巡展5天油费 | 5天 | 100/天 | 500 | |
| | 巡展5天餐饮费 | 5天×2人/天 | 20/天 | 200 | |
| | 不可预计费 | | | 500 | |
| 其他(现代) | 餐饮费 | 10人/天×1天 | 20/人 | 200 | 现金支付 |
| | 车身贴/单透后贴 | 25套 | 60 | 1500 | |
| | 巡展5天油费 | 5天 | 100/天 | 500 | |
| | 巡展5天餐饮费 | 5天×2人/天 | 20/天 | 200 | |
| | 不可预计费 | | | 500 | |
| 总　价 | | | | | |

2）线上渠道管理

线上渠道管理以汽车网站管理为例。如表 2-13 所示，现在大多数买车的人会通过互联网了解、对比车辆，所以通过汽车网站进行集客是几乎所有 4S 店都会采用的方式。

表 2-13　汽车网站客户集客订单汇总表

| 2015 年网站客户集客订单汇总 | | | | | | | | | | | | |
|---|---|---|---|---|---|---|---|---|---|---|---|---|
| 月份 | 网站类型 | | | | | | | | | | 合　计 | |
| | 易车网 | | 汽车之家 | | 爱卡 | | 太平洋 | | 网上车市 | | | |
| | 集客 | 订单 | 集客 | 订单 | 集客 | 订单 | 集客 | 订单 | 集客 | 订单 | 集客 | 订单 |
| 1 月 | | | | | | | | | | | | |
| 2 月 | | | | | | | | | | | | |
| 3 月 | | | | | | | | | | | | |
| 4 月 | | | | | | | | | | | | |
| 合计 | | | | | | | | | | | | |
| 占比 | | | | | | | | | | | | |
| 经数据证明，每月网络集客量占全月集客量 45%～70%，网络客户购车占全月新增订单 30%左右 | | | | | | | | | | | | |

## 2.2.2　潜在客户培养

### 1. 潜在客户分级培养

汽车经销商根据潜在客户的意向级别，将潜在客户分成四个等级，具体见表 2-14，并将来电或来店的客户进行登记、统计（分别见表 2-15、表 2-16），最终形成“客户访问日报表”（见表 2-17）。客户的分级培养有助于销售顾问分层次、分类别地对进行客户接待，也有利于合理运用和分配时间，达到不同客户接待的有效性。

表 2-14　潜在客户分级培养

| 意向登记 | 特　征 | 维　系 |
|---|---|---|
| H 级 | 车型车色已选定，已提供付款方式及交车日期，分期手续进行中，二手车处理中 | 7 天内成交，隔 2 日回访一次 |
| A 级 | 已谈判购车条件，购车时间已确定，选定了下次商谈日期，再次来看展示车，要求协助处理旧车 | 1 个月内成交，隔 4 日联系一次 |
| B 级 | 商谈中表露出有购车意愿，正在决定拟购车种，对选择车种犹豫不决，经判定有购车条件者 | 1 个月以上，3 个月以内成交，隔 7 日回访一次 |
| C 级 | 购车意向不明确 ，有可能失单，对比之下对竞品兴趣更浓 | 无明确购车时间，节假日关怀 |

**表 2-15　来店(电)客户登记表**

________年____月____日

| 顾客编号 | 客户姓名 | 电话 | 拟购车型 | 意向级别 | 来店/来电 | 来店(电)时间 | 离去时间 | 经过情形 | 业务代表 | 追踪后级别 | 战败原因 |
|---|---|---|---|---|---|---|---|---|---|---|---|
| | | | | | 来店()<br>来电() | | | | | | |
| | | | | | 来店()<br>来电() | | | | | | |
| | | | | | 来店()<br>来电() | | | | | | |
| | | | | | 来店()<br>来电() | | | | | | |
| | | | | | 来店()<br>来电() | | | | | | |
| | | | | | 来店()<br>来电() | | | | | | |
| | | | | | 来店()<br>来电() | | | | | | |

备注：① 拟购车型：来店看车欲购车种；

② 意向级别：来店看车当场接洽判定级别；

③ 追踪后级别：营业人员在 24 小时内作资料真实性及第二次级别确认；

④ 经过情形：由值班业务代表对当日接洽状况简述；

⑤ 追踪后达 B 级以上时，应建立《意向客户管理卡》，同时转入《意向客户级别状况表》进行管理；

⑥ 成交后的客户转入《保有客户管理卡》及 ERP 系统。

**表 2-16　展厅来店(电)统计表**

______年____月____日

| 时间带 | 日期 | 1 | 2 | 3 | 4 | 5 | 6 | 7 | 8 | 9 | 10 | 11 | 12 | 13 | 14 | 15 | 16 | 17 | 18 | 19 | 20 | 21 | 22 | 23 | 24 | 25 | 26 | 27 | 28 | 29 | 30 | 31 | 全月合计 | 构成比% |
|---|---|---|---|---|---|---|---|---|---|---|---|---|---|---|---|---|---|---|---|---|---|---|---|---|---|---|---|---|---|---|---|---|---|---|
| | 星期 | | | | | | | | | | | | | | | | | | | | | | | | | | | | | | | | | |
| 08:00～10:00 | | | | | | | | | | | | | | | | | | | | | | | | | | | | | | | | | | |
| 10:00～12:00 | | | | | | | | | | | | | | | | | | | | | | | | | | | | | | | | | | |
| 12:00～14:00 | | | | | | | | | | | | | | | | | | | | | | | | | | | | | | | | | | |
| 14:00～16:00 | | | | | | | | | | | | | | | | | | | | | | | | | | | | | | | | | | |
| 16:00～18:00 | | | | | | | | | | | | | | | | | | | | | | | | | | | | | | | | | | |
| 18:00～20:00 | | | | | | | | | | | | | | | | | | | | | | | | | | | | | | | | | | |
| 来访客户批数合计 | | | | | | | | | | | | | | | | | | | | | | | | | | | | | | | | | | |
| 留有客户资料数 | | | | | | | | | | | | | | | | | | | | | | | | | | | | | | | | | | |
| 产生意向客户 | H 级 | | | | | | | | | | | | | | | | | | | | | | | | | | | | | | | | | |
| | A 级 | | | | | | | | | | | | | | | | | | | | | | | | | | | | | | | | | |
| | B 级 | | | | | | | | | | | | | | | | | | | | | | | | | | | | | | | | | |
| 展厅销售台数 | | | | | | | | | | | | | | | | | | | | | | | | | | | | | | | | | | |

| 备注 | | | |
|---|---|---|---|
| 备注 | ① 营业时间：8:00～20:00 | 当月销售量 | |
| | ②“来访客户批数合计”：指所有来展厅客户批数总数(含有或没有留下资料的来展厅总批数) | 展厅销售比率 | |
| | ③“留有客户资料数”：指来展厅客户中，有留下客户资料者的总和 | | |
| | ④ 每月应作时间带别及假日、平日的来访分析及改善对策 | | |
| | ⑤ 本月来展厅批数：________；意向客户数：H 级________ A 级________ B 级________ | | |
| | ⑥ 成交比率(来展厅销售台数/留有客户资料数)：________% | | |

表 2-17 客户访问日报表

达成目标，追求理想，我每日必须拜访客户________人以上。 ________月____月____日

<table>
<tr><th rowspan="2">拜访数</th><th colspan="3">早会前计划拜访</th><th colspan="4">晚会前工作检讨</th><th rowspan="2">主管追踪客户及指示销售的重点</th></tr>
<tr><th>时　间</th><th>客户姓名</th><th>电　话</th><th>已访数</th><th>等　级</th><th>拜访结果(试车、售车、成交、战败)</th><th>次访日期</th></tr>
<tr><td>1</td><td></td><td></td><td></td><td></td><td></td><td></td><td></td><td></td></tr>
<tr><td>2</td><td></td><td></td><td></td><td></td><td></td><td></td><td></td><td></td></tr>
<tr><td>3</td><td></td><td></td><td></td><td></td><td></td><td></td><td></td><td></td></tr>
<tr><td>4</td><td></td><td></td><td></td><td></td><td></td><td></td><td></td><td></td></tr>
<tr><td>5</td><td></td><td></td><td></td><td></td><td></td><td></td><td></td><td></td></tr>
<tr><td>6</td><td></td><td></td><td></td><td></td><td></td><td></td><td></td><td></td></tr>
<tr><td>7</td><td></td><td></td><td></td><td></td><td></td><td></td><td></td><td></td></tr>
<tr><td>8</td><td></td><td></td><td></td><td></td><td></td><td></td><td></td><td></td></tr>
<tr><td>9</td><td></td><td></td><td></td><td></td><td></td><td></td><td></td><td></td></tr>
<tr><td>10</td><td></td><td></td><td></td><td></td><td></td><td></td><td></td><td></td></tr>
<tr><td>11</td><td></td><td></td><td></td><td></td><td></td><td></td><td></td><td></td></tr>
<tr><td>12</td><td></td><td></td><td></td><td></td><td></td><td></td><td></td><td></td></tr>
<tr><td>13</td><td></td><td></td><td></td><td></td><td></td><td></td><td></td><td></td></tr>
</table>

<table>
<tr><td rowspan="2">本日拜访人数</td><td rowspan="2">人次</td><td rowspan="2">本月拜访人数</td><td rowspan="2">人次</td><td rowspan="2">本月目标</td><td rowspan="2">台</td><td rowspan="2">预计达成</td><td>订单</td><td>台</td><td rowspan="2">主管</td><td rowspan="2"></td><td rowspan="2">业务代表</td><td rowspan="2"></td></tr>
<tr><td>交车</td><td>台</td></tr>
</table>

备注：① 促进：促使 B 级以上意向客户成为成交客户；

② 追踪后达 B 级以上时，应建立《意向客户管理卡》，同时转入《意向客户级别状况表》进行管理；

③ 成交后的客户转入《保有客户管理卡》及 ERP 系统。

**2. 潜在客户的接触**

在主动拜访客户策略中，设定自己初次接触的目标，可将潜在客户分为三类：可以成交的客户、不急于成交的客户和以交朋友、建立初步关系为主的客户。依据设立目标，设计初次接触的方式、理由和话题，多了解对方的兴趣、爱好、工作，为发现对方的需求做好准备，为下次跟踪做好准备。

## 2.3 潜在客户转化

潜在客户的开发、积累和管理，都是为了最终将潜在客户转化为现实客户，所以潜在客户转化是潜在客户管理中最后一步，也是最重要的一部分。只有最后成功将潜在客户转化为现实客户，所有潜在客户管理工作才有意义。

### 2.3.1 潜在客户的转化营销

随着互联网火热，在网络上购车也越来越普遍，所以通过组织线上营销活动来转化潜在客户，也会越来越多。例如，阿里汽车 2015 年“双 11”期间，在阿里汽车平台售出 1 万台新车，所以线上转化营销活动也将成为潜在客户转化的重要渠道。

潜在客户开发后，开始有计划地进行潜在客户跟踪维系，然后组织潜在客户的营销活动，利用营销活动促进潜在客户转化为成交客户。各类营销活动有其各自的特点，具体可参看表 2-18，销售顾问可根据消费者的特点及潜客开发的能力，选择不同形式的营销活动。

**表 2-18　潜在客户转化活动类型**

| 序号 | 活动形式 | 特　点 |
|---|---|---|
| 1 | 车展 | 车展规模大，对客户吸引力大，集客容易 |
| 2 | 团购会 | 团购针对性强，集客目标明确 |
| 3 | 抢单会 | 抢单会以价格吸引客户，旨在消化意向强的客户 |
| 4 | 试驾会 | 试驾会重在客户体验，宣传品牌和车辆性能，辅助销售 |
| 5 | 厂家直销 | 厂家直销，频次低，优惠力度大，消化 H 级、A 级客户 |
| 6 | 购车节 | 购车节，是车展的另一种形式，多以一个集团为单位组织 |
| 7 | 主题活动 | 教师节、七夕、中秋等，以节日购车优惠吸引消化意向强的客户 |

接下来，我们将以东风本田 CR-V 组织的一次营销活动为例，通过这个营销活动具体操作，并结合表 2-19～表 2-21 来详细了解一下他们是如何在活动中增强客户体验和客户对车型的关注度的。

## 1. 活动基本内容

表 2-19　活动基本内容

| 活动主题 | CR-V 桑巴之夜 |
|---|---|
| 活动主办方 | ××东风本田 4S 店 |
| 活动时间 | 2014 年 7 月 5 日 2:00～5:00 CR-V 专场团购会<br>2014 年 7 月 5 日 9:45～14:00 CR-V 桑巴之夜 |
| 活动地点 | ××酒吧 |
| 活动背景 | (1) SUV 市场容量持续增大,但 CR-V 客流量较 13 年没有明显变化;<br>(2) CR-V 转订率较 13 年有整体小幅下滑;<br>(3) 库存持续增加,销售任务也在增加,店头销售形势严峻;<br>(4) CR-V 自身到店量平稳,销售任务大,竞品频繁动作冲击大,店头(店面)压力较大;<br>(5) 极需大事件吸引关注,借势热点加深对店头 CR-V 的体验和偏好 |
| 活动目的 | (1) 通过夜间秀,强化 CR-V 目标客户对该车型的好感;<br>(2) 刷新 CR-V 形象,借势世界杯热点,吸引关注;<br>(3) 在酒吧举办活动,增加与目标客户接触,加强车型体验,促进集客和转订 |

## 2. 活动实施

(1) 车辆安排(负责人:销售经理)

车辆进场时间:7 月 5 日 13:00。

表 2-20　车辆安排

| 项目 | 车辆信息 | | | | 出车店 | 备　注 |
|---|---|---|---|---|---|---|
| 试乘试驾车辆 | CR-V | 试驾车 | 白 | 1 台 | 东二 | 装饰反光条 |

(2) 人员安排

表 2-21　人员安排

| 项　目 | 说　　明 | 责　任　人 | 备　　注 |
|---|---|---|---|
| 现场 | 现场总指挥 | 店总经理 | |
| 活动方案 | 方案制作并与厂家督导对接相关事宜 | 缪颖 | |
| 场地联络 | 联系北极阁场地负责人洽谈(场地、宣传表演等) | 缪颖 | 北极阁负责人 |
| 物料制作 | 活动现场所有物料设计与制作 | 张慧、陈梅、陈杰 | |
| 媒体邀约 | 各店市场部主流媒体进行邀约 | 各店市场部负责安排 | 告知媒体,成功推荐购买可以额外送媒体代表 |
| 销售顾问 | 活动现场销售顾问人员安排 | 各店销售经理 | 各店销售经理安排好活动现场、展厅销售顾问值班 |

续表

| 项 目 | 说 明 | 责 任 人 | 备 注 |
|---|---|---|---|
| 客户邀约 | 安排销售顾问告知客户活动签到时间并邀约，打印活动到场客户名单并准备合同 | 各店销售经理 | 按照邀约目标分配到各销售顾问，并制定相关考核 |
| 样车准备 | 活动进场、退场，现场调整车辆摆放 | 销售经理安排 | 车辆于 7 月 5 日下午到达活动现场 |
| 客户议价 | 活动期间，活动现场组长协助组员议价，并处理组员内的突发事件 | 各店销售主管及组长 | |
| 礼品登记 | 负责现场订车客户抽奖礼品、互动礼品等登记 | | 各店行政负责所获礼品在各项表中注明 |
| 现场签到登记 | 指引现场的客户签到登记 | 各店客服 1 名 | 各店客服主管安排，各店 1 人 |
| 车辆钥匙管理及卫生 | 活动前安排销售顾问清洁车辆保持整洁 | 各店展厅主管 | |
| 车展照片拍摄及核销视频 | 活动期间做好拍摄 | 陈素萍 | |

(3) 活动 KPI(表 2-22)

**表 2-22 KPI 列表**

| 销售顾问 | 第一目标(60 台) | 第二目标(70 台) | 老客户邀约(120 批) |
|---|---|---|---|
| 销售顾问 1 | | | |
| 销售顾问 2 | | | |
| 销售顾问 3 | | | |
| 销售顾问 4 | | | |
| 销售顾问 5 | | | |
| 销售顾问 6 | | | |
| 销售顾问 7 | | | |
| 销售顾问 8 | | | |
| 销售顾问 9 | | | |

(4) 前期广告宣传(表 2-23)(7 月 1 日～7 月 5 日)

**表 2-23 前期广告宣传**

| 项 目 | 内 容 | 时 间 |
|---|---|---|
| 现代快报活动软文 | 活动招募 | 7 月 2 日 |
| 电台 | | 7 月 1 日(晚 2 次)～7 月 4 日(全天)(7：45、8：00、18：00、18：15) |

续表

| 项　　目 | 内　　容 | 时　　间 |
|---|---|---|
| 短信 | | 7月2日、3日 |
| 汽车之家通栏 | | 7月2日～4日 |
| 易车网通栏 | | 7月2日、3日 |
| 网站(濠滨论坛、搜狐汽车、汽车之家、易车网、爱卡汽车等发布) | 软文、焦点图 | 7月1～5日 |
| DM单页 | 销售顾问1～4日15:30～20:00安排发放宣传单页集客 | 7月1～4日 |

(5) 活动政策(前四项礼品由厂家提供)(表2-24)

**表2-24　活动政策**

| | 序号 | 活动项目 | 政策内容 |
|---|---|---|---|
| 团购会 | 1 | 签到礼 | 客户到达现场签到后关注微信，赠送钥匙扣 |
| | 2 | 互动礼 | 参与现场主持人互动、试乘特邀嘉宾、小游戏环节均可获得世界杯纪念马克杯 |
| | 3 | 挑战礼 | 现场客户参与1/4决赛，猜中相应球队获胜赠送 |
| | 4 | 订车礼 | 现场所有订车客户即获980新车礼包1份 |
| | 5 | 感恩礼 | 感恩大礼1：现场订车客户均可获得1/4决赛酒吧看球团贵宾门票。<br>感恩大礼2：现场订车客户均可获得800元维修基金 |
| | 6 | 夏季冰镇礼 | 现在订车客户均可赠送啤酒1打! |
| 酒吧礼 | 7 | 订车客户抽奖 | 此项抽奖于酒吧进行，一等奖：彩电1台；二等奖：东本原厂自行车；三等奖：车载冰箱<br>(各店客户抽取后由各店自行承担) |
| | 8 | 游戏礼 | 大力神杯、马克杯、吉祥物 |
| | 9 | 惊喜礼 | 当天订车客户猜中球队最终晋级，即可获得1000元维修基金 |

(6) 活动流程(表2-25)

**表2-25　活动流程**

| 项　目 | 时间段 | 内　　容 | 负责人 | 备　　注 |
|---|---|---|---|---|
| 7月1～4日前期准备 | | | | |
| 邀约 | 周二(7月1日) | 电话介绍活动信息 | 各店销售经理 | ① 各店销售经理每日抽查<br>② 每日汇总邀约人数至市场经理 |
| | 周三(7月2日) | 短信加深客户印象(活动信息＋愿意参加客户回复Y) | | |
| | 周四(7月3日) | 电话：询问前一天短信是否收到，再次告知活动，主要提及礼品 | | |
| | 周五(7月4日) | 根据天气进行电话关怀，告知场地流程及次日上车时间<br>短信：告知活动流程＋不见不散 | | |

续表

| 项　目 | 时间段 | 内　　容 | 负责人 | 备　　注 |
|---|---|---|---|---|
| 客服确认 | 周五(7月4日)<br>16:00 | 尊敬的贵宾××先生/女士,您好,这里是东风本田贵宾服务中心,很荣幸您能参加此次CR-V桑巴团购会活动,明天我们的活动时间为10:00～17:00,届时我们为您准备精美礼品,稍后我会将活动流程发到您手机上,请您查收。<br>我们恭迎您的到来,明天不见不散 | 各店客服主管 | 再次确定到达人数,并反馈到销售部 |
| 短信发送 | 周五(7月4日)<br>17:30 | (1) 尊敬的东风本田贵宾,您好,东风本田南通区域CR-V桑巴团购会活动将于7月5日正式开启,届时我们为您准备精美礼品,现场订车客户均可获得1000元维修基金,同时可获得1/4决赛酒吧看球团贵宾门票等惊喜好礼,东风本田与您不见不散。<br>(2) 尊敬的东风本田贵宾,您好,CR-V桑巴之夜——世界杯1/4决赛观球团于7月5日晚21:45在南通北极阁酒吧正式开始,届时酒水烧烤无限供应,陪您看球竞猜 | 各店客服主管 | 下班前群发短信告知 |

活动流程——7月5日下午(展厅)

| 活动内容 | 时　间 | | 流　　程 | 负责人 | 备　　注 |
|---|---|---|---|---|---|
| 签到接待 | 13:30～14:00 | | 意向客户签到 | 客服 | 全体工作人员引导就座 |
| CR-V专场团购会 | 120分钟 | 2分钟 | 主持人开场 | | CR-V桑巴激情夜团购会介绍 |
| | | 15分钟 | 客户押注 | | 客户从当晚进入1/4决赛的两个球队中选中自己认为可能获胜的球队 |
| | | 3分钟 | 领导致辞 | 羌总 | 致辞、公布政策,告知押注成功抵现金 |
| | | 3分钟 | 主持人 | | 介绍当天订车惊喜及CR-V桑巴激情夜活动 |
| | | 110分钟 | 客户订车 | | 登记订车客户信息 |
| | | 30分钟 | 发放邀请函 | 陈梅 | 确认当晚到场客户 |
| | 欢送客户 | | | | |

续表

| 活动内容 | 时间段 | 流　　程 | 负责人 | 备　　注 |
|---|---|---|---|---|
| | | 活动流程——7月5日晚(酒吧) | | |
| 活动物料及展车到位 | 20:00～21:00 | 展车摆放、物料清点 | | |
| 签到 | 21:00～21:45 | 在入口处的纪念足球上签到 | | 与我店展车沿路停放,并且拍照转发至朋友圈,赢取礼品 |
| 预热活动开始 | 21:45 | DJ喊麦三次,间隔1分钟 | | |
| 播放CR-V视频 | 21:50 | 舞台荧幕处开始播放CR-V视频 | | (视频准备)全场灯光变暗至全黑 |
| 开场 | 21:55 | 宣布活动开始全场举杯庆祝 | 主持人 | 介绍主办方及活动内容 |
| 恭喜当天订车客户 | 22:58 | 现场赠送订车客户大礼神杯牛饮杯1个 | 主持人 | |
| 表演 | 22:05 | DJ动感音乐<br>桑巴舞蹈表演 | | 舞者分别代表两个球队,舞蹈演员环场两周,充分带动全场热情,同时通过主持人渲染,现场客户将手中的投票投给自己支持的球队 |
| 互动游戏 | 22:20 | 为世界杯干杯!/你问我答 | | 游戏待定(获胜者赢取酒水券) |
| 订车客户抽奖 | 23:00 | 三等奖抽奖 | | 12日下午订车客户抽奖 |
| 表演 | 23:05 | 足球宝贝表演 | | 根据支持队伍发放球队毛巾 |
| 互动游戏 | 23:20 | 比大小比赛 | | 全场比大小比赛,以支持队为小组,获胜者赢取礼品 |
| 订车客户抽奖 | 23:35 | 二等奖抽奖 | | 12日下午订车客户抽奖 |
| 烘托现场气氛 | 23:40 | 再次告知活动政策及最终大奖、惊喜大奖询问现场订单 | 主持人 | |
| 支持队 | 23:45 | 客户最终决定支持队 | | 确保现场客户都有选择,做好登记 |
| 订车客户抽奖 | 23:50 | 一等奖抽奖 | | 12日下午订车客户抽奖 |

续表

| 活动内容 | 时间段 | 流　　程 | 负责人 | 备　　注 |
|---|---|---|---|---|
| 观看球赛 | 24:00～2:30 | (1) 直播赛事前,每位邀约客户选定自己支持的球队,支持的球队每次进球,即赠送一瓶啤酒,为自己的球队呐喊助威!(进入点球阶段不计)<br>(2) 直播赛事进行时,为每位在场客户赠送两瓶啤酒,共同欣赏精彩比赛,为发展潜客埋下伏笔 | | |
| 公布最终结果 | 2:30 | 公布最终结果 | | 当天订车客户选中球队获胜,获得1000元维修基金 |
| 送客户 | | 送客户 | | 安排客户打车回家 |

(7) 费用预算(表2-26)

**表 2-26　费用预算**

| 序号 | 品　　名 | 描　　述 | 单价/元 | 数量 | 金额/元 | 备　　注 |
|---|---|---|---|---|---|---|
| 广宣 | 汽车之家通栏 | 7月2～4日 | 4000 | 3 | 12000 | 厂家要求投放,此费用参与核销 |
| | 易车网通栏 | 7月3～4日 | 2000 | 2 | 4000 | |
| | 电台92.9 | 7月1日(晚2次)～7月4日(全天)(7:45、8:00、18:00、18:15) | 1000 | 14 | 14000 | |
| 外场(江海文渊) | 展车背景 | Size:600cm×300cm | 28 | 15 | 420 | 含喷绘 |
| | 背景灯 | 桁架上高60cm,前伸100cm | 100 | 4 | 400 | 纯白光卤灯 |
| | 签到背景 | Size:240cm×240cm | 28 | 5.76 | 161.28 | 含喷绘 |
| | 签到处布置 | 白桌布+酒红色围裙 | 200 | 1 | 200 | |
| | 发光足球胸针 | | 2.5 | 100 | 250 | 大号 |
| | 世界杯手环 | 国旗版 | 3.2 | 100 | 320 | |
| | 音响 | Size:15寸 | 500 | 1 | 500 | 暖调氛围用 |
| | 灯柱 | H:450cm | 1200 | 1 | 1200 | 含4只四合一高亮LED灯 |
| | 路引地毯 | 2m宽,20m长 | 5 | 40 | 200 | |
| | 落地字 | | 0 | 0 | 0 | 从城市广场拆回 |
| | 过道LED灯 | | 80 | 6 | 480 | 门外过道两侧对打 |
| | 车身反光条 | | 200 | 1 | 200 | |

续表

| 序号 | 品　　名 | 描　述 | 单价/元 | 数量 | 金额/元 | 备　　注 |
|---|---|---|---|---|---|---|
| 内场（江海文渊） | 主持区 LED 灯 | | 100 | 4 | 400 | 高亮 |
| | 主持人 | | | | 1000 | |
| | 音响 | | 500 | 1 | 500 | |
| | 桑巴女郎 | | 600 | 2 | 1200 | |
| | 桑巴服装 | | 950 | 2 | 1900 | |
| | 光束灯 | 200W | 350 | 2 | 700 | |
| | 礼品 KT 板 | | 10 | 5 | 50 | |
| | 活动招募 X 展架 | | 60 | 1 | 60 | |
| 礼品 | 大力神杯 | | 30 | 20 | 600 | （各店根据各店客户实际赠送情况结算） |
| | 32 强马克杯 | | 15 | 30 | 450 | |
| | 世界杯吉祥物(30cm) | | 35 | 10 | 350 | |
| 其他 | 展厅活动架 | | 100 | 1 | 100 | |
| | 客户返程打的费 | | 20 | 40 | 800 | |
| | 单页 | | 0.15 | 1000 | 150 | |
| 备注 | ① 所有工作人员统一着装，穿工作服、佩戴胸牌、女生统一将头发盘入发网内；<br>② 所有人员每天活动结束，将收集的客户资料留档，交给市场部；<br>③ 若搜集号码不达标，按照扣分管理进行扣分；若号码不及时提交市场部，罚 50 元/次 | | | | | |

根据潜在客户的数量及潜在客户的意向级别，有计划地进行潜在客户转化，从而帮助销量持续递增。

## 2.3.2　潜在客户生命周期管理

持续不断地开发潜在客户，不断培养潜在客户，提高潜在客户的级别，并在合适的时机通过转化营销活动实现转化。潜在客户管理需要有明确的管理流程，在不同的流程中应用不同的管理工具和管理技巧做好相应的工作，为下一步工作的开展做好铺垫。潜在客户管理的整个过程需要具有完整的管理制度、配套管理工具和相应的管理技巧。

### 1. 潜在客户生命周期的管理流程

(1) 潜在客户开发管理：通过潜在客户开发渠道开发潜在客户，开拓、维系潜在客户开发渠道。

(2) 潜在客户培养管理：通过潜在客户的培养，提升潜在客户的意向级别，促进成交。

(3) 潜在客户转化管理：通过前期工作的铺垫和潜在客户的转化营销活动，实现成交。

### 2. 潜在客户生命周期的管理制度

1) 汽车经销商企业需制订潜在客户开发的管理制度

(1) 潜在客户开发制订专人负责制(或者指定团队负责，例如市场部)。

(2) 每月制定潜在客户开发及潜在客户渠道开发目标,与负责人或团队的绩效挂钩。

2) 汽车经销商企业需制定潜在客户培养的管理制度

(1) 潜在客户培养制订专人负责制(市场部、客服部和销售部)。

(2) 潜在客户分级培养管理,需制订潜在客户意向级别提升目标、拜访目标(销售顾问)。

3) 汽车经销商企业需制定潜在客户转化的管理制度

(1) 潜在客户转化管理工作制订专人负责制(市场经理或销售经理)。

(2) 潜在客户转化营销活动需制订全年计划,按计划推进。

(3) 潜在客户转化营销活动,需确定成交、转化率的目标,制定考核制度。

**3. 潜在客户生命周期的管理工具**

(1) 潜在客户识别模型。

(2) 潜在客户开发工具。

(3) 潜在客户跟踪、培养工具。

(4) 潜在客户转化营销工具。

## 2.4 技能实训:潜在客户开发方法和技巧

**1. 实训要求及注意事项**

(1) 实训时,要认真积极,不允许说笑、打闹;

(2) 服从实训指导教师的安排,未经教师批准,不得擅自离开,开启车辆等;

(3) 车辆、工作场所、通道应保持有序、整洁;

(4) 实训结束后,整理、清洁设备和场地。

**2. 设备/工具/耗材的要求**

(1) 设备:待销售的车辆;

(2) 耗材:潜在客户开发方法和技巧实训评分表。

**3. 实训目的**

(1) 掌握潜在客户识别技巧;

(2) 掌握潜在客户开发方法;

(3) 掌握潜在客户开发技巧。

**4. 实训形式**

(1) 情景模拟:模拟销售场景,进行潜在客户开发的演练;

(2) 小组竞赛:小组间进行比赛,在比赛中互相学习,了解自身的薄弱环节。

**5. 实训步骤**

(1) 利用0.5课时,进行情景案例分析。随机抽取两名学生,一名学生扮演客户,一名学生扮演销售人员,进行汽车销售场景模拟。情景模拟过程中,指导教师和其他学生做

好问题的记录。情景模拟结束后，学生先进行点评，然后指导教师进行案例点评、分析。

(2) 利用1.0课时，将全班学生两两分组、配队，进行情景模拟，并互相点评。指导教师在现场进行指导，并记录问题。最后指导教师进行点评及分析。

(3) 利用1.0课时，将全班学生分成四组，两两进行报价方法及技巧比赛。小组内推荐比赛人员，两组相互交换扮演销售顾问和客户。指导教师利用表2-27进行现场打分，并做最后点评。

**表2-27 潜在客户开发方法和技巧实训评分表**

| 项　目 | 内　容 | 满分 | 得分 |
|---|---|---|---|
| 潜在客户识别 | 掌握潜在客户的定义 | 10分 | |
| | 具备潜在客户识别的能力 | 10分 | |
| | 能够准确判断潜在客户的意向等级 | 10分 | |
| | 熟悉潜在客户的来源 | 10分 | |
| 潜在客户开发方法 | 潜在客户开发渠道开发 | 10分 | |
| | 潜在客户开发渠道管理 | 10分 | |
| | 潜在客户开发方法的应用 | 10分 | |
| 潜在客户开发技巧 | 掌握潜在客户培养的方法 | 10分 | |
| | 掌握潜在客户开发的技巧 | 10分 | |
| | 能够组织潜在客户开发的营销活动 | 10分 | |

## 练习与思考题

### 1. 选择题（多选题）

(1) 潜在客户开发工作任务有(　　)。

A. 掌握潜在客户定义　　B. 掌握潜在客户的识别技能

C. 熟悉潜在客户的开发渠道　　D. 掌握潜在客户渠道开发技巧

(2) MAN法则是指(　　)。

A. 购买力　　B. 购买决策权　　C. 购买需要　　D. 购买途径

(3) 属于潜在客户来源的是(　　)。

A. 户外活动　　B. 车友会　　C. 电视　　D. 论坛

(4) 属于潜在客户开发技巧的是(　　)。

A. 潜在客户按购车意向高低分级培养　　B. 潜在客户接触

C. 组织潜在客户的营销活动　　D. 提高销售顾问的销售技巧

(5) 按照客户购车意向强弱，可将客户分为(　　)。

A. A级、B级、C级、D级　　B. H级、A级、C级

C. H级、B级、C级、D级　　D. H级、M级、L级

**2. 判断题**

(1) 潜在客户就是有购车需求的客户。 ( )

(2) 潜在客户开发,需要邀约客户到 4S 店才能进行。 ( )

(3) 客户分为潜在客户和成交客户两种。 ( )

(4) 现在潜在客户的主要来源渠道是 4S 店。 ( )

(5) 准客户是已经准备购买产品的客户。 ( )

**3. 简答题**

(1) 潜在客户的定义是什么?

(2) 潜在客户的开发渠道有哪些?

(3) 如何识别潜在客户?

(4) 策划一个 3 月 8 日的店头活动需要做哪些准备工作?

(5) 浅谈如何做好潜在客户管理。

# 模块 3

# 售前准备与热情接待

## ◎学习目标

**1. 知识目标**

(1) 了解售前准备的重要性；
(2) 能够描述客户在初次接待阶段的期望；
(3) 能够列举售前需要准备的内容；
(4) 能够描述电话接待的要点；
(5) 能够描述展厅接待的要点；
(6) 能够描述沟通与赞美的注意事项。

**2. 能力目标**

(1) 具备售前准备的能力；
(2) 具备电话接待的能力；
(3) 具备沟通的技巧；
(4) 具备赞美的技巧；
(5) 具备展厅接待的能力；
(6) 具备严谨工作态度及爱岗敬业的精神。

## ◎案例导入

汽车服务与营销专业的大二学生小王特别喜欢销售工作，知道汽车销售有很大的发展空间，毕业后想做一名汽车销售顾问。但是，她对售前准备与展厅接待技巧不甚了解，希望提升自己的知识与技能。

## ◎学习方案

(1) 上网更多了解相关内容和经典案例；
(2) 多调研几家汽车经销商，写出调研报告，与同学分享。

# 拓 扑 图

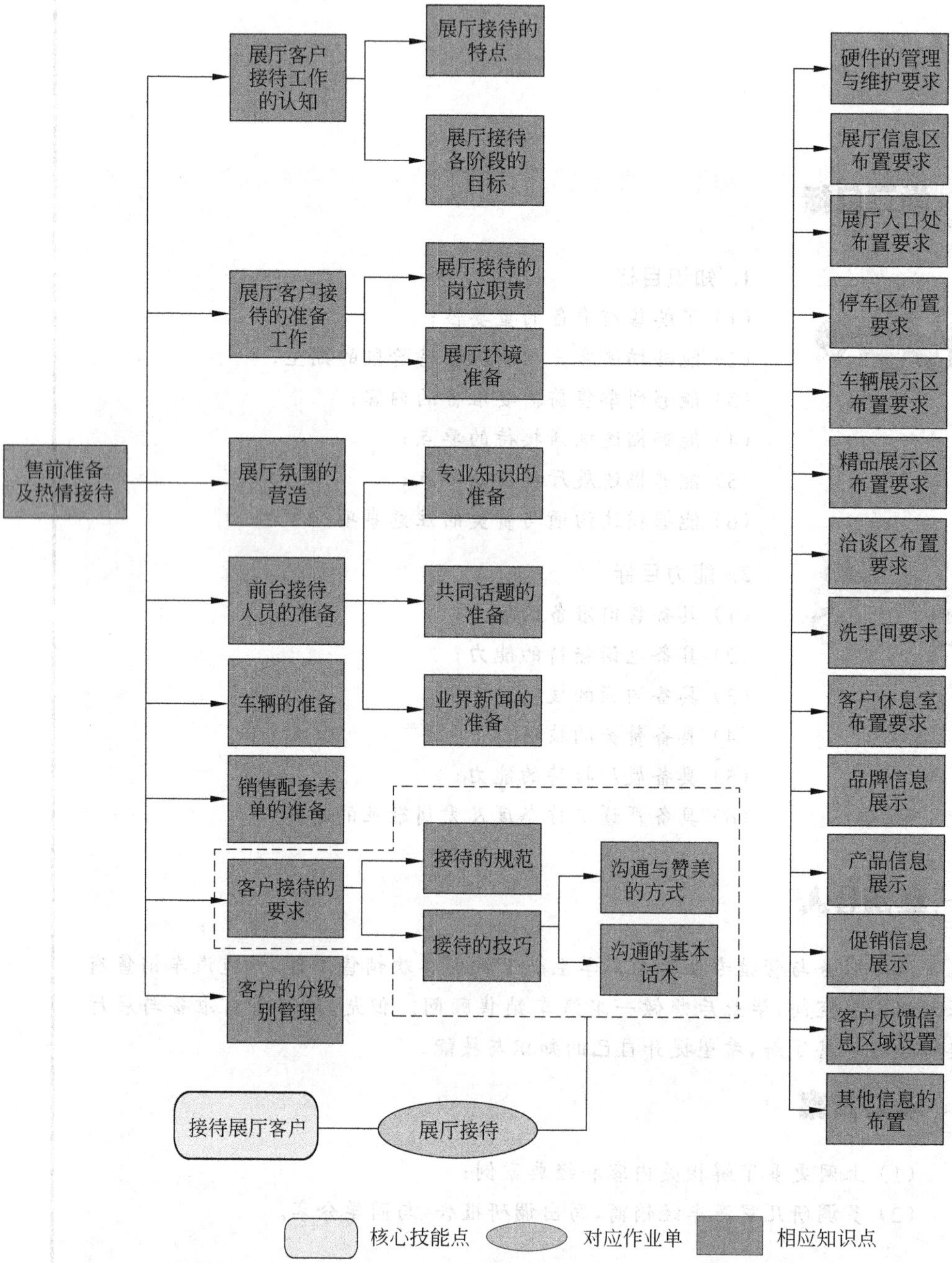

售前准备及热情接待
- 展厅客户接待工作的认知
  - 展厅接待的特点
  - 展厅接待各阶段的目标
- 展厅客户接待的准备工作
  - 展厅接待的岗位职责
  - 展厅环境准备
    - 硬件的管理与维护要求
    - 展厅信息区布置要求
    - 展厅入口处布置要求
    - 停车区布置要求
    - 车辆展示区布置要求
    - 精品展示区布置要求
    - 洽谈区布置要求
    - 洗手间要求
    - 客户休息室布置要求
    - 品牌信息展示
    - 产品信息展示
    - 促销信息展示
    - 客户反馈信息区域设置
    - 其他信息的布置
- 展厅氛围的营造
- 前台接待人员的准备
  - 专业知识的准备
  - 共同话题的准备
  - 业界新闻的准备
- 车辆的准备
- 销售配套表单的准备
- 客户接待的要求
  - 接待的规范
  - 接待的技巧
    - 沟通与赞美的方式
    - 沟通的基本话术
- 客户的分级别管理

接待展厅客户 — 展厅接待

核心技能点　对应作业单　相应知识点

## 3.1 展厅客户接待工作任务描述

在通常情况下，客户对购车会有一些疑虑，进入展厅时情绪处于防备状态。在销售过程中，热情、周到的接待可以建立积极的第一印象。专业化的接待将会消除客户的疑虑，并建立客户的信心，营造一种友好愉快的气氛。

### 1. 展厅接待的特点

来4S店的客户，大多数是第一次看车，他们既希望自己在看车的过程中不被打扰，能够自由、舒心的慢慢比较和选择，同时也希望得到4S店展厅内所有销售顾问的尊重和热情。因此，作为销售顾问，如何为客户营造一种惬意的购车环境，并提供优质的购车服务是必须要考虑和重视的。对于来店的客户，销售顾问要态度真诚并热情有度，要与客户在较短的时间内建立信心，并让他们愿意在展厅里逗留更长的时间，以利于销售活动的顺利开展，并获得更多的销售机会。

### 2. 展厅接待的目标

展厅接待的目标就是建立公司正面的形象。

留给客户第一印象的机会只有一次。第一印象一旦形成，很难改变，良好的第一印象等于成功了一半。它将会消除客户的疑虑，并建立客户的信心，营造一种友好愉快的气氛。

### 3. 汽车前台销售顾问的岗位职责

汽车前台销售顾问，不只是公司的门面，也是公司整体形象的最直观体现。汽车前台销售顾问人员对来电、来访人员所说的每一句话、做的每一个动作都会给对方留下深刻的印象。这不仅是对汽车前台销售顾问的印象，更是对公司整体的印象，所以汽车前台销售顾问在工作的过程中扮演着相当重要的角色。

在工作过程中，汽车前台销售顾问一定要注意自己的言行举止，对待每一客户都要认真，以同样的热情、周到的服务去为客户服务，让客户对自己、对公司都留下美好而且深刻的印象。在这一过程中，同等对待很重要。因为在工作的过程中，往往很难在第一时间就分清对方的身份，特别是在电话或与来访人员沟通的过程中，所以只有用积极热情的态度、周到的服务去对待每一位客户，才能做到尽善尽美，才能让双方在沟通中都享受到快乐。

汽车前台销售顾问的具体职责如下。

(1) 接听外部电话，并负责转接给相应的部门及销售顾问。要求熟记各部门及销售顾问分机号。

(2) 根据客户需求，将客户引导到相应部门或销售顾问处。

(3) 准确记录电话访问及来访信息。具体内容包括姓名、试驾、意向车型、购买级别。

## 3.2 接待前的准备

在豪华汽车品牌专营店进行市场调研时，绝大多数公司的销售行为是基于汽车销售流程和规范进行的。规范汽车的销售流程、提升销售人员的营销技能和客户满意度，是当今各汽车公司以及各4S店的发展趋势。销售是一件面对变化的工作，应将复杂的销售过程分解为易于理解的、清晰的阶段目标和步骤，从而提升销量。标准化的流程，不但能提高销售成功率、提升品牌形象，更便于网络、团队内互相借鉴、经验共享，自我检查工作质量，规范记录和团队合作，使管理层和销售顾问之间的沟通更准确、更清楚。一个完整的汽车销售流程主要包括客户开发、客户接待、需求分析(咨询)、车辆的展示与介绍、试乘试驾、处理客户的异议、签约成交、交车服务及售后跟踪服务，如图3-1所示。

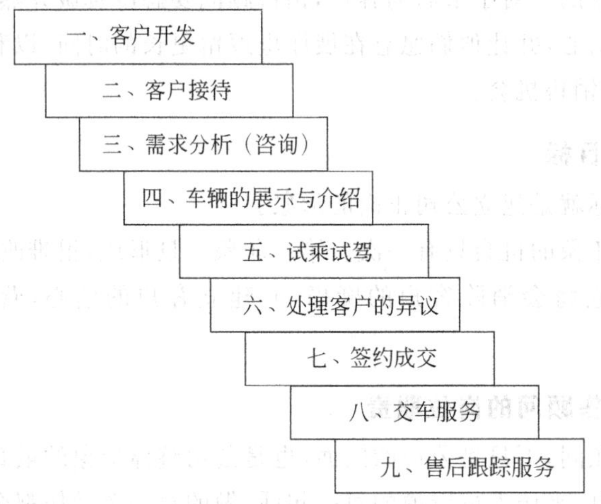


**图3-1 汽车销售流程**

本节我们将着重讨论第二个环节，即客户接待。在客户接待前，还有一项非常重要的工作，即售前准备。这就好像家里来客人前，先要将家里收拾干净，准备点水果之类的。售前准备工作的目的在于展示销售顾客良好的专业形象，建立客户信心；充分利用各项工具和销售流程，顺利地开展销售工作；建立销售顾问的信心。拥有客户所期望的个人品质，销售顾问就可以提高销售业绩。这些品质包括：仪容仪表、专业化、可信赖、真诚、积极的态度。

### 3.2.1 展厅环境准备

良好的展厅环境可以树立良好的品牌形象，营造舒适的工作与购买环境，提高员工与客户的满意度。

**1. 展厅硬件的管理与维护**

为建立展厅的新风格，展现品牌特色，并利于管理，可将展厅划为展厅信息区、展厅入

口处、停车区、接待台(值班台)、车辆展示区、精品展示区、洽谈区、洗手间、客户休息区。

(1) 展厅信息区

为了便于客户了解购车、用车的信息，展厅的信息布置应力求简单明确，内容具体，并易于客户阅读。展厅的信息包括品牌信息、产品信息、促销信息、客户反馈信息、其他信息。

① 品牌信息，用于介绍品牌文化，以挂旗、品牌形象展示架的形式布置在展厅上方空间、展厅入口处。

② 产品信息，用于介绍产品信息及主要卖点，以产品卖点展示架、易拉宝、大型窗贴海报的形式布置在展示车附近、展厅2楼、展厅玻璃墙。

③ 促销信息，用于介绍促销活动的信息，以横幅、易拉宝的形式布置在展厅洽谈区或入口处。

④ 客户反馈信息，包括提供客户意见箱，便于客户提供反馈信息，以及提供车主活动的信息、照片及用车保养的知识等，以客户意见箱、公布栏的形式布置在客户休息区附近。

⑤ 其他信息，包括购车常识、用车常识及其他客户感兴趣的信息，以易拉宝、宣传单页的形式布置在客户休息区。

(2) 展厅入口处

展厅入口处布置的目的在于树立××××特约店正面良好的第一印象，其管理要点包括：

① 雨伞及雨伞架；

② 入口处地面放置地毯；

③ 入口处标示营业时间；

④ 欢迎客户光临的标语；

⑤ 侧门路口应加装雨棚，利于客户进入展厅；

⑥ 店外的绿色植物应每周浇灌，避免灰尘密布。

(3) 停车区

特约店应为客户提供一个整洁、方便停车的环境，布置及管理要点主要包括：

① 出入口应方便车辆进出，宽度大于6m；

② 停车区标牌标识清楚，便于客户白天及晚上辨识；

③ 标牌干净明亮，无破损；

④ 停车区规划井然有序，易于出入；

⑤ 规划试乘试驾车专属停放区；

⑥ 员工车辆不得停放于客户停车区内。

(4) 车辆展示区

展厅应为客户提供一个具有吸引力，且易于接近的车辆展示空间，要点包括：

① 展示车整洁、表面无手印；

② 展示车功能正常、前座窗户放下、天窗打开，车内的塑料套应全部拆除；

③ 展示车的组合应兼顾车型与车色；

④ 车内不得放置任何宣传物及私人物品；

⑤ 车内的座椅都调整至标准位置；

⑥ 车内放置清洁的脚踏垫；

⑦ 展示车轮胎上油，车轮上的H标摆正，任何时候都应与地面垂直，车轮下方放置车轮垫板，位置正确；

⑧ 停放于展厅外的展示车应以不落地方式展示(下铺地毯或车台)。

(5) 精品展示区

展厅应为客户提供精品或其他汽车用品的信息，并激发其购买欲望，布置及管理要点包括：

① 分类摆放(区分精品、礼品；区分车型)；

② 去除包装盒和塑料套；

③ 各类精品标示价格、产地、适用车型、安装时间；

④ 展示柜及展示精品定期擦拭，保持整洁。

(6) 洽谈区

展厅为客户提供愿意停留下来洽谈且不受干扰的洽谈环境，布置及管理要点包括：

① 洽谈区与展厅整体协调、统一；

② 舒适、不受干扰(各洽谈桌之间的距离2m以上)；

③ 提供茶水和纯净水(饮料种类可以标明在桌上小立牌标识)；

④ 烟灰缸及时清理，烟头不得超过2个(含2个)；

⑤ 洽谈座椅整洁舒适、利于客户久坐洽谈；

⑥ 客户离开的时候，应立即清理客户用过的水杯。

(7) 洽谈室

展厅为客户提供安静、温馨的洽谈环境，布置及管理要点包括：

① 封闭性好；

② 室内格调温馨(有挂壁画等)。

(8) 洗手间

展厅应为客户提供干净、整洁的环境，洗手间的管理要点包括：

① 有明确、标准的标识牌指引，男女标识易于明确区分；

② 洗手间专人负责卫生打扫与清洁，门口应有擦脚地毯；

③ 有充足的洁具(洗手液、纸巾、干手机)；

④ 干净、整洁、无异味，要求有通风换气装置；

⑤ 地砖为防滑砖，墙面贴瓷砖；

⑥ 光线充足；

⑦ 梳洗台上方安装大幅梳妆镜及镜前灯；

⑧ 保持空气清新(布置绿色植物、鲜花等)；

⑨ 洗手间隔间内需附挂钩；

⑩ 洗手间门上需安装自动复位器。

(9) 客户休息室

展厅应为客户提供一个整洁、舒适、倍受礼遇的休息空间，布置及管理要点包括：

① 客户休息室保持整齐清洁，并有专人管理服务；

② 有饮水机、垃圾箱，使用有品牌标志的杯托和纸杯；

③ 休息室内要有绿色植物，以营造舒适、生机盎然的氛围；

④ 设有杂志架和报纸架，提供当地当日的主流报纸和当月杂志，至少3种以上；

⑤ 设有电视机、影碟机等视听设备，播放品牌广告片及宣传片；

⑥ 提供免费上网服务；

⑦ 墙上悬挂有关品牌和产品的信息或照片、特约店的发展史和员工接受培训合格后的证书。

**2. 展厅氛围的营造与管理**

良好的展厅氛围可以让来店客户愿意在展厅逗留更长时间，有利于"谈"车，使客户愿意再回到展厅。

展厅氛围的营造主要包括以下几个方面：音乐、饮料、灯光、绿色植物、气味、颜色、促销活动、影音、温度等。

(1) 音乐

展厅应在营业时间内播放轻松悠扬的音乐，以放松客户的心情。

① 音量的大小适中，不令人反感；

② 音乐的种类要与特约店的气氛相协调，如各种轻音乐。

(2) 饮料

① 展厅内应有饮料推车，并有专人负责管理；

② 提供至少三种以上的饮料；

③ 饮料以纸杯置托盘上提供给客户；

④ 设置饮水机，并保证有水和新纸杯提供，纸杯需有品牌的标志。

(3) 灯光

① 确保在营业时间内维持明亮的照明，各展厅须随时准备好备用灯泡；

② 及时更换坏灯泡；

③ 普通走道、仓库的亮度为100～200Lux(勒克斯)；

④ 展厅内一般照明、一般性的展示和洽谈区的亮度为300Lux；

⑤ 展厅内重点陈列点，亮度为普通照明的3倍。

(4) 绿色植物

① 在展厅内部各区域布置充足的绿色植物，将大自然引入销售空间——室内外的转换，视线达到室内室外化；

② 绿色植物应至少每周清洁一次。

(5) 气味

① 保持展厅里良好的通风和空气过滤设备运作正常；

② 绝对避免洗手间的异味传入展厅内。

(6) 颜色

展厅色调需符合品牌厂家的颜色规范，建立统一的品牌基调。

(7) 促销活动

① 特约店按品牌厂家要求设置POP广告，举办销售/售后的店头活动；

② 促销赠品放置于明显的位置，以吸引客户。

(8) 影音

展厅内应放置视听影音系统，并在营业时间内播放品牌或产品的信息。

(9) 温度

展厅内的温度尽可能维持在22～25℃的适宜温度。

## 3.2.2 销售顾问的准备

如果你作为一名普通的客户去一家服务店或到商场里购买一些商品时，希望接待你的是一位什么样的销售人员？要想满足客户的期待，作为销售顾问除了模块1讲到的仪容仪表和商务礼仪，还应该准备以下内容。

### 1. 专业知识

(1) 企业知识。企业知识包括公司的介绍，公司的销售政策，例如让利和促销政策、服务的项目。

(2) 产品知识。能掌握各车型的配备、性能和所有技术参数，并随时可以提供给客户，作为介绍和讲解的依据。

(3) 竞品知识。对于和自己的产品形成竞争的厂牌和车型，要有能力提供给客户进行参数分析和比较。

(4) 客户知识。客户知识主要包括客户群体、消费习惯、客户的购买动机、客户的爱好、客户的决策人购买力，等等。例如，从事小商品行业的客户喜欢车子的空间大一些，可以顺带一些货物，像SUV、SRV这样的多功能车比较受他们的欢迎；从事路桥工作施工作业的客户偏好越野性能好的吉普、SUV车。

### 2. 共同话题

为提高自己的综合能力与知识，以便在工作中可以顺利地和客户接触、交谈，乃至成为朋友，建议多涉猎各种信息，如社会新闻、经济、工业、商业新闻、娱乐新闻、子女教育、旅游休闲、外资企业消息、金融、房产投资消息、体育新闻。

### 3. 业界新闻

应该充分掌握和了解汽车界中各品牌及车型的发展、信息，以便使销售顾问获得最新的信息、知识，从而应对各种市场变化，成为优秀的汽车销售顾问。建议参阅业界新闻的渠道包括：

(1) 书报，如《中国汽车报》及地方报纸汽车版。

(2) 杂志，如《中国汽车画报》《汽车杂志》《汽车之友》《汽车导报》《名车志》《汽车族》等。

(3) 网站，如中国汽车网、TOM汽车网、新浪汽车、太平洋汽车网(PC Auto)等。

### 3.2.3　车辆和资料准备

**1. 展车准备**

(1) 展车轮胎下方垫轮胎垫。

(2) 展车功能正常，前座窗户放下，天窗打开。

(3) 展车内不得放置任何宣传物及私人物品。

(4) 展车内的座椅都调整至标准位置。

(5) 展车内放置清洁的脚踏垫(不得使用纸制品)。

(6) 展车充分充电，以利于展示用电的配备。

(7) 展车日常清洁由销售人员负责。

**2. 音乐、CD、DVD、钥匙**

(1) 为使客户能够顺利、完整地了解产品，车内播放的CD及DVD碟片应随时备取，以便适时向客户演示，使客户能亲身感受产品配置的优点。

(2) 展车的钥匙应放置于适当的地方，以便在需要的时候快速地取得和充分地运用。

**3. 各种表单**

表单主要包括报价单、签约合同书、保险相关资料、按揭(贷款)相关资料。

## 3.3　展厅客户接待

### 3.3.1　展厅客户接待规范

**1. 仪容仪表**

仪容仪表主要体现在：带妆上岗，淡雅得体，餐后需补妆，注意妆面的整洁，长发扎束、短发不触肩，按照岗位规定着装。

**2. 商务礼仪**

接待客户时，一言一行应按照标准的商务礼仪执行，让客户在主观感受方面留下很好的印象；注意说话语气，站姿及手势要标准，主动问候和引领客户，做到五步目迎、三步问候、点头示意、真诚微笑，让客户感受到我们专业服务的同时，觉得我们仪态大方、热情友好。

**3. 客户接待**

汽车销售前台施行轮岗制，每小时换岗，并及时登记客户信息，保证所有进店客户第一时间得到接待。

若站岗人员接待客户，则其他人按照排岗递增式前往咨客台进行补充，以避免出现咨客台空岗现象。

**4. 安排接待**

接待每一批客户都要按照标准的接待流程，热情服务，不能主观判断客户，目前在4S店常用的接待方式除了销售顾问直接向客户展示和推荐车辆外，有些4S店还利用PAD对展厅目前未能展示车辆的卖点和亮点加以补充。

## 3.3.2 展厅接待要点

**1. 展厅接待的技巧**

销售顾问在展厅进行客户接待时，首先要为客户营造舒适的沟通环境和氛围，其次要以自身专业的形象与行为举止赢得良好的第一印象。当客户正常进店，汽车前台销售顾问人员应在展厅大门内热情迎接客户，并询问客户的来访目的。与客户寒暄后，应简短自我介绍，并请教客户姓名。如客户有同行人员，也要与通行人员一一打招呼。与客户开始攀谈的话题应选择没有侵略性的公共话题，学会倾听客户的意见，对客户的正确建议或意见要适时给予赞美与肯定，沟通时应注意用词专业，表达力求简单、清晰。销售顾问可以适时引导客户就座，第一时间奉上免费饮料。客户进店后，若自行看车，不理睬汽车前台销售顾问，销售顾问可按客户意愿进行，请客户随意参观，并告知客户自己的服务意愿和候教的位置。例如，可以这样表达："××先生(女士)，请您随意参观和挑选新车，如有需要，请随时召唤，我就在这边。"此时，销售顾问应在客户所及范围内关注客户需求，保持一定距离，避免给客户有压力的感觉。当客户有疑问时，销售人员主动趋前询问，当客户开启车门时，主动上前帮忙，当客户驻足观看配置单时，主动上前介绍。

当然，不是所有客户都是如此，有些客户进来直接问价格，并索要最低价，此时销售顾问应站在客户的角度，确认客户对于车辆的熟悉程度，并为其解释车辆价格的各部分组成，并引导客户就座，第一时间奉上免费饮料，争取适当时机，请客户留下客户信息。

如果客户说他刚去过另一家品牌店，并大力夸奖该品牌的车如何之好，作为销售顾问，应首先解答客户提出的异议，站在客户的角度，确认他对竞品的熟悉程度，并挑一到两条本品的优势卖点予以介绍。

当客户有意离开时，销售顾问应放下手中其他事务，送客户到展厅门外，感谢客户光临，并诚恳邀请他再次惠顾，目送客户离开，直至客户走出视线范围。

**2. 沟通与赞美**

客户进店以后，会产生一种紧张的心理状态。如果客户对你不信任，那么根本谈不上在这里买车。客户为什么会这样呢？

第一，在客户进展厅之前，都有一种期望，即花最少的钱买最好的产品，这是司空见惯的。第二，客户担心他的要求和想法不能得到满足。例如，客户要求现货交易，而有的时候专卖店没有现货，客户不得不等两天；有时客户需要的颜色也没有，要等两天；客户有时还会要求价格再降低一些，有的时候也不能够得到满足。客户担心价格不能降到其所希望的幅度，更担心受到欺骗，甚至认为按照设定的价格买了车以后，是不是被"宰"了。基于以上原因，客户就有一种自然的自我保护意识。

为了解决这些问题，很多专营店的销售人员想尽了一切办法来改善环境。作为销售

人员，改善环境的目的是缩短与客户之间的距离，尽快取得客户的信任。改善环境的方式包括快速建立亲和力、掌握沟通技巧、赞美技巧和话术。

(1) 亲和力

亲和力是有效果沟通的前提。

亲和力是指进入别人的频道。在潜意识沟通课程中，要求学员在和别人建立亲和力的过程中，一定要在以下几个方面与对方同频。

① 情绪同步。情绪同步就是在情绪上、心境上，和沟通对象处于同一个频率。在心理和情绪上，你能够理解客户，客户就会有一种被理解、被尊重、被接受的感觉。

② 共识同步。在人与人之间的影响和沟通方面，有一个七加一法则，即如果你一直让一个人处在认同你的状态，借由问题引导他，他一直说"是的、我赞成、我了解、我同意"类似的同意语词，并让他同意了七次，通常你在第八次问他的时候，他就会习惯性地同意。但在提问时，必须要注意到两点：第一，问句必须要引至你的目的；第二，必须很自然地进行，问句不要问得很拗口，要顺畅自然。引导别人的思考到自己想要的方面来，这就是沟通、影响和说服。

③ 生理状态同步。要做到此点，最有效且快速的方式是通过"镜面映现"。人与人之间的沟通，主要通过三个渠道：一是你所使用的语言和文字，二是你的语气或音调，三是你所使用的肢体语言。近代的爱瑞克森催眠学派的创始人、催眠大师爱瑞克森(Milton Erickson)博士就是通过这种方式，借由模仿别人的语气和音调、呼吸方式及频率、表情、姿势等，他便能在短短的几分钟内，让对方无条件地信任或接受他。

④ 语调和语速同步。

⑤ 语言文字同步。使用相同文字表象系统的语言。

⑥ 价值观与信念同步。不管对方与你有任何意见的不同，有任何的抗拒，通常要注意尽量避免在交谈时用"可是""但是""就是"这类词，可以运用"对，您说得很有道理，当然……也是值得我们关注的很重要的一点……"这种句式，让客户觉得在被认可的前提下，销售顾问正站在他的角度为他思考问题。

⑦ 解读线索。什么叫解读线索呢？眼睛是心灵之窗，对客户一些"微行为"的关注与解读，会让你更容易发现对方的心理及潜在的观点和需求，有利于销售顾问深入地分析客户需求。

多了解些，多学些，多用些，你会发现自己沟通的效果越来越好！

(2) 沟通技巧

沟通是个大话题，沟通的品质决定了生活的品质。人际关系、家庭、销售及服务等都需要沟通。一个人能够成功，15%取决于他的专业技术，85%取决于他的人际关系，即沟通影响他人的能力。美国著名心理学家艾伯特·梅拉比安认为：在沟通中，视觉占55%，身势、手势、视线的接触，以及整体的仪态与行为举止等都有助于立即产生印象。因为您的一举一动和脸部表情比您所使用的词语的威力要强八倍，所以必须意识到它们的力量，并予以重视；声音占38%，使用不同的语调、音高和语速，对于别人怎样理解您所说的话是有很大差别的。因为您沟通所产生的影响有1/3是来自声音的表述，所以必须保证自己的声音能给想要沟通的内容增色；语言占7%，语言在您所施加

的影响中所占的比例也许不高，但须记住，当视觉和声音的效果消减时，剩下的就只有传达的信息了。

因此很明显，为了使自己的信息传达给对方，并使之完全被理解，传送信息时必须伴随有恰当的身势、手势、视线、语音、语调，并贴切地加强语气。

(3) 赞美技巧

赞美是一种由内心发出的赞叹。销售顾问在进行赞美时，应态度真诚，实事求是。赞美客户时要面对客户，赞美的角度要独到，不落俗套。

(4) 参考话术

客户进门时的迎接语："您好，欢迎光临奥迪展厅！(鞠躬并迎上前去)我是这里的销售顾问×××，您可以叫我××(同时递交名片)，请问您怎么称呼？"，"×先生，很高兴为您服务"(以真诚的微笑继续下面的流程)。

接待时，如果遇到有事情要离开一下，可以说："×先生，十分不好意思，我那边有点临时状况，需要去处理一下，我再帮您介绍一位资深的销售顾问，您看可以吗？"

在客户走之前，可以说："×先生，十分感谢您对奥迪的支持，也十分荣幸能为您介绍车子，您对我今天的服务有什么意见吗？"

**3. 客户管理**

在取得客户信任、缩短了与客户的距离之后，销售人员接下来就要做好对来店/电客户的管理。作为4S店，一定要有这方面的工具，要将与客户交流的过程，包括客户的想法和要求、客户的意向级别等，都详细地记录下来。客户的意向级别一般是根据客户购买的意向程度来确定的。

首先，要把来店的或者是打电话来咨询的客户，根据其意向的级别进行分类，一般来讲分为四个等级。

(1) 交了定金的客户。这也是一个意向客户的等级。

尽管客户付了定金，但是如果客户明天说不买了，要求退定金，这个要求也是合理的，是受到保护的。4S店要求在提升客户满意度、提升销售技能、提高管理能力的同时，不会去做与客户为敌的事情。退订只能证明你的工作没做好，所以在客户没有交完全款，没有把车提走之前，你都把他定为第一级别的意向客户，这个意向客户的级别是非常高的，这样的客户95%以上是可以得到保证的，而不排除有5%的客户会出现退订的可能。

(2) 客户的车型定了，车的价格也确定了，只是没有确定车的颜色。他可能是跟他的太太、朋友，或者是自己单位的领导、同事之间有不同的意见。有人喜欢黑的，有人喜欢白的，颜色上最后还不能统一，但是对于买车来讲这个已经不是什么太大的障碍。这个级别的客户应该在一个星期之内就能够买车。我们把这种客户称为第二种意向客户。

(3) 此级可能要购买某个价格区域内的车。例如，某客户想买十万元左右的车，这样我们就知道十万元左右的车他是有承受能力的。在这种情况下，他有可能会在品牌之间进行选择，有可能选择A品牌，也有可能选择B品牌，但都是十万元左右的。

对这样的客户，我们要注意的是，因为他是在做比较，所以他可能会在一个星期以上、

一个月以内做出买车的决定。这是一种概率,不是绝对的,所以我们把一个星期以上和一个月之内可以做买车决定的客户称为第三等级。

(4) 客户想买车,但是不知道买什么样的车。他拿不定主意是买10万元左右的,还是买8万元以下的,或是12万元以上的,即客户的购车目的还不明确。除了价钱没确定,品牌也没确定,他未确定的因素还有很多,但是他想买车,有买车的需求,至于买什么样的车自己还没定位,究竟哪一款车适合自己他更不知道,他现在正处于调研阶段。这种客户属于第四等级。他可能需要一个月以上的时间才能决定购买。第四等级的客户还包括需要买车,但是资金暂时还没有到位的客户。

把客户分为这四个等级后,可按照意向级别把他们分别填在表上,以后你就可以根据客户意向级别,按照设定的时间给他打电话进行联系。另外,客户意向级别分类后,销售经理能了解到很多信息。例如,某专营店里有10位销售人员,每天有10份销售报表送到销售经理面前。销售经理看到这10位销售人员客户级别的设定,就能掌握在一个星期之内将会有多少客户来买什么型号的车。根据这份报表,经理还能了解已经交了定金的有多少客户。既然客户交了定金,肯定合同也签了,合同里明确了这位客户买的是什么车、什么型号、什么颜色。销售经理马上就会知道还有多少库存,同时还能了解什么车型好卖,什么颜色的车好卖,负责订车的领导根据这份表格可以制订下一个订车的计划,该订哪些车型、哪些颜色、数量多少等。

## 3.4 技能实训:展厅接待工作实训

### 1. 实训要求及注意事项

(1) 按实训要求穿好服装,男女生均为正装。

(2) 实训时,4~6人为一组,并选定组长。

(3) 实训时要积极认真,不允许说笑、打闹。

(4) 服从实训指导教师安排,不允许擅自离开,启动车辆。

(5) 实训时注意使用标准话术、商务礼仪。

(6) 车辆、实训场所、通道保持有序整洁。

(7) 实训结束后,清洁场地、车辆。

### 2. 设备/工具/耗材的要求

(1) 设备/工具:化妆包、风貌镜、客户脚本若干。

(2) 耗材:展厅接待工作考核表。

实训指导教师分配实训任务和本次实训的客户背景信息(见表3-1和表3-2),由各组组长组织组员两两进行角色扮演,完成客户接待环节的演练。当同一组的两位同学在进行演练时,同组里其他成员也要全神贯注进行观看,并记录下他们演练时的亮点和不足之处。所有成员演练结束后,由组长搜集整理记录,并组织大家一起讨论。实训指导教师在整个过程中进行相应的监控和指导,并在实训后结合各组的表现进行一一点评。

表 3-1　客户背景信息 1

| | |
|---|---|
| 个人信息 | 李先生/女士　年龄：28 岁 |
| | 职业：汽车网站编辑 |
| | 业余生活和爱好：旅游，健身，购物 |
| | 家庭成员：2 人（自己、妻子/丈夫） |
| | 信息来源：电视广告和朋友介绍 |
| | 性格特点：热情、开朗、善交际 |
| | 购车用途：自己上下班用 |
| | 驾驶习惯：喜欢开快车，不喜欢被别人超车 |
| | 经常的乘员：家人或者朋友 |
| | 接触和约见方式：经销商展厅 |
| 背景 | 自己在网上看过关于奥迪的介绍及网友的一些评论，而且身边的朋友也评价过奥迪车。对这个价位的车期望值较高，希望很完美。<br>以前听说这家奥迪经销商很不错，对这里的工作人员期望值也很高。<br>自己到奔驰/宝马店看过车，觉得虽然价格高，但品牌价值确实很高，各方面服务也特别好。<br>接待的奔驰/宝马销售人员表现很专业，态度也非常好，并为自己介绍过车辆，但还没来得及试驾。<br>在奔驰/宝马店里，也与奔驰/宝马的销售顾问探讨过关于奥迪的事情，虽然觉得她说的不见得全是事实，但还是比较有道理的 |

表 3-2　客户背景信息 2

| | |
|---|---|
| 个人信息 | 赵先生/女士　年龄：28 |
| | 职业：财务总监 |
| | 业余生活和爱好：旅游，健身，购物 |
| | 家庭成员：3 人（自己、妻子/丈夫、孩子） |
| | 信息来源：电视广告和朋友介绍 |
| | 性格特点：热情、开朗、善交际 |
| | 购车用途：自己上下班用 |
| | 驾驶习惯：比较稳健 |
| | 经常的乘员：家人和朋友 |
| | 接触和约见方式：经销商展厅（已经电话联系过） |
| 背景 | 自己在网上看过关于奥迪的介绍及网友的一些评论，而且身边的朋友也评价过奥迪车。对这个价位的车期望值较高，希望很完美。<br>以前听说这家奥迪经销商很不错，对这里的工作人员期望值也很高。自己到奔驰/宝马店看过车，觉得虽然价格高，但品牌价值确实很高，各方面服务也特别好。<br>接待的奔驰/宝马销售人员表现很专业，态度也非常好，并为自己介绍过车辆，但还没来得及试驾。<br>在奔驰/宝马店里，也与奔驰/宝马的销售顾问探讨过关于奥迪的事情，虽然觉得她说的不见得全是事实，但还是比较有道理的 |

## 练习与思考题

### 1. 选择题

(1) (　　)不属于销售流程。

A. 网络调研　　B. 需求分析　　C. 试乘试驾　　D. 交车

(2) (　　)不是展厅接待的特点。

A. 客户不重视

B. 我们更重视

C. 让客户感觉到舒适和销售人员的热情

D. 消除客户的疑虑、建立客户的信心,以利于销售活动的顺利开展

(3) (　　)的行为不符合仪容仪表。

A. 销售人员穿着品牌统一的制服,保持整洁、合身

B. 衬衫烫熨平整,领子、袖口清洗干净,没有污渍

C. 统一佩带企业要求的样式的名牌,保持干净平整

D. 整理好头发,保持头发清洁,可以染色,男士头发不可过长

(4) 关于展车的准备,不对的是(　　)。

A. 展车轮胎下方垫有轮胎垫

B. 展车功能正常,前座窗户放下,天窗打开

C. 展车内放置车辆宣传物

D. 展车内的座椅都调整至标准位置

(5) 客户正常进店时,应该首先(　　)。

A. 在展厅大门内热情迎接客户,询问客户的来访目的

B. 简短自我介绍并请教客户尊姓

C. 与客户同行人员一一招呼

D. 引导客户就座,第一时间奉上免费饮料,请客户选择蒸馏水、茶水或速溶咖啡

(6) 客户进店后,自行看车,不理睬汽车前台销售顾问,销售顾问应当(　　)。

A. 不按客户意愿进行,再次邀请入座

B. 明确说明自己的服务意愿和候教的位置,向客户说明“如有需要,请随时召唤,我就在这边”

C. 在客户所及范围内关注客户需求,始终跟随

D. 当客户有疑问时,也不理睬

(7) 客户进来直接问价格,并索要最低价,销售顾问应该(　　)。

A. 首先回应客户提出的话题,站在客户的角度直接报价

B. 通过提问,确认客户对于价格的掌握程度

C. 不必引导客户就座

D. 争取适当时机,请客户留下客户信息

(8) 客户说认识你很高兴，并称赞你，你不应该(　　)。

A. 先从礼貌寒暄开始，扩大谈话面，给客户机会引导对话方向

B. 不回应客户的赞美，保持适当距离

C. 引导客户就座，第一时间奉上免费饮料，请客户选择蒸馏水、茶水或速溶咖啡

D. 争取适当时机，请客户留下客户信息

**2. 判断题**

(1) 展厅接待的特点是并不重视客户。(　　)

(2) 我们应在展厅接触时消除客户的疑虑、建立客户的信心，以利于销售活动的顺利开展。(　　)

(3) 让客户在展厅逗留更长时间，以拥有更多的销售机会。(　　)

(4) 展厅接待的阶段目标就是建立正面的形象。(　　)

(5) 带妆上岗、淡雅得体，餐后需补妆，注意妆面的整洁，长发扎束，短发不触肩，按照岗位规定着装。(　　)

(6) 留给客户第一印象的机会只有一次，第一印象一旦形成会很难改变，留下良好的第一印象等于成功了一半。(　　)

(7) 咨客台站岗安排班制度每小时轮岗，接待及信息的及时登记，保证所有进店客户第一时间得到接待。(　　)

(8) 建立信任的要诀包括具体明确，针对细节；实事求是，不可虚构。(　　)

**3. 简答题**

(1) 请列举售前准备的内容。

(2) 请说明流程的重要性。

(3) 电话沟通的注意事项有哪些？

(4) 总结并编写电话接听的问题库。

(5) 请列举展厅接待的注意事项。

(6) 如果客户自行看车，我们应该如何对待？

(7) 请说明如何快速建立起亲和力。

(8) 请列举赞美的注意事项。

# 模块 4

# 客户需求分析

## ◎学习目标

**1. 知识目标**

（1）了解需求的概念；

（2）能够描述客户在需求分析阶段的期望；

（3）能够列举客户的购买角色和类型信息；

（4）能够描述客户购买的显性与隐性动机；

（5）了解客户的购买需求；

（6）能够描述销售顾问应了解的客户个人背景信息。

**2. 能力目标**

（1）具备分析客户购买的角色和类型信息；

（2）具备分析客户购买的显性与隐性需求；

（3）具备倾听的技巧；

（4）具备提问的技巧；

（5）能够详细了解客户的需求与背景信息；

（6）具备严谨的工作态度及爱岗敬业的精神。

## ◎案例导入

销售顾问小周特别喜欢汽车销售这份工作。他知道汽车销售有很大的发展空间，但由于自身对客户类型不能进行很好地判断，所以客户需求分析的能力一直得不到提升，由此流失了很多次客户跟进的机会。另外，小周在汽车销售的过程中感受到，如果“不会识人”，那么也就没办法为客户挑选到适合他们的车，更无法激发客户对车辆的购车欲望。为此，小周急需一些关于“客户需求分析”的理论，来为他答疑解惑，从而迅速提升其汽车销售能力。

## ◎学习方案

（1）通过本模块的学习尝试学习对客户类型进行分析；

（2）多留意身边现实生活中消费者的购买行为，从中体会和感悟作为客户的隐形和显性需求；

（3）运用本模块所学知识，练习倾听和提问的技巧。

# 拓　扑　图

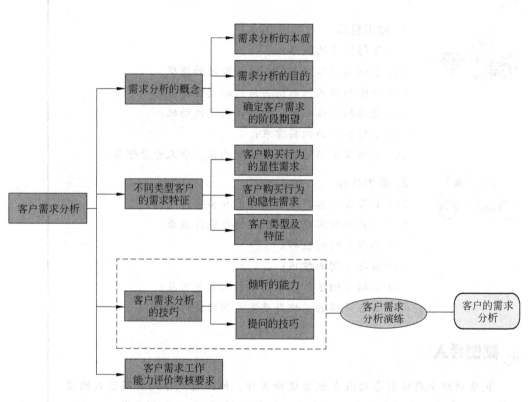

客户需求分析
- 需求分析的概念
  - 需求分析的本质
  - 需求分析的目的
  - 确定客户需求的阶段期望
- 不同类型客户的需求特征
  - 客户购买行为的显性需求
  - 客户购买行为的隐性需求
  - 客户类型及特征
- 客户需求分析的技巧
  - 倾听的能力
  - 提问的技巧
  - → 客户需求分析演练 — 客户的需求分析
- 客户需求工作能力评价考核要求

图例：核心技能点　对应作业单　相应知识点

## 4.1 需求分析工作任务描述

汽车销售核心环节中的“需求分析”是指销售顾问通过与前来看车客户之间的交流，来探究客户在购车上的主要需求和购买动机，并在此基础上确定接下来的解决方案，为下一步产品介绍明确方向。

在需求分析的过程中，要学会识别客户类型、提升倾听的能力，并通过技巧性的提问来探询出客户除显性需求以外，更多内心真实的想法和隐性需要。需求分析工作做得越深入，消费者的需求和购买动机就越明晰。为了更好地进行需求分析的工作任务，我们有必要了解需求的本质和进行需求分析的目的，并学会在此基础上确立客户在不同阶段的不同期望。

### 1. 需求的本质

确立客户的需求，就是要了解和发掘客户的现状和他所期望达到的目标，明确这两者之间的差距。如图 4-1 所示。

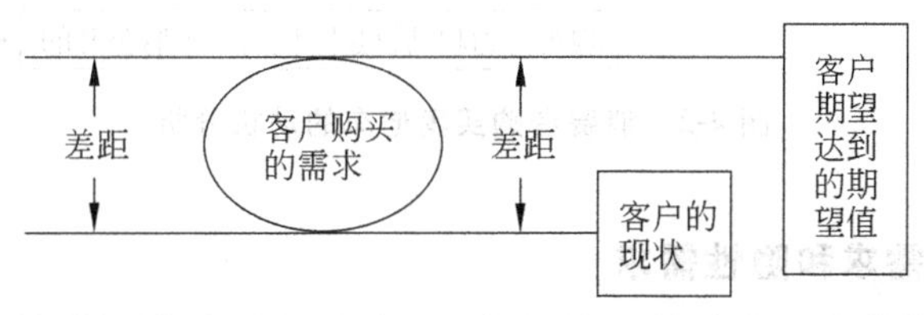


图 4-1　需求本质解析图

### 2. 需求分析的目的

需求分析的目的是了解客户的购车背景和需求重点，使客户了解我们的态度和提供总体解决方案的能力(信心)。

在和客户打交道的过程中，客户最关心的是自己的利益，只有通过提问、倾听、了解、发掘客户的购买动机，明确客户的需求，销售人员才能知道在产品介绍的时候如何强调客户的利益，以便将产品有效地介绍给客户，此种销售方式将产生事半功倍的效果。销售人员要知道何时是适当的时机，掌握确认客户需求的工具和有关客户需求的具体内容。

### 3. 确立需求阶段客户的期望

作为潜在客户，客户希望销售顾问能够认真对待其需求和喜好，并为其调整工作方式(行为、进度)，当其再次来展厅时，能叫出其姓氏，而且还要熟知其以前的来访经历，并主动提问和确认其需求和喜好是否有变化。

## 4.2 客户类型分析

### 4.2.1 影响购买动机和购买行为的主要因素

**1. 购买动机**

购买动机是整个购买行为中最根源的内容,它决定了购买的需求。以购买奥迪车为例,看一下客户的购买动机,如图 4-2 所示。

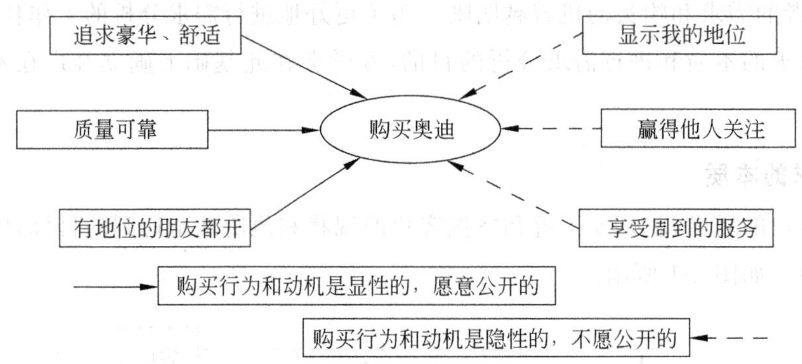


图 4-2 消费者购买奥迪车的动机分析

**2. 客户的显性需求和隐性需求**

在汽车销售流程理论里有这样一种说法,对表面的现象称之为显性的问题,也叫显性的需求;对隐藏着的现象称为隐性的需求。在冰山理论里,也会经常提到显性和隐性,一个是在水面以上的部分,一个是在水面以下的部分。水面以上的部分是显性的,是客户自己知道的、能表达出来的那一部分;水面以下的是隐藏着的那一部分,是客户自己都不清楚的需求。对于需求,客户自己可能也认识不清,或者不想说,但销售顾问不可以想当然,不可主观臆断,而要弄清楚客户真正的需求。此时,销售顾问就要去帮助客户解决这些问题。销售顾问既要了解客户的显性需求,也要了解其隐性需求,这样才能正确分析客户的需要。

例如,某客户打算花几十万元买车,可是他不知道该买什么样的车。客户说想要真皮座椅,他是追求舒适,还是面子?客户说喜欢开快车,那么他认为的“快”是多快,他真正的需求是什么?客户说喜欢涡轮增压,是崇尚技术,还是考虑燃油经济性?作为销售顾问,我们只有了解并帮助客户明确他们的需求和购买动机,才能站在客户的角度和立场上,为他们挑选到真正适合他们的新车。

**【案例】**

有一天,一位客户到奥迪 4S 店来买车,他在展厅里仔细地看了一款多功能的 SUV 车 Q5,该公司的销售顾问热情地接待了他,并且对他所感兴趣的问题也做了详细的介绍。

这位客户听了之后很爽快地说马上就买，接着还说之所以想买这款 SUV 车，是因为他特别喜欢郊游，喜欢出去钓鱼。钓鱼是他的一个爱好，他很早以前就一直想这么做，但是因为工作忙，没时间，现在他自己开了一家公司，已经经营一段时间了，但总的来说还处于发展阶段，积累了一点钱，想改善一下出行工具。

当时客户和销售顾问谈的气氛比较融洽，要是按照以前的做法，销售顾问不会多说，直接签合同、交定金，这个销售活动就结束了。但是这名销售顾问没这么简单地下定论，他继续与这个客户聊，通过了解客户的行业，他发现了一个问题。

这位客户是做工程的，他的一位重要客户一到当地来，他就会去接这个客户。同样去接这个客户的，还有他的一个竞争对手。他过去没车，而他的竞争对手有一辆北京吉普——切诺基。人家开着车去接，而他只能找个干净一点的出租车去接。他的想法是不管接到接不到，一定要表示自己的诚意。结果每次来接的时候，他的客户都上了他的这辆出租车，而没去坐那辆切诺基。销售顾问了解了这个情况后，感觉到这里面肯定有问题，于是就帮助这位客户分析为什么他的客户总是上他的出租汽车，而不上竞争对手的切诺基。

销售顾问问："是因为您的客户对你们两个人厚此薄彼吗？"

他说："不是的，有的时候我的客户给竞争对手的工程比给我的还多，有的时候给他的是肉，给我的是骨头。"

这名销售顾问分析以后发现，他那位客户尽管看上去一视同仁，但实际上有一种虚荣心，不喜欢坐吉普车，而要坐轿车，出租车毕竟是轿车。于是，这位销售顾问就把这种想法分析给这位客户听。

销售顾问说："我认为，您现在买这辆 SUV 车不合适，您的客户来了以后，一辆切诺基，一辆 Q5，上哪个车都脸上挂不住。以前一个是吉普，一个是出租，他会有这种感觉，毕竟出租车是轿车。到那个时候万一您的客户自己打的走了，怎么办？"

这位客户想想有道理。然后这名销售顾问又给他分析，说："我认为根据您的这个情况，您现在还不能买 SUV。您买 SUV 是在消费，因为您买这辆车只满足了您的个人爱好，对您的工作没有什么帮助。我建议您现在花同样多的钱去买一辆轿车，您用新买的轿车去接您的朋友和您的客户，那不是更好吗？"

这位客户越听越有道理，听从了销售顾问的建议。他之所以听从销售顾问的建议，是因为从客户的角度来讲，销售顾问不是只看着客户口袋里的钱，而是在为客户着想。他说："我做了这么多年的业务了，都是人家骗我的钱，我还没遇到过一个我买车他不卖给我，而给我介绍另外一款车的情况，还跟我说买这款车是投资，买那款车是消费，把利害关系分析给我听，这个买卖的决定权在我，我觉得你分析得有道理。确实是这种情况，按照我现在公司的水平还不具备消费的那种水平。"于是他听从这名销售顾问的建议，买了一款同等价位的轿车，很开心地把车开走了。

在开走之前，那位客户对接待他的销售顾问说："非常感谢你，我差点就买了一辆我不需要的车，差点白花了这 40 万元，还不起作用。"他不停地道谢。

这名销售顾问很会说话："先生，您不用对我客气，您要是谢我的话，就多介绍几个朋友来我这里买车，这就是对我最大的感谢。"

这位客户说："你放心，我一定会帮你介绍的。"

果然，没过多长时间，他亲自开车带了一个朋友来找那位销售顾问。经过介绍，大家一聊，销售顾问不是问买什么车，而是问买什么样的车，买车做什么用，是从事哪个行业的，这几个问题一问，客户觉得这名销售顾问很会为客户着想，于是又在这里买了一辆车。

这位销售顾问还是用同样的方法跟他说："您买了这辆车以后，如果觉得好就给我在外边多宣传，多美言两句。"

那位客户说："好，我们王兄就是在你这儿买的车，我就是他介绍来的。现在我也很满意，我也会给你介绍的。"下面肯定也会有这样的事情发生，因为那位客户也有他的朋友社交圈。

半年以后，第一位客户又来找这名销售顾问。他说："我找你是来圆我的那个心愿的。"

这名销售顾问一听就笑了，他是来买那辆 Q5 的。

以客户为中心的顾问式销售使这位销售顾问在半年之内在这个客户身上卖出了三辆车。

## 4.2.2 购买者基本类型

### 1. 客户的角色信息

客户的角色信息包括购买者，决定者，使用者和影响者。每个角色可以是不同的人，当然同一个人也可以有很多角色。

购买者是购买过程中实际支付费用的人，可以是个人，也可以是单位。

决定者是购买过程中拥有决定权的人。

使用者是购买过程中最终使用车辆的人。

影响者是购买过程中对于购买者、决定者和使用者起到影响作用的人。

那么，我们怎样辨别客户角色呢？答案就是创造机会，让每一位来访者表达自己的观点和期望，通过提问、观察等方式，便可以有效地辨别。

对于购买者，他所关心的更多是价格，即有没有买贵。对于决定者，他所关心的更多是有没有买对。对于使用者，他所关心的更多是车辆的实际性能。对于影响者，他所关心的更多是他在朋友面前的"价值"。我们只有了解每个角色的关注点，熟悉他们所面临的风险并加以规避，才能够提高成交的概率，获得客户的信任。

### 2. 客户的类型

客户的类型分为分析型、控制型、友好型和抒发型四类，如图 4-3 所示。每种类型的特征都不同，销售顾问应对的方式也不同。

每个人都有自己的性格特点，销售顾问首先要了解自己的分类，才能更好地和不同的人群沟通交流，下面可通过一套测试题，来为自己分分类。

图 4-3 客户类型分析图

**PDP(Professional Dynametric Programs)人际沟通风格测试**

请回答以下A、B两套题。5分为中间值,当回答是肯定的,那么分数取5分以下,越肯定,分值越小;反之,当答案是否定的,分值取5分以上,越是偏离的多,分值越高。请如实回答,以保证你对自己有更加准确的认识。答完每套题后,将分数相加,得出该套题的总分。算出分数后按后面的要求继续。

A套题 总分:

(1) 当你面对风险、决定或变化,反应的速度是迟缓谨慎的吗? 1 2 3 4 5 6 7 8 9 10

(2) 当与大伙一起讨论时,你不经常主动发言吗? 1 2 3 4 5 6 7 8 9 10

(3) 当你在强调要点时,不经常使用手势及音调的变化? 1 2 3 4 5 6 7 8 9 10

(4) 当你表达时,经常使用较委婉的说法,如"根据我的记录……"、"你可能以为……"? 1 2 3 4 5 6 7 8 9 10

(5) 你通常是通过阐述细节的内容来强调要点? 1 2 3 4 5 6 7 8 9 10

(6) 你通常是用提问的方式来检验、理解、寻求支持或获取更多信息? 1 2 3 4 5 6 7 8 9 10

(7) 你不爱发表意见? 1 2 3 4 5 6 7 8 9 10

(8) 你总是耐心,愿意与人合作吗? 1 2 3 4 5 6 7 8 9 10

(9) 你与人交往讲究礼节,喜欢按计划执行,并希望相互配合? 1 2 3 4 5 6 7 8 9 10

(10) 如果对没什么大不了的事产生意见分歧时,通常保留自己的观点,并很可能附和他人的观点? 1 2 3 4 5 6 7 8 9 10

(11) 你说话、做事一般是含蓄并有节制的吗? 1 2 3 4 5 6 7 8 9 10

(12) 当与人初次见面时,你的目光会间断性注视对方? 1 2 3 4 5 6 7 8 9 10

(13) 当你与别人握手时,一般用力较轻? 1 2 3 4 5 6 7 8 9 10

B套题 总分:

(1) 你经常处于戒备状态? 1 2 3 4 5 6 7 8 9 10

(2) 你一般感情不外露,只在需要别人知道时表露? 1 2 3 4 5 6 7 8 9 10

(3) 多数时你依据事实、证据做决定? 1 2 3 4 5 6 7 8 9 10

(4) 与对方谈论时,能就事论事,不跑题? 1 2 3 4 5 6 7 8 9 10

(5) 你比较讲究做事一本正经,不喜欢很轻松、随意的状态? 1 2 3 4 5 6 7 8 9 10

(6) 比起交友来,更愿意多干些实事? 1 2 3 4 5 6 7 8 9 10

(7) 讲话或倾听时表情严肃? 1 2 3 4 5 6 7 8 9 10

(8) 表达感受时不常用非语言的反馈? 1 2 3 4 5 6 7 8 9 10

(9) 喜欢听现实状况、亲身经历和事实? 1 2 3 4 5 6 7 8 9 10

(10) 对人和事的应对方法较单一? 1 2 3 4 5 6 7 8 9 10

(11) 在工作或社交场合需要时间去适应? 1 2 3 4 5 6 7 8 9 10

(12) 喜欢按计划行事? 1 2 3 4 5 6 7 8 9 10

(13) 与人交往时不喜欢有身体接触? 1 2 3 4 5 6 7 8 9 10

图 4-4 所示为人际沟通风格倾向分析,我们可以根据自己的得分情况,初步判定各自的沟通风格。

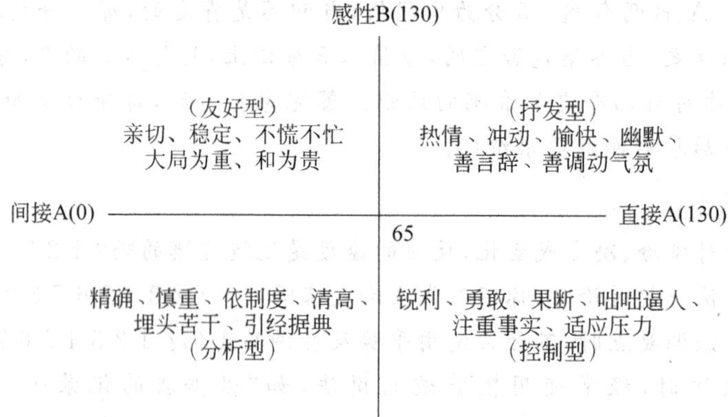


**图 4-4　人际沟通风格倾向分析**

那么,面对不同类型的客户,作为销售顾问该如何应对呢?我们可以参见表 4-1。

**表 4-1　客户类型与行为分析**

| 类型<br>行为 | 分析型 | 控制型 | 友好型 | 抒发型 |
|---|---|---|---|---|
| 典型特征 | 自有主张,不直接 | 自有主张,直接 | 开放,不直接 | 开放,直接 |
| 语言 | 轻而慢,讲话不多,只谈任务,注重资料、事实 | 快而大声,讲话多,只谈任务,注重资料、事实,活力 | 轻而慢,讲话不多,讲究关系,注重有趣的事,喜欢多选择 | 快而大声,讲话多,讲究关系,注重有趣的事,活力 |
| 身体语言 | 手喜欢合起,态度僵硬,表情不多 | 动作不大,喜欢用手指人,手合起,姿态僵硬,表情不多,直视 | 手掌张开,姿态放松,表情随和 | 喜欢以手指指人,手掌张开,喜欢拥抱,表情丰富 |

续表

| 行为＼类型 | 分析型 | 控制型 | 友好型 | 抒发型 |
|---|---|---|---|---|
| 个性 | 反应慢，不注重建立人际关系，守旧谨慎，追求准确，希望按部就班地解决问题 | 反应快，对人际关系不敏感，不愿接受不同意见，讲求快，目标明确，渴望取得突破现状，占据主导地位 | 渴望建立友好关系，不喜欢冲突，慢动作，随和，追求被接纳与忠诚，难作决定 | 反应快、热诚易冲动，注重直觉，追求有趣，快乐跳跃式行动，目标不专一 |
| 要求 | 稳定的工作程序，安定，安全，要求别人关注，并保证结果 | 有权威感，安定，主导被尊重，获得直接答案 | 安全，有足够时间供自己思考，在服务中体现个性，能得到保证 | 社会认同，对自己能力的认同 |
| 避免 | 突变，无准备的行为，失信 | 失面子，不能主导，浪费时间 | 催促逼迫，攻击破坏关系、原有情况 | 厌烦独处、细节 |

## 4.2.3 客户购车原因分析

客户购车的原因有很多。接下来，我们将以奥迪车系的购买者为例，对客户的购车原因作一个较为详细的分析。

(1) 奥迪车主典型的购买原因有：

① 身份性(表明地位、实力……)；

② 享受性(舒适、视听、环境……)；

③ 可信性(安全、质量、品质、后续成本……)；

④ 满足性(加速、操控……)；

⑤ 展示个性(运动、年轻、高素质……)；

⑥ 表明归属性(官员阶层、行业、社会群体……)；

⑦ ……

(2) 奥迪客户的主要购买标准有：

① 设计；

② 舒适性；

③ 环保(制造/产品)；

④ 成本；

⑤ 运动特性；

⑥ 安全(主动式/被动式)；

⑦ 声望/形象；

⑧ 技术特色；

⑨ 质量；

⑩ 机动性(售后服务)。

(3) 购买原因的说明:

① 客户因为自己的原因而购买。

② 有些可能看起来不明智或不合逻辑,但对客户是有道理的。

③ 客户在大多数情况下不愿意完全暴露自己的购买动机。

## 4.2.4 不同购车原因与车型选择的关系分析

众所周知,不同的客户群体会不同的购车原因,不同购车原因便会选择不同的车型,要想推荐给客户一款合适的车型,首先我们就要了解客户的背景信息。

### 1. 客户的背景信息

为实现需求分析阶段的目标,给客户推荐合适的车型,我们应该知道哪些客户背景信息?

(1) 个人信息:

① 姓名;

② 地址;

③ 电话;

④ 驾驶者;

⑤ 主要用途;

⑥ 业余爱好;

⑦ 兴趣;

⑧ 职业;

⑨ 信息来源;

⑩ 何时购买;

⑪ 决定者;

⑫ ……

(2) 旧车信息:

① 厂家、型号、车龄、里程、每年行驶距离;

② 喜欢的理由、不喜欢的理由、换车的理由;

③ 突出的费用、车辆服务史;

④ ……

(3) 新车信息:

① 计划每年行驶里程、用途、参数选择;

② 要表现的特征、对比车型;

③ 首选的附加装备、购车时间;

④ ……

(4) 预算

① 现在的支付能力;

② 计划用于购车上多少;

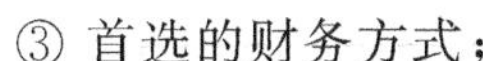

③ 首选的财务方式；

④ 告知客户手续便捷的一站式金融服务，可以选择多种购车方式；

⑤ 是否置换，推介二手车评估业务；

⑥ ……

**2. 车型推荐标准**

有了上述的客户背景信息，了解到客户的需求，接下来我们就可以根据这些信息来推荐合适的车型。下面以奥迪购买者为例。

1）轿车的购买人群

以奥迪 A4L 为例，它的核心客户群体是处于事业上升期、积极进取、活力时尚但不事张扬、注重内涵、强调事业成功和生活享受之间平衡的年轻中产精英。

我们可以根据图 4-5 清晰地看到，奥迪 A4L 目标客户更加注重外观、品牌、车辆的高性价比，及较大的内部空间。

| A4L目标用户 | |
|---|---|
| 核心目标用户 | 经济务实型、个性潮流型、精英奋斗型 |
| 平均年龄 | 35岁 |
| 男性比例 | 49% |
| 平均家庭年收入 | 500000元 |
| 职业 | 公司业主、个体工商户职员、合伙人/自由职业者、公司高级主管、公职人员 |
| 性格 | 时尚、内敛、注重内涵、追求家庭与事业的平衡，享受生活 |
| 购车需求 | 注重外观、品牌<br>高性价比<br>较大的内部空间 |
| 为什么选择奥迪 | 奥迪品牌高档、进取、创新、大气的外观和较大的内部空间 |

**图 4-5 奥迪 A4L 的目标用户分析**

2）SUV 的购买人群

以奥迪 Q5 为例，它的核心目标客户群是经济实力强、自信、时尚、充满激情但不张扬，崇尚轻松惬意的生活方式，希望用与众不同的方式展现个性的现代精英，如图 4-6 所示，他们需要这辆车带给他们以下的体验。

（1）更多乐趣与自由：SUV 受路况约束小，享受出行的自由和驾驶的乐趣，带来与轿车不同的驾驶体验。

（2）更加优越，彰显个性：外形比轿车更加个性化，带来与众不同的心理上的优越感。

（3）归属感：周围的朋友都开 SUV，自己也不落伍，更容易融入朋友圈子。

（4）更加安全：外观尺寸更大、更硬朗，比轿车更加安全。

（5）更加舒适：内部空间更大、视野更宽阔，比轿车更加舒适。

（6）多用途性：通过性好，能适应恶劣的路况和天气状况，更加适合自驾出游。

奥迪Q5目标客户群

“我开的车要能反映出我的社会地位”

“一辆车的内部应该比其外部显露出来的要有更多的内涵”

“我想要能够根据我个人的想法和要求来装备我的车”

“一辆功能多样化的车的内部对我来说很重要”

**图 4-6　奥迪 Q5 的目标用户分析**

3）跑车的购买人群

如图 4-7 所示，奥迪 TT 为核心目标客户主要面向年轻、个性、向往现代与优雅并重的高收入人群，他们追求高品质的生活，同时也享受高性能跑车带来的不同生活体验。

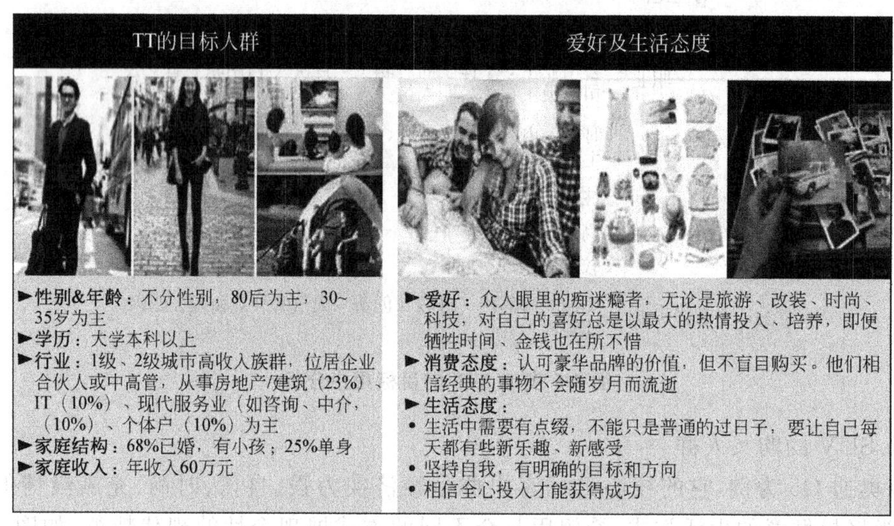


**图 4-7　奥迪 TT 的目标用户分析**

## 4.3　客户需求分析的技巧

### 4.3.1　倾听的能力

了解客户的需求是以客户为中心作为基础，以这种观点和理念进行销售，你会取得更长远的、更好的效果。在与客户接触时，一方面是问，另一方面就是听。如果你在认真地听客户讲，他会认为你很尊重他；如果客户在讲，你三心二意，客户会认为你不尊重他。我们的目的是让客户尽快地购买，所以每一个环节都要处理好，其中之一就是要会聆听。

听分为五个层次，如图4-8所示，分别为忽视地听、假装在听、有选择地听、全神贯注地听、有同理心地听。在接待客户时，需要有同理心地听，这样才会给客户非常受重视、受尊重的感受。

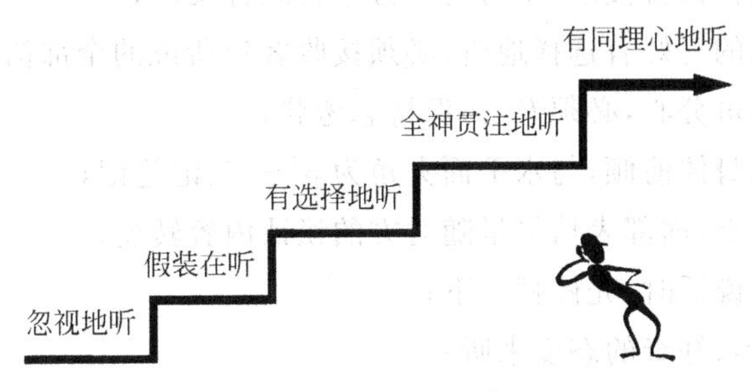


**图4-8　倾听的层次**

**【案例】**

×汽车公司的销售顾问小赵正在接待一个女客户，这位女客户与他谈得非常愉快，谈着谈着就到了定金先付多少这个话题上了。这位客户说："我看看我包里带了多少钱，如果带得多我就多付点，少我就少付点，我凑凑看，能凑两万元我就把两万元全付了。"

这位客户一边打开包、整理钱，一边说话。因为这件事情基本上已经定下来了，她很开心，就把她家里的事情说出来了，主要是说她儿子考大学的事情。而这名销售顾问在旁边一句都没听进去。

这时又过来一名销售顾问，问小赵："昨天晚上的那场足球赛你看了没有？"

小赵也是个球迷，两个人就聊起昨天晚上的那场足球赛了，把客户晾在了一边。这位女客户愣了一会儿，把拉链一拉，掉头走了。

小赵感觉不对劲，急忙问道："这位女士，刚才不是说要签合同的吗？"

这位女客户一边走一边说："我还要再考虑考虑。"

他说："那您大概什么时候过来啊？"

"大概下午吧。"

小赵也没办法，只能看着客户走了。

到了下午三点钟，这位客户还没来，小赵拨电话过去，接电话的人说："你要找我们总经理呀，你就是上午接待我们杨总的那位销售顾问吧。"

小赵回答说："是呀。她说好下午要来的。"

对方说："我是上午送杨总过去的司机。你就别想了，我们老板不会在你那儿买车了。"

小赵问："为什么呀？"

对方说："为什么你不知道啊，我在旁边都替你着急。我告诉你，我们杨总的儿子考

上名牌大学了，她不仅在我们公司这么讲，只要一开心她见谁跟谁说。而你在那边聊足球，把她晾到旁边了，你没发现这个问题吧？”

这名销售顾问听了之后才明白问题原来出在这里。

那么，倾听的时候应该注意哪些事项呢？具体如下：

(1) 和对方的眼神保持接触，不时与对方进行眼神交流；

(2) 不可凭自己的喜好有选择地听，必须接收客户所说的全部信息；

(3) 提醒自己不可分心，必须专心，保持思考状；

(4) 点头、微笑、身体前倾，与水平面夹角为 3°～5°、记笔记；

(5) 目光凝视一点，面部表情尽量随对方的谈话内容转变；

(6) 回答或开口说话时，先停顿一下；

(7) 以谦虚、宽容、好奇的态度来听；

(8) 在心里描绘出对方正在说的内容；

(9) 多问问题，以澄清观念；

(10) 抓住对方的主要观点是如何论证的；

(11) 等你完全了解了对方的重点后，再提出反驳；

(12) 把对方的意思归纳总结起来，让对方检测正确与否；

(13) 手头不可兼做其他事，身体其他部位最好相对静止。

### 4.3.2 提问的技巧

提问的目的如下。

(1) 开始会谈和连续讨论；

(2) 澄清问题和核实信息；

(3) 收集更多的细节；

(4) 控制和调节会谈；

(5) 得到客户的关注；

(6) 建立、发展与客户的关系。

提问的方式一般分为开放式、封闭式、选择式等。

开放式提问的主要目的是收集信息，销售顾问可以通过开放式提问，让客户展开话题，充分表达自己的想法和意见，也就是他(她)的期望和需求。适当的开放式问题能让客户打开话匣子，为销售顾问提供更多的客户信息。例如，用“谁、什么、何时、何地、为什么、如何”等字句来进行提问。

封闭式提问的主要目的是确认信息，在收集到足够的信息后，销售顾问就可以用封闭式问题确定自己的判断和理解。销售顾问用封闭式问题集中提问，就将客户的需求不断地确定下来，最后能确认到某个产品或服务能符合客户的需求。例如，用“是”、“否”来回答的问题。

灵活运用开放式和封闭式提问的方式，可以让销售顾问在与客户沟通时，更为自然和畅通，同时也能在与客户看似“不经意”的聊天中，更多地探究出客户外在和内心的显性和隐性需求，从而更准确地为客户定位和推荐符合他们各方面需求的好车。

## 4.4 需求评估分析考核表

客户需求分析作为汽车销售顾问销售流程中的一个非常重要的环节，必然有一定的考核要求。表4-2是销售顾问通过需求分析进行填写的一张客户需求分析表。此表既可以作为客户需求的一种记录，同时也可以用于销售顾问对自己需求分析能力的自测。对于销售顾问，该环节能力的综合评价可以参考表4-3来进行评定。同样，汽车销售顾问也可以通过这张评分表的评价标准来衡量自己的工作能力，并根据这个标准努力完善和提升自己的需求分析能力。

表4-2 客户需求分析表

| 填表日期：________ 销售顾客：________ | | | | 客户姓名：________ |
|---|---|---|---|---|
| 基本信息 | 性别 | | 联系电话 | |
| | 年龄 | | 购车阶段 | ○进过其他品牌店<br>○进过其他奥迪店 |
| | 兴趣爱好 | | 预期购买日期 | |
| | 客户类型 | ○首购 ○再购 | 客户级别 | H级 A级 B级 C级 O级 |
| 车型预算 | 意向车型 | | 二手车置换 | ○是 ○否 |
| | 购车预算 | | 金融产品 | ○是 ○否 |
| 用车历史 | 当前车型 | | 当前车龄 | |
| | 当前行驶里程 | | 使用感受及问题 | |
| 购车用途 | 购车性质 | ○私人 ○公司 ○政府<br>○其他______ | 新车用途 | ○商用 ○休闲 ○上班、上学<br>○家庭 ○旅游 ○其他______ |
| | 主要使用者 | | 乘客类型及数量 | |
| 产品需求 | 性能偏好 | ○外观 ○内饰 ○动力<br>○操控 ○舒适 ○安全<br>○使用成本 ○其他____ | 配置需求 | |
| 推荐方案 | 车型 | | 金融方案 | |
| | 二手车方案 | | | |

**表 4-3　需求分析能力考评标准**

| 认证评分表 | | | | | | | | | |
|---|---|---|---|---|---|---|---|---|---|
| 日期： | | | 销售顾问： | | | 评委： | | | |
| 评价范畴 | | 沟通和接触能力 | 客户导向 | 分析性思维 | 创新与灵活性 | 主动行为 | 成功导向 | 激励和主动性 | 忠诚度 |
| 评价标准 | 重点评分项 | 倾听（点头、回应、确认） | 购车方案 | 知识运用 | 异议处理 | 回应客户要求 | 流程掌控 | 激情 | 品牌价值 |
| | | 总结确认 | QFABQ 运用 | 信息搜集和需求了解 | | | 自信 | | |
| | | 礼仪 | QAQ 运用 | | | | | | |
| | 一般评分项 | 表达清晰、流利、措辞恰当 | 鼓励客户参与 | 话术运用 | 购车方案 | 总结确认 | 总结确认 | 积极 | 经销商价值 |
| | | 语言形象、生动、易懂 | 亲和力 | 下一步建议 | 回应客户要求 | 话术运用 | 下一步建议 | 乐观 | 厂商价值 |
| | | 运用肢体语言 | 回应客户要求 | 异议处理 | QFABQ 运用 | 流程掌控 | 话术运用 | 从容不迫 | 言行规范 |
| | | 互动 | 针对需求 | QFABQ 运用 | | QAQ 运用 | 达成协议 | 流程掌控 | 合作 |
| | | 运用事例 | 提供帮助和服务 | QAQ 运用 | | | | | 激情 |
| | | | 话术运用 | | | | | | |
| 评分标准 | | | | | | | | | |
| 优秀 | | 7 | 7 | 7 | 7 | 7 | 7 | 7 | 7 |
| 良好 | | 6 | 6 | 6 | 6 | 6 | 6 | 6 | 6 |
| 中等 | | 5 | 5 | 5 | 5 | 5 | 5 | 5 | 5 |
| 合格 | | 4 | 4 | 4 | 4 | 4 | 4 | 4 | 4 |
| 较差 | | 3 | 3 | 3 | 3 | 3 | 3 | 3 | 3 |
| 差 | | 2 | 2 | 2 | 2 | 2 | 2 | 2 | 2 |
| 极差 | | 1 | 1 | 1 | 1 | 1 | 1 | 1 | 1 |

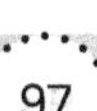

## 4.5　技能实训：客户需求分析的技巧

### 1. 实训要求及注意事项

(1) 按实训要求穿好服装，男女生均为正装；

(2) 实训以 4～6 人为一组，并选定组长；

(3) 实训时要积极认真，不准说笑打闹；

(4) 服从实训指导教师安排，不允许擅自离开，启动车辆；

(5) 实训时注意使用标准话术，商务礼仪；

(6) 车辆、实训场所、通道保持有序整洁；

(7) 实训结束后，清洁场地、车辆。

### 2. 设备/工具/耗材的要求

(1) 设备/工具：化妆包、风貌镜、客户脚本若干；

(2) 耗材：需求分析评分表、需求分析表。

通过前面的学习，同学们基本对销售顾问在客户需求分析这一核心环节所需掌握的基本理论有一定的了解，但是要真正转化为一种沟通技能，还需要更多的模拟演练，才能达到知行合一。本实训环节给出了 3 个不同的客户信息(见表 4-4～表 4-6)，以供同学们进行演练，以更好地体会和领悟客户需求分析的技巧和要点。

在实训过程中，同学们以小组为单位，由组长统一安排组员各自的实训任务。

**表 4-4　客户信息 1**

| | |
|---|---|
| 客户基本信息 | ××先生/女士<br>年龄：50 岁<br>职业：国企老总<br>业务生活爱好：钓鱼、品茶、下棋<br>家庭成员：2 人，自己和爱人(儿子在国外读书)<br>信息来源：朋友介绍，杂志广告<br>性格特点：严厉、控制欲强，交流多以命令的口吻，不考虑别人的感受<br>购车用途：上下班代步，偶尔接待其他企业来访客户<br>驾驶习惯：有司机<br>经常的成员：司机，客户<br>接触方式：展厅接待 |
| 客户用车信息 | 现代索纳塔 2.0 自动挡<br>车龄：5 年<br>喜欢的理由：公务用车，节油，低调<br>不喜欢的理由：档次不高，舒适性不足，外形过时<br>换车的理由：提升自己的档次<br>旧车的处理：转给下属其他部门 |

续表

| | |
|---|---|
| 客户对新车的主要需求 | 计划每年行驶：不清楚，日常市内，偶尔会跑高速<br>准备购车时间：1周内<br>竞品车型：看过奔驰E系和宝马5系<br>对新车的要求(购买动机)：社会/个人形象(包括车辆的外形设计)，彰显自己的地位，但又不想太张扬；操控性/舒适性，注重舒适性和内部豪华性<br>要求车身/内饰颜色：深色<br>特殊装备要求：真皮、按摩座椅、一切能提供舒适的装备 |
| 客户的购车预算 | 今天过来看看有没有合适的车，如果车辆合适，钱不是问题 |

**表4-5　客户信息2**

| | |
|---|---|
| 客户基本信息 | ××先生/女士<br>年龄：30岁<br>职业：设计师<br>业务生活爱好：打网球、泡酒吧<br>家庭成员：2人，自己和朋友<br>信息来源：杂志广告，交通广播<br>性格特点：热情，开朗，善于交流<br>购车用途：上下班代步，周末经常和朋友一起去自驾游<br>驾驶习惯：激烈驾驶<br>经常的成员：自己和朋友<br>接触方式：展厅接待 |
| 现用车信息 | 马六2.0自动挡<br>车龄：2年<br>喜欢的理由：外形漂亮(自己改装过)、空间大、操作好<br>不喜欢的理由：外形过时，档次不高，后备箱太小<br>换车的理由：更好地享受生活<br>旧车的处理：置换或转给朋友 |
| 新车需求 | 计划每年行驶：市内工地与设计公司之间，偶尔会跑高速<br>准备购车时间：如果看好了，就现提<br>竞品车型：看过极光和宝马X3、奔驰GLK300<br>对新车的要求(购买动机)：社会/个人形象(包括车辆的外形设计)，外形一定要漂亮、动力性要好；操控性/舒适性，外观与动力<br>要求车身/内饰颜色：个性颜色<br>特殊装备要求：导航、音响 |
| 购车预算 | 预算在45～50万元 |

表 4-6 客户信息 3

| | |
|---|---|
| 基本信息 | ××先生/女士<br>年龄：50 岁<br>职业：农民(拆迁户)<br>业务生活爱好：打麻将，看电视<br>家庭成员：4 人，自己和爱人、儿子与未来的儿媳<br>信息来源：看村里其他人家都换豪车了，自己也想换<br>性格特点：性格内向，不善交流，但关注别人对自己的感受，希望别人能友好对待自己<br>购车用途：家庭用车<br>驾驶习惯：自己喜欢稳健驾驶，儿子喜欢激烈驾驶(目前家中只有自己和儿子会开车)<br>经常的成员：一家四口<br>接触方式：展厅接待 |
| 现用车信息 | 长城绚丽自动挡<br>车龄：5 年<br>喜欢的理由：经济实惠，油耗低<br>不喜欢的理由：空间太小，外形过时，档次不高<br>换车的理由：别人都买豪车了，自己也要换，不然别人会看不起自己<br>旧车的处理：置换 |
| 新车需求 | 计划每年行驶：无计划，平时家庭用车<br>准备购车时间：如果看好了，就现提<br>竞品车型：看过天籁、迈腾、宝马 3 系和奔驰 C 系<br>对新车的要求(购买动机)：社会/个人形象(包括车辆的外形设计)，一定要上档次，空间要大而且能省油；操控性/舒适性，内部空间与经常性<br>要求车身/内饰颜色：浅色<br>特殊装备要求：导航、真皮 |
| 购车预算 | 30 万元左右 |

**3. 实训步骤**

(1) 组长先组织小组成员将理论课学习到的客户需求分析的要点进行复习。

(2) 组长进行角色分配，并将客户信息告知所需扮演客户的同学。

(3) 根据不同的客户信息，组长指定不同的组员扮演销售顾问进行演练。扮演销售顾问的同学，要将所学到的沟通技巧和客户需求分析要点充分运用和体会，从而全面探究客户的真实购车需求。其他组员在观看演练的同时，记录销售顾问在与客户进行需求分析时所探究出来的客户信息。

(4) 由组长公布完整的客户信息，并和同学们记录的客户信息结果进行比对，看看哪一位销售顾问探究出的客户信息最完整、最准确。

(5) 演练结束后，由组长和组员共同对组员实训演练中的亮点和不足进行分析和讨论，以更好地理解和掌握客户需求分析的要点和技巧，达到共同进步。

## 练习与思考题

**1. 选择题**

(1) SUV 的购买人群需要这种车带给他们以下的哪些体验：(　　)。

A. 更多乐趣与自由　　B. 更加优越，彰显个性

C. 归属感　　D. 更加安全

(2) 轿车的购买人群需要这辆车带给他们以下的哪些体验：(　　)。

A. 外观　　B. 品牌

C. 车辆的高性价比　　D. 较大的内部空间

(3) 提问的方式一般分为(　　)。

A. 开放式　　B. 封闭式　　C. 选择式　　D. 随机式

(4) 奥迪车主典型的购买原因包括：(　　)。

A. 身份性(表明地位、实力……)

B. 享受性(舒适、视听、环境……)

C. 可信性(安全、质量、品质、后续成本……)

D. 满足性(加速、操控……)

(5) 需求分析中，我们需要询问的个人信息包括：(　　)。

A. 姓名　　B. 地址　　C. 电话　　D. 驾驶者

E. 主要用途　　F. 业余爱好

(6) 需求分析中，我们需要询问的预算信息包括：(　　)。

A. 现在的支付能力

B. 计划用于购车上多少

C. 首选的财务方式

D. 告知客户能够提供手续便捷的一站式金融服务，可以选择多种购车方式

**2. 判断题**

(1) 需求的本质是客户的期望和现状之间的差距。(　　)

(2) 需求分析的目的是了解客户的购车背景和需求重点，使客户了解我们的态度和提供总体解决方案的能力(信心)。(　　)

(3) 作为潜在客户，客户希望销售顾问能够认真对待我的需求和喜好，但不必为我调整其工作方式。(　　)

(4) 购买动机是整个购买行为中最根本的东西，它决定了购买的需求。(　　)

(5) 客户的角色信息包括购买者，决定者，使用者和影响者。每个角色必须是不同的人。(　　)

(6) 对于购买者，他所关心的更多是有没有买对。(　　)

(7) 客户的类型分为分析型、控制型、友好型和抒发型四类。(　　)

(8) 听分为五个层次，分别为忽视地听、假装地听、有选择地听、全神贯注地听、有同

理心地听。(　　)

**3. 填空题**

(1) 根据人的沟通方式是感性还是理性、是直接还是间接，可以把客户的性格类型大体分为四种，分别是：

①　　②　　③　　④

(2) 客户在购买过程中有可能会扮演不同的角色，这就是我们要了解的客户的角色信息，客户角色基本可以分为四种，分别是：

①　　②　　③　　④

**4. 简答题**

(1) 如果客户说："我对真皮座椅很感兴趣！"那么接下来销售顾问应该怎么说？请列出要点。

(2) 在"了解需求"这一阶段，都需要知道客户的哪些信息？请列出不少于 10 点且须涵盖最重要的信息。

(3) 请列举倾听的注意事项。

(4) 请列举提问的目的有哪些。

(5) 请列举需求分析的重要性。

(6) 请描述需求分析阶段客户的期望有哪些。

# 模块 5

## 产品介绍

### ◎学习目标

**1. 知识目标**

（1）熟悉绕车前的准备工作；
（2）了解环车介绍的顺序和操作要点；
（3）能够正确描述汽车各方位的主要卖点和相关参数；
（4）能够掌握冲击式介绍的内容和要点。

**2. 能力目标**

（1）能够充分地做好环车介绍前的准备工作；
（2）能够针对客户需求灵活选择车辆的介绍方位；
（3）能够根据不同方位描述车辆的不同特性；
（4）能够熟练运用 FBI 的技巧对车辆特性进行冲击式介绍。

### ◎案例导入

有一位 40 岁左右的男性客户，第一次到奥迪 4S 店来看车，自行在店里稍作浏览后，目光停留在一款黑色奥迪 A6L 上，并抬头示意，想咨询销售顾问。销售顾问与其简单交流后，得知其最关心的是车辆的安全性、动力性和舒适性。于是，销售顾问将客户带到相应方位，运用 FBI 的方式向客户对其关注点作进一步的相关介绍。

### ◎学习方案

（1）以标准化语言和动作向客户问好并作简单自我介绍；
（2）与客户进行交谈，并了解其购车的关注点；
（3）根据客户提出的不同关注点，按关注程度匹配介绍方位；
（4）运用 FBI 的方式，在相对应的方位进行冲击式介绍，让客户了解汽车的性能、价值以及能为客户带来的利益，从而营造客户满意；
（5）在介绍过程中，始终关注客户对话术和车辆的反应，尽可能地让客户了解和体验“汽车的味道”，从而不断激发其购车欲望。

# 拓 扑 图

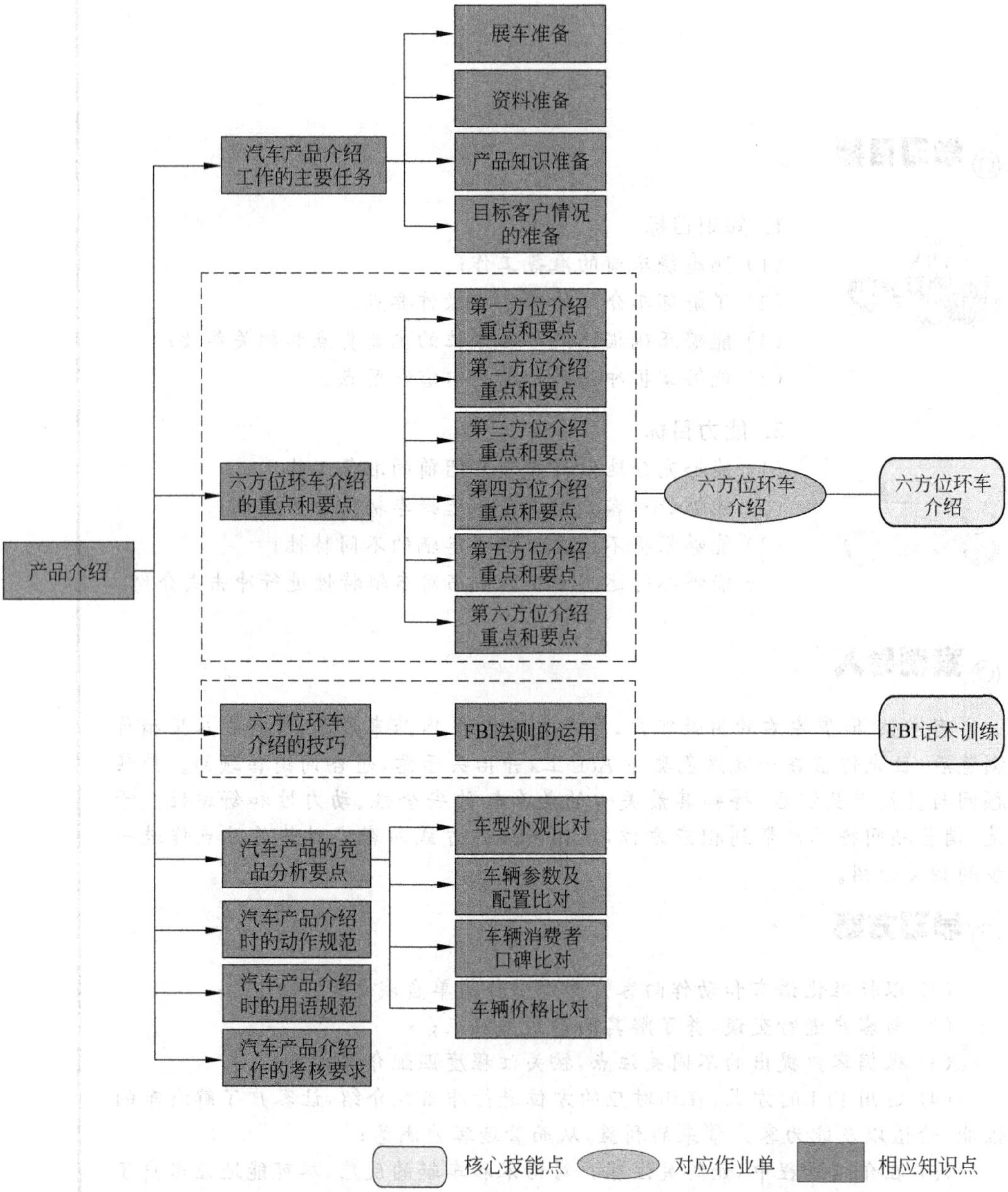

产品介绍
- 汽车产品介绍工作的主要任务
  - 展车准备
  - 资料准备
  - 产品知识准备
  - 目标客户情况的准备
- 六方位环车介绍的重点和要点
  - 第一方位介绍重点和要点
  - 第二方位介绍重点和要点
  - 第三方位介绍重点和要点
  - 第四方位介绍重点和要点
  - 第五方位介绍重点和要点
  - 第六方位介绍重点和要点
  - → 六方位环车介绍（对应作业单）→ 六方位环车介绍（核心技能点）
- 六方位环车介绍的技巧
  - FBI法则的运用 → FBI话术训练（核心技能点）
- 汽车产品的竞品分析要点
  - 车型外观比对
  - 车辆参数及配置比对
  - 车辆消费者口碑比对
  - 车辆价格比对
- 汽车产品介绍时的动作规范
- 汽车产品介绍时的用语规范
- 汽车产品介绍工作的考核要求

核心技能点　对应作业单　相应知识点

## 5.1 产品介绍工作任务描述

汽车产品介绍环节是汽车销售9大核心环节中，继“汽车消费者需求分析”后的又一个重要环节，业界又把这个环节称之为“六方位环车介绍”。可以把整个环车介绍的过程大致分为四个步骤，即产品介绍前的准备工作、六方位准确定位、FBI介绍及向客户进行产品介绍总结。当然，在介绍的过程中，标准的行业话术和规范动作将贯穿始末。

接下来，我们先来了解一下在产品介绍前，销售顾问都要做哪些具体的准备工作。准备工作主要分为四部分，即展车的准备、资料的准备、产品知识的准备，以及目标客户情况的准备。

### 1. 展车的准备

首先，在展车进行介绍期间，应将展车的车门玻璃打开，天窗开启，车辆内部的塑料保护膜拆除，座椅、方向盘等调整至适当位置；其次，展车工作时间内不上锁，钥匙取下，定人定位管理；配备专用脚踏垫，流水清理；最后，展车的音响的音量调至合适，时钟等各项功能显示准确，令人赏心悦目。

### 2. 资料的准备

销售顾问在进行资料准备时，要将厂家的各项宣传资料或手册、本公司的宣传资料准备齐全，现有产品的（所有车型）介绍规格和参数表、有关权威机构对同类车型的测试排名和数据报告也都应该提前做好准备，以备客户之需。在产品介绍前，销售顾问还应检查自己的工作板夹、名片、计算器、需求分析记录单、商谈明细表、合同文本和费用结算单是否齐全。

### 3. 产品知识的准备

作为一名合格的销售顾问，产品知识的准备是必备条件，除了要掌握基本的汽车基础知识，了解本公司产品的相关专业术语以外，还要熟背产品的配置与性能参数表，力求做到信口拈来，熟练讲解。在讲解时要能熟练运用技巧进行六方位产品介绍、七大功能产品介绍，并对竞争品牌的相关知识有较为全面的了解，以便做好临场客户应对。

### 4. 目标客户情况的准备

对于预约的客户，或是第二次以上来店的客户，要尽可能地掌握该客户以往到店后所留下的资料，从而有助于对该客户的家庭年收入、家庭的消费习惯、从事行业、购车的主要用途和购车动机等有全面的了解。

汽车产品介绍前的准备工作的充分程度将直接影响销售顾问接下来的产品介绍，所以每一位销售顾问在进行六方位环车介绍前都应该检查以上4个准备工作是否到位，使接下来的介绍能够从容不迫，有条不紊。

## 5.2 六方位环车介绍执行要点

### 5.2.1 汽车各方位主要介绍项目

销售顾问在产品介绍充分准备的基础上，进入六方位环车介绍环节。在这个环节中，汽车销售顾问将带领客户从6个不同的方位来领略客户所鉴赏的车型。车型介绍的目的是希望通过销售顾问对客户所关注车型进行专业而细致的讲解和展示，并适时交由客户去碰触和感受车辆的细节，从而激发客户对该车型产生浓厚的兴趣，建立购买意向。“购买意向的激发”能否成功，取决于销售顾问能否快速、有效地“击中”消费者对汽车的需求取向，这就使销售顾问不但要对六方位环车介绍中的6个方位的顺序非常熟悉，还要对每一个方位所对应介绍的车辆的特性、参数、竞品了如指掌。为了更为直观地让大家了解六方位环车介绍的顺序和基本位置，可以参考图5-1。

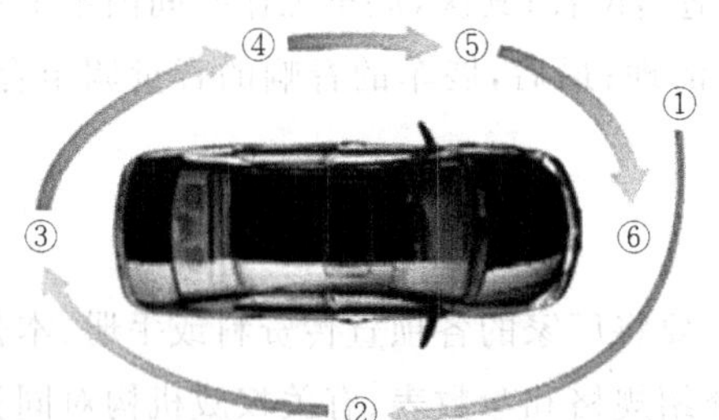


**图5-1 六方位环车介绍顺序图**

由图5-1可以清晰地看到，环车介绍的顺序是以车辆左前方45°角开始顺时针绕车进行。接下来，我们将以奥迪A6L作为车辆背景，来详细学习每一个方位所需讲解的重点和话术表达。

**1. 第一方位：车辆左前方45°角**

介绍重点：在这个方位重点介绍产品的荣誉奖项、设计理念、外观颜色等，从而突出该车的品牌知名度和美誉度，彰显该车为客户所带来的地位、身份的象征。

基本话术表达：现在您所鉴赏到的是奥迪家族中的经典车型代表之一——奥迪A6L。首先，映入您眼帘的是奥迪的四环标志，它既象征着奥迪四个创始公司的精诚合作和团结精神，也展现了奥迪源远流长、沧桑与辉煌并存的百年成长历史。奥迪是一个具有最优秀血统的豪华品牌，A6L的外观设计引领着时尚的同时，也突出了王者之势。车身钢板间的零间隙技术体现了奥迪精细的工艺，可以降低风阻，从而达到省油的目的。无骨架雨刮可以完全贴附在玻璃表面，下雨时，雨刮开关由雨水传感器感应自动进行工作，可根据雨量的大小自动调节雨刮器的工作频率，即使在雨水天也能确保良好的视线。同时它的使用寿命长，这又降低了车辆的维修成本。您看，V形发动机盖与一体式进气格栅完美结合，时尚动感，同时又减少风阻，使得车子的造型看起来蓄势待发，像一位准备起跑的运动员，在动静之间流露出非凡的尊贵感，与您的身份恰好相称。一体式进气格栅是奥迪家族的明显特征，它源于概念车的设计，可以在行驶中给提供更多冷却新鲜的空气，使发动机动力十足，看上去也极为时尚、运动。再看奥迪的前大灯，奥迪采用了 HID 高强度氙气大灯，亮度更高，穿透力更强，而发热量却更少，使用寿命更长。同时配备了灯光照射自动水平调节装置，这不仅可以确保清晰的行驶视野，也可以避免给迎面而来的车辆造成眩目，这些都大大提高了夜间行车的安全性，为您的夜间行车保驾护航。由 6 颗如同钻石般晶莹剔透的 LED 灯组成的行车灯，体现了奥迪的美学特点和运动特征！引领汽车最时尚的设计方向！

介绍时的细节要点：介绍时，全程以标准动作为客户作引导和车辆展示，可参见图 5-2，带领客户在 45°角进行鉴赏时，不要靠车太近，请保持与车辆 3～4m 的距离，这样能更为全面地展示车辆的设计美感。介绍过程中，要时刻与客户保持眼神交流，以确认客户对自己话术表达的认可与否。

**图 5-2　第一方位：车辆左前方 45°角**

### 2. 第二方位：车辆侧方

介绍重点：在这个方位主要介绍车辆在安全方面的表现和精湛的工艺。如侧面流线设计理念，钢板厚度和焊接工艺，前后制动能力以及悬架等。

基本话术表达：您现在鉴赏到的是奥迪 A6L 的侧面流线型车身，参见图 5-3。它的

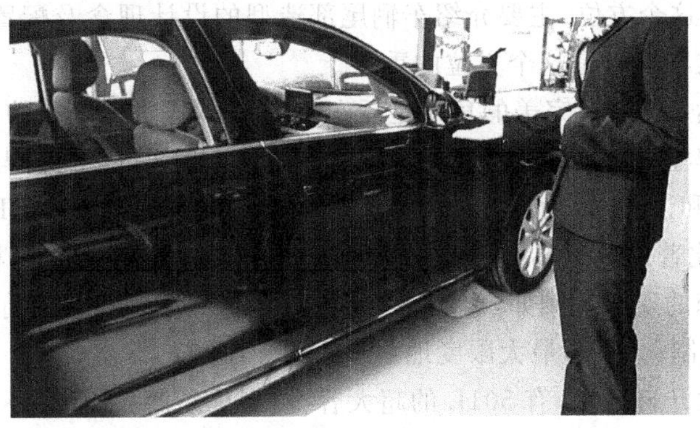

**图 5-3　第二方位：车辆侧方**

这种抛物线式仿蛋壳式设计，使车身侧面的每一点受力都很均匀。您再看车身的腰线，整车前低后高被腰线贯穿于一体，使车辆看上去更为动感运动，显示出非凡的气质和高雅的品位。

整车采用激光焊接、双层镀锌钢板、PVC 涂层和空腔注蜡等技术，使车辆更坚固，更耐用，参见图 5-4。奥迪 A6L 的灯外后视镜采用了 LED 集成设计，在晚间或雨雾天，外后视镜上的 LED 灯分外耀眼夺目，它能使周围的驾车人员或行人更加直观和清楚地了解您所驾车辆的行驶意图，大大增加了其安全系数。

奥迪 A6L 配备了 225/50/17 寸的宽胎和铸铝合金轮毂，具有良好的抓地力，确保了车辆的稳定性和安全性(参见图 5-5)。奥迪 A6L 每个轮胎都配备有压力监测系统，由气压传感器和温度传感器构成，当温度过高、气体压力过高或者过低时，通过传感器可以传输到显示模块显示在仪表台上，及时监测和发现轮胎的使用情况，全方位地保障行车的安全性。

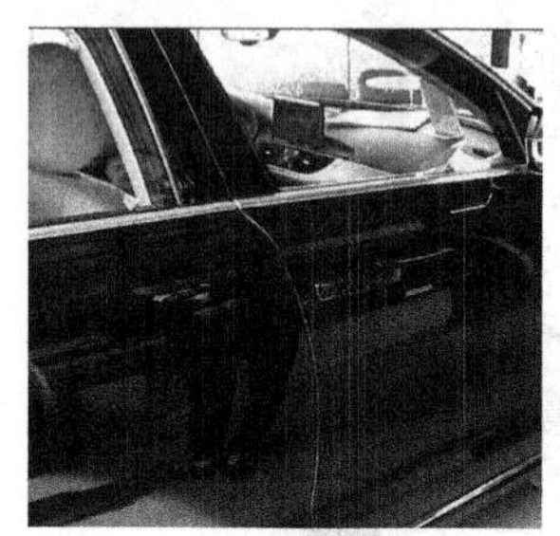

**图 5-4　激光焊接，双层镀锌钢板**

**图 5-5　宽幅轮胎**

前悬架采用轻质四连杆，转向精准，操控性和转弯效果更佳，加速的时候无抖动，过坡时减震效果好，极大地提高车辆的舒适性。

介绍时的细节要点：在侧面介绍时，要注意与客户间的互动。例如，可以在介绍车身钢板结构的同时邀请客户打开并关上车门，感受门的质感，倾听门关上时那厚重的声音；再或者在介绍轮胎的时候，可以以蹲姿进行，让客户更具尊贵感。这些都是提升客户满意度的细节所在。

### 3. 第三方位：车辆尾部

介绍重点：在这个方位，主要介绍车辆尾部造型的设计理念及配置，另外车辆后部的空间大小以及排放标准也是这个方位的重点。

基本话术表达：奥迪最完美的角度是后车身的 45°角，稍微翘起的尾部，层次分明，充分体现了奥迪品牌注重动感的传统，参见图 5-6。大型的 LED 组合灯与后侧车身，行李箱盖，以及后保险杠和谐统一，使整车更显得稳重、大气。整齐划一的 LED 灯质感出众，闪闪夺目。LED 灯比普通灯泡具有更快的响应速度，能快 0.3s 亮起，这样的高科技配备能最大程度地保障您的安全。例如，您的后方车辆以 100km/h 的速度前进，LED 灯将为后方提供多 8.3m 的制动距离，最大限度地避免了追尾事故的发生。

后备箱采用大开口设计，有 501L 的超大容积，无论是商务出行，还是购物、旅行，您都可以应对自如，参见图 5-7。奥迪 A6L 还配备了倒车影像辅助系统，当您挂入倒挡，7 英寸

的显示屏将会显示后方的情况，这不仅能让您听其声，更让您观其形，后方泊车情况一目了然，方便您的车辆停放，也方便了女性客户，增加了安全系数。

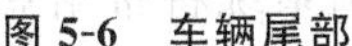

图 5-6　车辆尾部

图 5-7　超大后备空间

介绍时的细节要点：在介绍这个方位时，要尽可能地让客户站在尾部斜 45°角来欣赏奥迪完美的后方设计形态。当介绍完后部的主要配置后，可以邀请客户将后车门打开，边讲解边引导他感受车辆后备箱内部的细节处理、完备的行车工具和超大容积设计，更好地展现奥迪的独特匠心。

**4. 第四方位：车辆后排**

介绍重点：在这个方位，销售顾问要从该车型的空间布局、色彩搭配、后排座椅的高档配置及音响效果等方面突出车辆的内饰的豪华与乘坐的舒适。

基本话术表达：如果您愿意，您可以坐进奥迪 A6L 的后部，来感受一下加长版奥迪的长轴距底盘设计所带来的不一样的宽敞与舒适，参见图 5-8。后排豪华座椅的设计符合人机工程学的原理，做工精良，华格纳真皮皮面光滑，纹路细致，色泽柔和，真的是令人一触难忘。皮质透气性能极佳，不容易产生皱褶，长时间乘坐，非常舒适。

图 5-8　后排宽敞空间

您左手边的车门为三阶梯开启，可以防止在某种情况下车门回弹发生的危险，无微不至地确保乘员的安全。座位带有 6 级可调的加热功能，使您在寒冷的冬季也备感温暖。您再看看奥迪标准配备的后排座椅遮阳帘，除了能更好地防止阳光照射带来的炎热，还给您提供了一个良好的私密空间，参见图 5-9。

图 5-9 座椅遮阳帘

如果您喜欢边驾驶边听音乐，相信奥迪的 BOSE 音响系统将带给您惊喜，13 个高性能扬声器组成音效出色的环绕音响组合，330W 的功率输出让您随时置身于维也纳金色大厅般的豪华享受，尤其是长途旅行时有了如此顶级的音响陪伴，就变成了一次震撼的视听享受了。

介绍时的细节要点：在进行车辆后部方位介绍时，要尽可能让客户进入车里感受一下车内宽大的空间、豪华的内饰以及舒适的乘坐体验。伴随着你的娓娓讲述，让客户想象一下 13 个高性能扬声器所带来的震撼效果，让客户去触摸奥迪真皮座椅的细腻皮质所带来的温和，以及后车窗与车门的人性化设计，这些都能提升车辆在客户心目中的价值。

**5. 第五方位：驾驶舱**

介绍重点：在这个方位，重点是要突出车辆的操控性、功能性和驾驶的乐趣。

基本话术表达：接下来邀请您进入驾驶舱，我将在副驾驶席为您介绍全新奥迪 A6L 的操控性、功能性，让您进一步了解驾驶奥迪的乐趣。首先，您现在所坐的座椅是可进行 12 方向电动调节的电加热座椅，您前方的方向盘是全手工真皮缝制的多功能带换挡拨片方向盘，并具有上下高低调整功能，双向调节使不同身材的驾乘人员都能找到最舒适的驾驶姿势，尤其在冬天，电加热座椅将为您倍添舒适感。

奥迪 A6L 的仪表盘采用水滴型的设计，仪表中间带有彩色的驾驶员信息系统，不仅可以直观地提醒您天窗和车门未关闭等信息，同时还可以显示车辆的平均油耗、瞬间油耗、可行公里数等信息，让您的驾控更加轻松惬意。

奥迪的手自一体变速器换挡顺畅，和发动机完美匹配，实现了真正的低振动、低噪声和低油耗。同时带有 DRP 动态控制程序功能，这就意味着这款变速器不仅可以为您带来如丝般顺滑感受，同是它还能记忆您的驾驶风格和特点，在你用轻重不同的力度踩油门踏板时，能更快地、更精确地满足您的驾控意愿，让您充分享受更远的、更自由的驾驶乐趣。

奥迪 MMI 多媒体信息系统，符合人机工程学原理，使您坐在驾驶位上很轻松、很自然地操控多媒体的所有功能，非常的方便快捷。参见图 5-10。

奥迪 A6L 装备了自动双区恒温豪华空调，左右可设定不同的温度，后排带有侧出风和中央出风口等一共 16 个出风口，满足了车上人员的不同需求。尤其是侧出风口的设计

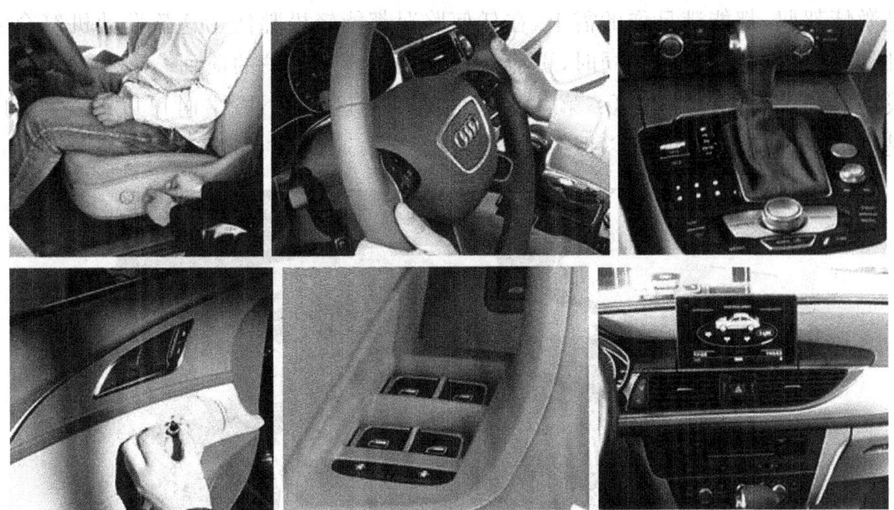

图 5-10 驾驶舱

更被客户所称赞，它先将风吹到车窗玻璃上，这在雨雾天气可以祛除玻璃上的雾气，确保良好的视野，然后再折回到车内空间，始终保持最佳的吹风方位，带给驾乘人员四季如春的感觉。

奥迪 A6L 标准配备了先进的 BOSCH 8.0 版本的 ESP 电子稳定程序，系统反应精确到位，每秒点刹 15 次，有效地提高制动时的稳定性，并缩短制动距离。下雨天时，当您行驶在川流不息的马路上，前方发生紧急事故，由于路面湿滑，非常容易出事故，ESP 在这紧急时刻将发挥作用，防止车轮打滑，从而提供最佳的驱动力，大幅度地提高车辆的安全系数。

另外，奥迪还设计有丰富的储物空间，座位下面有鞋盒，十分实用，十分便利。人性化的设计，真正实现了人与车的完美和谐。

介绍时的细节要点：在介绍这一方位时，与客户的互动交流非常重要，邀请客户入座体验，感受座椅调节后的舒适，方向盘的手感，自动双区恒温空调营造的舒适空间，让客户打开音响系统，感受一下 BOSE 音响系统的魅力。为客户演示一下便捷的多功能按钮，以及人性化设计的隐秘性储物空间，不断提升车辆在客户心目中的价值和满意度。

### 6. 第六方位：发动机舱

介绍重点：在这一方位，将重点介绍奥迪 A6L 的核心部件——发动机，以及其参数和技术特点，突出车辆的动力性。

基本话术表达：我们说车如其人，车的品质如同人的品质一样重要，而车的发动机就如同人的心脏一样，下面请允许我把奥迪的核心部分展示给您看一下(把机盖打开)，参见图 5-11。

奥迪 FSI 发动机是直喷式汽油发动机领域的一项创新的革命性技术，这一世界领先的发动机技术自问世起就为奥迪赢得了无数荣誉。使得奥迪连续三年取得了 LEMAN 24 小时汽车耐力赛的冠军。绿色高效发动机具有低转速高扭矩的特性，无论您是日常使用还是激情驾驭，都能满足您的需求，在任何路况都能轻松胜任。这款发动机符合欧Ⅳ排放校准，在您享受激情驾驭的同时，更能让您行驶在环境保护的前列。

发动机舱设有两个缓冲区：第一个为低速缓冲区，在小撞击时可以保护发动机；第二个是吸能区，在大撞击时可以保护驾驶舱，参见图 5-12。

**图 5-11　发动机舱**

**图 5-12　奥迪 V6 FSI 发动机**

整车符合欧洲 NCAP 5 星级的防撞标准，时刻保护着车内驾乘人员的安全。

介绍时的细节要点：在介绍发动机前，可先让客户看一下奥迪发动机舱内的布局，车的品质往往在细节处体现，这也正是奥迪在打开发动机舱的一瞬间给客户带来的感受。讲解参数时，尽可能通俗易懂，可举一些实例来对比证明奥迪强劲的动力。另外，排放标准和经济省油也非常值得一提，这些也是侧面反映发动机性能的表现。

总的来讲，六方位环车介绍并不是指销售顾问要在有限的时间内，带领客户把介绍车辆的六个方位全部走完一遍，而是要根据前一个核心环节——客户需求分析中，客户最关注的几个车辆特性进行灵活操作。例如，在与客户简单交谈的过程中，客户希望买了车以后能更彰显其地位和身份，那么我们就要从第一方位——车前 45°角、离车 2～3m 处，对客户进行全车鉴赏式的介绍，在介绍时要着重突出该车的品牌文化、在业界的地位、获得

的诸多奖项以及大众对其的口碑，从而更好地加强了客户对该车的购买信心。如果客户最关注的是车辆的舒适性，那么此时销售顾问就不能从第一方位开始介绍，而是要跳过前几个方位，直接带领客户到车辆的驾驶舱一面的汽车侧方，从第四方位开始介绍，直接而有效地针对客户所提出的需求进行回应，使车辆的舒适性在第一时间展现在客户面前。灵活而有效的进行六方位环车介绍，将大大提升客户对车辆的满意度。

### 5.2.2 FBI 法则

#### 1. FBI 法则的定义

在产品介绍的时候，我们可以借助 FBI 法则，将车辆的每一个方位都介绍到位。F 是英文单词 Feature 的首字母，即产品的特征，指关于该产品的事实、数据和确定的信息，介绍产品配备的时候要注意用词的准确性，才能显示销售顾问的专业性；B 是英文单词 Benifit 的首字母，即产品的受益，指该配置是如何使用的，是如何带给客户享受及帮助客户解决其实际问题的；I 是英文单词 Impact 的首字母，即产品的冲击，指该特性是如何满足客户需求，并用实例用以说明，让客户产生使用联想，以达到体现产品价值的效果。因此，FBI 法则就是在介绍产品时进行阶梯式描述，即“这是什么”、“有什么特点和优势”、“这些特性对客户有哪些好处”。销售顾问要熟练掌握 FBI 的介绍方式，灵活运用，才能使车辆产品深入人心，体现价值，激发和增强客户购买信心和欲望。

#### 2. FBI 介绍案例

接下来，我们就以奥迪 A6L 车型为例，通过对几个产品部件的介绍，来为大家展现一下运用 FBI 法则介绍的魅力，加深大家对此方法的理解。

**【案例 1】 无骨式雨刮的 FBI 介绍**

在第一方位介绍“无骨架式雨刮”时，可以这样用 FBI 的方式来介绍。首先介绍“F”，即介绍无骨架雨刮“是什么”，我们可以这样说：这是无骨架雨刮，以前普通的雨刷器片为骨架式结构，刮刷片上由骨架支撑，无骨雨刷没有骨架支撑，是一个整体式的软体橡胶刮刷片。接下来介绍“B”，即介绍无骨架雨刮有什么特点和优势，我们可以这样表达：传统雨刷力量是通过层层压条传递下来的，刮片上存在多个受力点，受力不均衡，而无骨雨刷是一个整体的橡胶片，它有一定的弧度，能与玻璃贴合紧密。另外它的构造相对简单，材质总体重量轻巧，使用寿命也是普通的雨刮长 2～3 倍。最后我们介绍“I”，即它能为客户带来哪些利益。我们可以这样讲：因为无骨式雨刮与玻璃贴合度好，所以很少出现传统雨刷常出现的刮片间夹杂沙砾的情况，因此对前防风玻璃起到一定的保护作用；其次由于它质量轻，所以不但减轻了电机、摇臂的负担，而且刷的既干净又无噪声；值得一提的是，这种雨刷是普通雨刮使用寿命的 2～3 倍，较好地减少了车辆的维护成本。

**【案例 2】 尾部 LED 大灯组合的 FBI 介绍**

尾部 LED 大灯组合是一个较为常见的尾灯设计，按照普通话术，客户并不会在意，但是当使用 FBI 法则进行介绍时，可能效果会有所不同。运用 FBI 法则，我们可以这样表

述：您现在鉴赏到的是我们奥迪 A6L 的尾灯，它采用了多个 LED 灯泡的集成。LED 灯质感出众，尤其在夜间闪闪夺目。它比普通灯泡快 0.3s 亮起。您别小看这 0.3s，我们可以计算一下，如果你的后方车辆以 100km/h 的速度前进，LED 灯将为后方提供多 8.3m 的制动距离，这样最大限度地避免了追尾事故的发生。您看，就连最常见的尾灯，我们奥迪都尽可能运用高科技配备来最大限度地保护您的安全，奥迪的品质确实是值得信赖的。

**【案例 3】 后备箱的 FBI 介绍**

大家可能觉得，对于后备箱应该没什么可值得介绍的了，因为谁都知道那是干什么用的。作为销售顾问，我们不能放过任何一个可以表现车辆细节的部位。下面我们再次运用 FBI 的介绍方法来向大家作演示性介绍。我们可以这样阐述：您现在看到的是奥迪的后备箱，后备箱是我们用来堆放杂物或随车物品的较大空间。奥迪的后备箱采用大开口设计，容积有 501L，无论是商务还是购物旅行，您都可以应对自如。在后备箱内部，我们还可以发现两个细节，一是奥迪将“警示三脚架”内扣在了后备箱盖内侧，这样便于客户在车辆临时出现状况时，能在慌乱中第一时间拿到它，并置于车后起警示作用；另外在后备箱的一侧添加了一个小型的“网兜”设计，客户可以将易滚动或滑动的物品放在这里，既便于东西的存放，又便于拿取。您看，虽然只是一些细节，但是足以表现我们奥迪对客户的周到考虑。

以上三个案例所介绍的部件其实都不是奥迪车辆的主要卖点，但是我们发现，运用 FBI 法则进行介绍，即使不起眼的部件也能让客户觉得奥迪品牌在车辆设计上的用心，对客户在使用车辆时的悉心考虑与关怀，这些都是提升车辆在客户心目中的信任度和满意度的关键。

## 5.3 竞品分析

所谓竞品分析，是指同类型、同级别或相同价格层面上的汽车产品间的各种比较分析。在产品介绍中，销售顾问背熟自己展厅内的车辆信息是最基本的要求，能否在车辆介绍中既专业又全面地向客户介绍好一辆车，不但需要有纵向的自身产品深度，还要有横向的竞品车型的全方位比对，才能让客户心服口服，从而进一步坚定对你所推荐车型的购买意向。那么，如何在合适的时机进行竞品分析，在分析的时候又如何让自家的车型扬长避短呢？我们可以从以下几个方面来把握。

### 1. 车型外观比对

很多客户在选车时，首先关注的是车辆的外观，那么这就要求我们对自家车和同档次的竞品车的车辆外观形态要求有一个较为全面的了解。不同类型的客户，如不同的年龄、职业、性格、性别等，对车辆的外观形态要求都不一样。这就好比什么样的衣服配什么样的人一样，车既是代步工具，但也要跟车主的类型相符合，才能更好地衬托出车主的地位、身份、形象等。例如，奥迪 A6L 的样式比较圆润、稳重、大气，比较适合 40 岁左右的较有社会地位的男士。可参考图 5-13。

图 5-13 奥迪 A6L

宝马 5 系相对来讲较为时尚、动感,比较适合精明的稍微年轻一些的商务男士。可参考图 5-14。

图 5-14 宝马 520i

沃尔沃 S80L 体态修长,款型有些中规中矩,比较适合稳重、顾家型的成功男士。可参考图 5-15。

图 5-15 沃尔沃 S80L

**2. 车辆参数及配置比对**

车辆参数对于大多数客户来讲，是评价一辆车的硬件指标，当销售顾问能将所介绍车型与其相对应的竞品车型非常熟悉地进行客观比对，那么客户对销售顾问将会更加信任，销售顾问的专业性能让客户增加购买信心。当然在进行参数解说和比对时，要让客户觉得销售顾问既专业又客观，数据具有最好的说服力，当然数据分析在解说时要尽量通俗易懂。例如，来看一看三辆互为竞品车型：奥迪 A6L 2015 款 30FSI 舒享型、华晨宝马 5 系 2014 款 525Li 领先型和奔驰 E 级 E200L 三种车型的一些参数与配置的比对，如图 5-16 所示。

| 车型信息<br>☐ 隐藏相同项<br>☑ 标示最优项 | 奥迪A6L 2015款 30 FSI 百万纪念舒享型<br>厂商指导价：44.97万<br>换辆车 | 宝马5系 2014款 525Li 领先型<br>厂商指导价：46.66万<br>换辆车 | 奔驰E级 2015款 改款 E 200 L<br>厂商指导价：42.90万<br>换辆车 |
|---|---|---|---|
| ⊟ 基本参数 | | | |
| 厂商 | 一汽-大众奥迪 | 华晨宝马 | 北京奔驰 |
| 级别 | 中大型车 | 中大型车 | 中大型车 |
| 发动机 | 2.5L 190马力 V6 | **2.0T 218马力 L4** | 2.0T 184马力 L4 |
| 变速箱 | CVT无级变速(模拟8挡) | 8挡手自一体 | 7挡手自一体 |
| 长*宽*高(mm) | 5015*1874*1455 | 5047*1860*1491 | 5024*1854*1477 |
| 车身结构 | 4门5座三厢车 | 4门5座三厢车 | 4门5座三厢车 |
| 最高车速(km/h) | 226 | **237** | 233 |
| 官方0-100km/h加速(s) | 9.5 | **7.6** | 8.6 |

**图 5-16 三款车参数及配置比较**

从图 5-16 中，我们可以看到三款车辆的售价基本接近；在发动机的配置上，奥迪是 V6 发动机，宝马和奔驰都是涡轮增压 4 缸直列发动机，马力也相差不大；三款车型的变速器差异不大，从长、宽、高的显示来看，宝马的车要略大一些，车身结构均相同；车速上来看，它们的最高车速都超过了 220km/h；百公里加速度从理论数据上来看宝马最快，奥迪要稍慢一些，这也符合了这两款车给人的印象。

**3. 车辆的消费者口碑比对**

通常客户总是认为，销售顾问的说辞都是王婆卖瓜——自卖自夸，所以客户在选车的时候，往往会很在意买主对车辆的评价，因此在竞品分析中，消费者的口碑显得很有参考价值。那么，大多数消费者会从哪几个方面来评价一辆车呢？根据调研，消费者主要会从车辆的空间大小、动力的强劲与否、操控的感受、油耗大小、驾乘舒适感、外观以及内饰等几个方面给车辆进行综合评价。下面我们一起来看一看，消费者对于奥迪 A6L、宝马 520Li 和奔驰 E200L 三款车的综合评价。

消费者认为，对于奥迪最满意的部分是：稳重舒适，空间大，方向精准，过坎很舒适，有很好的虑震效果，科技感十足，MMC 中控操控很便捷，导航功能非常强大；最不满意的部分是：动力稍显不足。

对于宝马 520Li，最满意的部分是：外观时尚，后排空间非常宽敞，换挡平顺，动力强劲，推背感强。不满意的部分是：空调系统在每次开车之前都要手动关闭，很不人性化；电动雨刮的速度不可调；中控台塑料感太强，音响效果不佳。

对于奔驰 E200L，最满意的部分是：内饰、空间都不错，提速也较快。不满意的部分是：轮胎小，转向空间小，车速到 130 以上时，噪声较大，音响效果一般。

其实，口碑就是消费者的使用感受。在介绍车辆时，我们既要了解自家车的最大亮点与特色，同样也要全面客观地进行评价和对比，这样才能获得消费者的信赖。

**4. 车辆价格比对**

应该说 90%以上的客户在最后购车时都会在价格方面提出异议。根据上述比较，我们不难发现，这几款竞品车型的价格相差不大，都在 40 多万元，因此销售顾问最需要做的就是力求表达自己所介绍车辆的价值，让客户觉得物有所值或物超所值才是重点和关键。

## 5.4 产品介绍中标准动作与专业术语的使用

商务礼仪是贯穿整个汽车销售的所有环节的，在汽车产品介绍的过程中，我们同样需要注意我们的职业素养，要使用标准的商务礼仪动作和亲切的标准话术接待和服务于每一位来我们展厅的客户。在与客户交流时，尽量不要让他有压迫感，所有的言谈举止，如微笑、打招呼、接待都要热忱应对，而且要做好自我管理，使每位客户感到满意，能信赖我们。若有两人以上同行，销售顾问不可忽视对其他人的招呼应对。若同时有两三组人来看车，销售顾问要请求支援，不可以让任何人受到冷落。若有儿童随行，则其他业务代表应负责招待，若儿童愿意到儿童游乐区，则引导他们前往。

倾听客户意见时要有反应，做到与客户保持目光接触，对客户的意见表示赞同时，要点头示意，并且要说："是的""我了解了""您说得很有道理"等表示肯定的话语。同时，要时刻将交谈的重点记下，以备更好地了解客户的需求。

带领客户进行环车介绍的时候要做相应的指引手势，如图 5-17 所示。在介绍细节，如轮胎、底盘时要采用标准蹲姿，如图 5-18 所示。

在引导客户进入车内进行感受时，要采用客户进、出门时的遮挡手势，如图 5-19 所示。

产品介绍结束时，要针对客户购车要求，总结产品优势与对客户的益处，突出强调产品的卖点以及客户在购车后能够得到的优惠和该品牌的售后服务优势。例如，像您这样的社会成功人士，在节假日与家人出游或与三五知交休闲外出时，这款车能够满足您和您的亲友的大部分需要；同时，这款车价位您一定是能够轻松承受的。

对于首次来店，在销售顾问介绍完后，表示要离开并去其他 4S 店再作比较的客户，我们可以利用产品的相关资料针对客户关心的各项需求配置好性能，制作书面的总结文件。例如，××先生，这是这款车的产品资料和说明书，我在您最关心的配置和性能参数处做了圈注，供您参考；您可以到××品牌的 4S 店看看和试试，就您所关心的配置、参数指标

图 5-17　环车介绍指引手势

图 5-18　　介绍时的蹲姿

或其他性能进行对比，然后再做决定！随时愿意在您需要的时候为您提供帮助和参考，我的联系方式您已经知道，欢迎您随时和我联系！

对于通过介绍对车辆表现出明显兴趣的客户，我们可以邀请客户进行试乘试驾。例如，如果您要亲身感受这款车的各项性能，我立刻可以为您安排试乘试驾，您看好吗？买车要慎重，试乘试驾以后再做决定会更加理性一些！

图 5-19　遮挡手势

## 5.5　产品介绍工作评分表

产品介绍工作评分表是对大家进行六方位环车介绍环节工作能力的一种考核方式，通过考核可以了解到在整个产品介绍过程中，大家是否达到了一名销售顾问在工作岗位中应具备的要求。在这里我们将借鉴奥迪 4S 店对其销售顾问在产品介绍时的考核标准，让同学们了解企业对岗位能力的要求，同时这也可以作为大家在今后汽车 4S 店进行销售岗位实习时，练习六方位环车介绍的参考标准。具体见表 5-1。

表 5-1　汽车产品介绍工作评分表

产品介绍工作评分表(满分 100 分)

车型：　　　　　　　　姓名：　　　　　　　　总成绩：

1. 业务能力考核部分(满分 80 分)

| 评分项目 | | 要点 | 评分标准 | 总分 | 实际得分 |
|---|---|---|---|---|---|
| (1) 产品概述 | 核心卖点(4%) | 根据不同车型进行选择介绍 | ① 卖点介绍完全正确(4 分)；<br>② 对核心卖点介绍不全(2 分)；<br>③ 对核心卖点介绍错误(0 分) | 4 | |
| (2) 六方位介绍 | ① 车前方(8%) | ①大灯、雾灯、转向灯；②玻璃、雨刮；③保险杠；④散热格栅；⑤引擎盖；⑥后视镜等 | ① 完整正确介绍 4 点及以上(8 分)；<br>② 完整正确介绍 2 或 3 点 (5 分)；<br>③ 只正确介绍一点或错误介绍两点(0 分) | 8 | |
| | ② 车侧方(8%) | ①悬架系统；②制动器；③ABS+EBD；④轮胎、轮毂；⑤车身等 | ① 完整正确介绍 4 点及以上(8 分)；<br>② 完整正确介绍 2 或 3 点 (5 分)；<br>③ 只正确介绍一点或错误介绍两点(0 分) | 8 | |

续表

<table>
<tr><th colspan="2">评分项目</th><th>要　点</th><th>评分标准</th><th>总分</th><th>实际得分</th></tr>
<tr><td rowspan="4">(2) 六方位介绍</td><td>③ 车后方(8%)</td><td>①车尾造型；②尾灯组合；③后备箱；④倒车雷达；⑤扰流板等</td><td>① 完整正确介绍3点及以上(8分)；<br>② 完整正确介绍2点(5分)；<br>③ 只正确介绍一点或错误介绍两点(0分)</td><td>8</td><td></td></tr>
<tr><td>④ 后座舱(8%)</td><td>① 后排座椅；② 安全带；③ 儿童安全锁；④内饰等；⑤遮阳帘等</td><td>① 完整正确介绍3点及以上(8分)；<br>② 完整正确介绍2点(5分)；<br>③ 只正确介绍一点或错误介绍两点(0分)</td><td>8</td><td></td></tr>
<tr><td>⑤ 驾驶室(12%)</td><td>① 内饰风格；②座椅；③天窗；④安全气囊、安全带；⑤转向系统；⑥仪表；⑦电子配备；⑧储物架、遮阳板、杯架等</td><td>① 完整正确介绍5点及以上(12分)；<br>② 完整正确介绍4点(10分)；<br>③ 完整正确介绍2或3点(6分)；<br>④ 只正确介绍一点或错误介绍两点(0分)</td><td>12</td><td></td></tr>
<tr><td>⑥ 发动机室(12%)</td><td>①发动机概述；②吸能区及发动机下沉技术；③降噪技术；④变速箱；⑤电控系统；⑥电子喷油系统等</td><td>① 完整正确介绍5点及以上(12分)；<br>② 完整正确介绍4点(10分)；<br>③ 完整正确介绍2或3点(6分)；<br>④ 只正确介绍一点或错误介绍两点(0分)</td><td>12</td><td></td></tr>
<tr><td rowspan="2">(3) 竞品</td><td rowspan="2">竞品对比(20%)</td><td rowspan="2">① 准确说出三款及以上的竞争产品<br>② 准确说出竞争产品的特性(价格、性能、配置、品质、服务等)</td><td>① 准确说出三款及以上的竞争品牌(6分)；<br>② 准确说出两款的竞争品牌(4分)；<br>③ 准确说出一款的竞争品牌(4分)</td><td>6</td><td></td></tr>
<tr><td>① 准确阐述三款竞品5点及以上特性(14分)；<br>② 准确阐述三款竞品3或4点特性(10分)；<br>③ 准确阐述三款竞品1或2点特性(0分)；<br>④ 准确阐述两款竞品5点及以上特性(8分)；<br>⑤ 准确阐述两款竞品5点以下特性(0分)；<br>⑥ 准确阐述一款竞品5点及以上特性(4分)；<br>⑦ 准确阐述一款竞品5点以下特性(0分)</td><td>14</td><td></td></tr>
</table>

续表

| 2. 综合素质(满分 20 分) | | | | |
|---|---|---|---|---|
| 评分项目 | 要　点 | 评分标准 | 总分 | 实际得分 |
| 综合素质(总分 20 分) | 仪容仪表、精神面貌、肢体语言、语言感染力(15 分) | ① 4 点全面做到(15 分)；<br>② 3 点做到(10 分)；<br>③ 2 点做到(5 分)；<br>④ 2 点及以下做到(0 分) | 15 | |
| | 时间控制(5 分)(15～20 分钟) | ① 规定时间内(5 分)；<br>② 每少于或超出 1 分钟，每分钟扣 1 分 | 5 | |

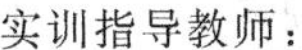

实训指导教师：

## 5.6　技能实训：六方位环车介绍

### 1. 实训要求及注意事项

(1) 按实训规定穿好服装，男生穿衬衫、西服、领带、深色皮鞋；女生穿衬衫、西装裙、丝巾、黑色皮鞋，长发盘起；

(2) 实训时要认真积极，不允许说笑、打闹；

(3) 服从实训指导教师的安排，未经教师批准，不得擅自离开，开启车辆等；

(4) 实训时注意使用标准话术及动作的规范性；

(5) 车辆、工作场所、通道应保持有序、整洁；

(6) 实训结束，整理、清洁设备和场地。

### 2. 设备/工具/耗材的要求

(1) 设备：较新的实车一辆；

(2) 耗材：三件套。

### 3. 实训主要步骤

(1) 将班级人员分组，20 人为一组，分别交由一名实训指导教师带领实训。

(2) 指导教师下发六方位环车介绍参考材料。

(3) 利用 2 课时的时间，进行环车介绍的理论讲解，这里将运用 PPT、视频等媒体结合实训车辆的车型和品牌，将每一个方位进行模拟讲解。

(4) 接下来 2 课时，学生将围绕实际车型，根据上两节课的学习内容和下发的参考资料，进行 2 人一组的模拟练习。2 名学生互为扮演客户和销售顾问，不断体会作为客户方和作为销售顾问所处的立场，更好地消化所学内容。

(5) 最后，由指导教师进行考核。考核时，按学生名单进行，指导教师随机给出购车需求，由学生自己确定方位，然后进行介绍，教师根据评分表进行打分。评分表见表 5-2。

**表 5-2　六方位实训考核评分表**

<table>
<tr><td>考评标准</td><td colspan="3">(1) 穿着得体(衣裤、鞋袜、头发、指甲、首饰、化妆、佩戴标牌等)；<br>(2) 工作态度与礼节(微笑、站姿、坐姿、握手、名片交换)；<br>(3) 语言组织能力(详略得当、用词专业准确、话语流畅、能掌握话语主动权，合理使用FAB介绍法)；<br>(4) 客户接待文明用语(接见、引路、送茶水、面议、车旁介绍、送客等)；<br>(5) 对所售汽车基本知识(基本参数、品牌历史、优缺点、以往市场反应等)的掌握；<br>(6) 能较好地解答客户的异议；<br>(7) 绕车流程的合理运用</td></tr>
<tr><td>考评项目</td><td>具 体 内 容</td><td>要　　求</td><td>分值</td></tr>
<tr><td rowspan="6">汽车六方位环车介绍</td><td>(1) 车前方</td><td rowspan="6">选考，六选三，每个项目必须涉及 3 个汽车配置功能知识点，总时间不超过 10 分钟</td><td>30</td></tr>
<tr><td>(2) 驾驶室</td><td>30</td></tr>
<tr><td>(3) 车后座</td><td>30</td></tr>
<tr><td>(4) 车后方</td><td>30</td></tr>
<tr><td>(5) 车侧方</td><td>30</td></tr>
<tr><td>(6) 发动机舱</td><td>30</td></tr>
<tr><td colspan="2">对竞争车型知识的掌握</td><td>必考，必须至少涉及一款竞争车型，总时间不超过 2 分钟</td><td>10</td></tr>
</table>

## 5.7　技能实训：FAB 话术训练

### 1. 实训要求及注意事项

(1) 按实训规定穿好服装，男生穿衬衫、西服、领带、深色皮鞋；女生穿衬衫、西装裙、丝巾、黑色皮鞋，长发盘起；

(2) 实训时要认真积极，不允许说笑、打闹；

(3) 服从实训指导教师的安排，未经教师批准，不得擅自离开；

(4) 车辆、实训场所、通道应保持有序、整洁；

(5) 实训结束，整理、清洁设备和场地。

### 2. 设备/工具/耗材的要求

(1) 设备：较新的实车一辆，讨论桌椅 4 套；

(2) 耗材：三件套；

(3) 工具：白板 1 块，白板笔若干。

### 3. 主要步骤

(1) 将班级人员分组，5 人为一组，共 4 组，分别交由一名实训指导教师带领进行训练。

(2) 指导教师先在白板上写出三个进行话术训练的内容。例如，无钥匙进入系统，四区豪华空调，自适巡航系统。然后为学生们提供各个训练内容的特点和用户受益，如图 5-20 所示。

| 特点 | 用户受益 |
| --- | --- |
| ► 无钥匙进入，可以启动发动机不用钥匙。<br>► 通过中控台上的启动/停止按钮，可以不再需要点火锁。<br>► 没有点火锁的更现代的仪表台。 | ► 启动发动机可以不用钥匙，很方便。<br>► 内饰设计更现代化。<br> |

注：无钥匙进入作为独立的功能

图 5-20　无钥匙进入系统

(3) 利用 2 课时的时间，让学生先自己尝试进行 FAB 话术练习，每一个组分别练习，20 分钟后选出一名代表，进行小组 PK。然后由指导教师根据同学们的表现，给出示范话术。

(4) 接下来的 2 课时，学生将围绕实际车型，根据上两节课的学习内容，每组确立 3 个介绍的内容，然后进行准备并讲解，大家相互学习和交流。

(5) 最后由指导教师进行考核。考核时，按学生名单进行，指导教师随机指定车辆部位，学生运用 FBI 法则进行讲解。

## 练习与思考题

**1. 选择题**

(1) “六方位环车介绍”作为销售顾问核心流程之一，应该放在以下哪一个核心流程之后，才能发挥其真正的作用？(　　)

A. 热情接待客户　　B. 试乘试驾

C. 客户需求分析　　D. 价格谈判

(2) 在第一方位进行车辆整体介绍时，销售顾问应带领客户，站在车头前(　　)角，才能更好地全面展示车辆的设计美感。

A. 35°　　B. 45°　　C. 60°　　D. 90°

(3) 销售顾问在与客户进行车辆展示交流时，应根据(　　)进行，而不能只是单纯地像背书一样，把车辆介绍得内容进行逐一背诵。

A. 车辆特性和亮点　　B. 客户对车辆最主要的需求

C. 客户的反应和神情　　D. 销售顾问当时的心情

(4) 在进行产品介绍时结合 FAB 法则的运用，能使(　　)得到升华，从而增强客户对车辆的购买欲望。

A. 车辆的卖点　　　　　　　　　　　B. 车辆的美誉度

C. 车辆特性在现实生活中的价值　　　D. 销售顾问的个人魅力

**2. 判断题**

(1) 销售顾问在进行本展厅车辆品牌介绍时,不可同时介绍其他品牌的车辆,不然会使介绍时主次不分,突出不了自己的车辆特性和卖点。　( )

(2) 在车辆介绍时,应尽可能地拉着客户贴近车辆进行鉴赏。　( )

(3) 所谓六方位环车介绍,就是要尽量把车辆的六个方位都向客户介绍到,才能算介绍的完整,这样才能获得客户的满意和赞同。　( )

(4) 销售顾问应该在充分了解客户对车辆的主要需求后,在六个方位中挑选最具代表和最具展示力的方位进行,才能更好地打动客户。　( )

(5) 如果我们介绍的品牌车辆在某一方面存在一些技术上的不足,应尽量避开不谈。　( )

**3. 简答题**

(1) 在进行冲击式介绍时,“冲击”的效果是以什么方式来体现?

(2) 当客户提出最关心的是车辆的安全性和实用性时,销售顾问该如何应对呢?

# 模块6

## 试乘试驾

### ◎学习目标

**1. 知识目标**

（1）了解试乘试驾所要达到的目的；

（2）熟悉试乘试驾前的所有准备工作；

（3）掌握试乘试驾的整个流程和要点；

（4）熟悉汽车运行状态下的各种性能。

**2. 能力目标**

（1）能够充分地做好试乘试驾前的准备工作；

（2）能为客户有条不紊地办理试乘试驾所需相关手续；

（3）能够针对客户需求，适时地在不同路段让客户体验车辆性能、独特配置及客户的受益；

（4）能规范操作整个试乘试驾过程；

（5）能在试驾后及时了解客户感受，收集客户信息，并指导客户填写试乘试驾评估表。

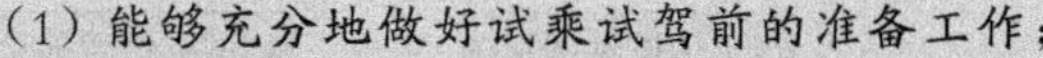

### ◎案例导入

有一位40岁左右的男性客户，到奥迪4S店来看车已有两次，销售顾问通过与该客户的两次接触和销售跟进，基本判定其为A级客户。在大致明确了其购车的主要意图为动力性、安全性和舒适性后，主动邀请客户进行试乘试驾。征求客户意见后，销售顾问为该客户办理了试乘试驾前的所有手续，并为其选择了能充分展示车辆动力性、安全性和舒适性的闭环线路，带领客户进行试乘试驾的体验，以更好地展示车辆在静态下所无法显现的独特魅力。

### ◎学习方案

（1）判定客户级别，并适时主动地邀请客户进行试乘试驾；

（2）为客户准备试乘试驾车辆，并为其办理所有试乘试驾相关手续；

（3）以规范的操作带领客户进行试乘或试驾；

（4）根据客户对车辆性能的需求，在试乘试驾中对车辆的性能、价值以及能为客户带来的利益进行介绍，并提醒客户进行感受，从而不断激发其购车欲望；

（5）试乘试驾结束后，主动了解客户的驾乘体验，并引导和指导其填写试乘试驾评估表，以便更好地吸引客户。

# 拓　扑　图

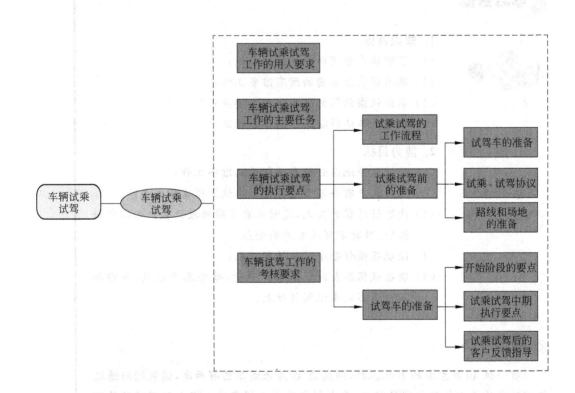

## 6.1 车辆试乘试驾工作任务描述

汽车试乘试驾是继汽车产品介绍后的又一个核心环节，它包含两方面的内容，即“试乘”和“试驾”。当客户在销售顾问进行产品介绍之后，如果对车辆表现出兴趣和购买意向，那么销售顾问就应该主动向客户提出，让其进行试乘试驾。在整个试乘试驾过程中，销售顾问需要根据客户的需求有针对性地介绍、引导客户感受车辆的卖点，不要口若悬河，时刻注意寻求客户的认同并了解客户的感受，以便让客户在驾乘中进一步地感知车辆在静态下所无法诠释的车辆性能和驾乘感受，从而激发其购车欲望。

要使试乘试驾工作顺利开展并严格按照公司规定执行，销售顾问需要具备试驾专员的基本要求。

(1) 教育水平：具备汽车专业大专以上学历；

(2) 必须持有两年或两年以上驾照；

(3) 能力要求：①熟悉试乘试驾车辆及其竞品车型；②有娴熟的驾驶技能和应变能力；③表达能力较强，思路清晰，有亲和力；④在试驾过程中，能根据客户需求对车辆各项卖点以及性能作适时介绍，如加速、过弯、制动等，并能悉心解答客户提出的异议；⑤熟悉两条或两条以上试驾路线，路线必须包括直路、弯道、颠簸和制动带路面；⑥陪同客户试乘试驾的里程数不低于 8km，且试驾时间控制在 20min 左右；⑦试驾率不低于 50% ，并且将客户的试驾反馈进行记录。

为了更好地让读者了解试乘试驾这一工作任务的具体要求，在这里，本书提供汽车销售环节中试乘试驾工作的具体任务细目(见表 6-1)。

**表 6-1 试乘试驾工作说明书**

<table>
<tr><th colspan="4">职责与工作任务</th></tr>
<tr><td colspan="4">试乘试驾车清洁，自检；按一汽-大众的奥迪标准进行维护与停放；试驾过程中严格按照试乘试驾流程进行；整理试驾协议并及时录入系统</td></tr>
<tr><td rowspan="4">工作职责1</td><td colspan="2">职责表述：负责试乘试驾车辆的日常状态管理</td><td>占比 15%</td></tr>
<tr><td rowspan="3">主要任务</td><td colspan="2">(1) 每天对试乘试驾车辆进行清洁，确保试驾车辆内外部干净整洁</td></tr>
<tr><td colspan="2">(2) 根据检查表事项进行车辆检查工作，若车辆状态异常，及时报备修理</td></tr>
<tr><td colspan="2">(3) 及时更换随车物品(水、纸巾、手套)</td></tr>
<tr><td rowspan="3">工作职责2</td><td colspan="2">职责表述：负责试乘试驾车辆标准停放及维护</td><td>占比 10%</td></tr>
<tr><td rowspan="2">主要任务</td><td colspan="2">(1) 将试乘试驾车辆停放于专用区域</td></tr>
<tr><td colspan="2">(2) 监督门卫及保安，做好专用区域管理工作</td></tr>
<tr><td rowspan="4">工作职责3</td><td colspan="2">职责表述：负责销售过程的试乘试驾环节</td><td>占比 60%</td></tr>
<tr><td rowspan="3">主要任务</td><td colspan="2">(1) 试驾前，指导客户填写《试乘试驾保证书》，并做好车辆确认与准备</td></tr>
<tr><td colspan="2">(2) 填写试乘试驾车辆使用登记</td></tr>
<tr><td colspan="2">(3) 严格按照厂家和 4S 店试乘试驾流程，为客户开展试乘试驾环节的工作和服务</td></tr>
</table>

续表

<table>
<tr><th colspan="4">职责与工作任务</th></tr>
<tr><td rowspan="3">工作职责4</td><td colspan="2">职责表述：负责试乘试驾相关信息的登记工作</td><td>占比：15%</td></tr>
<tr><td rowspan="2">工作任务</td><td colspan="2">(1) 及时整理试乘试驾协议书，核对试乘试驾协议书与试乘试驾车辆使用登记表的相应信息，确保信息一一对应，并作统计归档</td></tr>
<tr><td colspan="2">(2) 引导客户填写《客户试乘试驾反馈意见表》。</td></tr>
<tr><td colspan="2" rowspan="2">职业发展</td><td colspan="2">销售主管</td></tr>
<tr><td colspan="2">销售顾问</td></tr>
<tr><td colspan="2">所需培训</td><td colspan="2">标准化销售流程、各车型产品知识、竞品对比话术</td></tr>
<tr><td colspan="4">备注：</td></tr>
</table>

对于试乘试驾工作是否执行到位，4S店将根据“试乘试驾测量维护情况”“试乘试驾率”和“试乘试驾满意度”3个基本指标对该项工作进行考核。

## 6.2 试乘试驾执行要点

试乘试驾环节的成败，直接影响到后续汽车销售环节的跟进。成功的试乘试驾将会使客户对车辆有一个全面且感性的认识，并提升车辆本身的价值，从而刺激消费者对车辆的购买兴趣，为接下来的销售谈判奠定很好的基础。那么，销售顾问如何成功开展此项工作呢？关键取决于3个要点：①试乘试驾前准备；②试乘或试驾时的注意事项；③试乘试驾后的总结。车辆试乘试驾基本流程如图6-1所示。

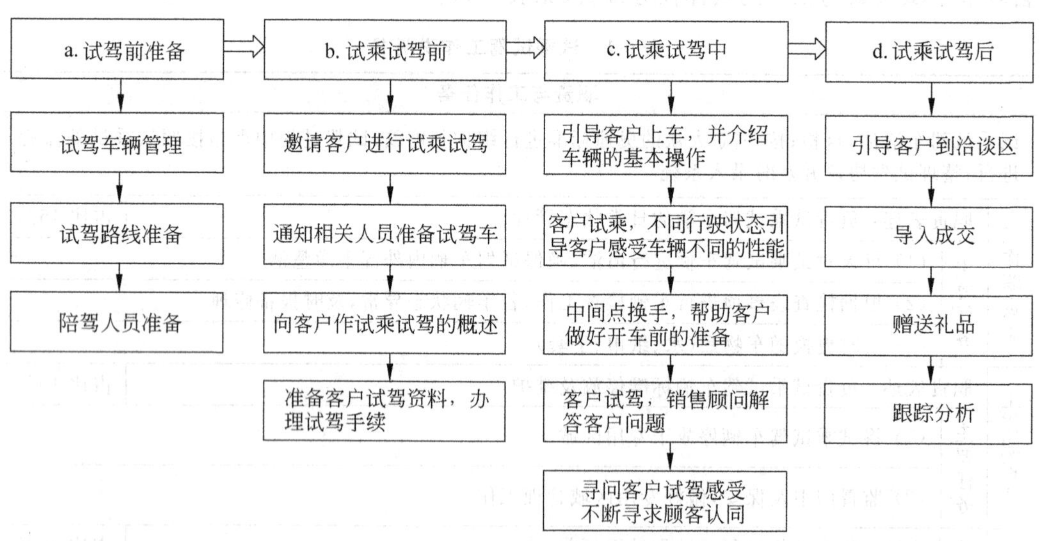


**图6-1 车辆试乘试驾基本流程**

接下来，介绍车辆试乘试驾关键步骤的每一个执行要点。

## 6.2.1　试乘试驾准备

当车辆产品介绍完毕之后，如果客户表现出对车辆比较有兴趣时，作为销售顾问应主动邀请客户进行车辆的试乘或试驾。那么销售顾问在邀约客户进行试乘试驾前，还要对试驾车辆做哪些准备工作呢？

### 1. 车辆准备

（1）销售顾问在试乘试驾前，必须确认车内是否有可以移动且会发出声响的物品，并将这些杂物去除，以确保在行驶时不会发出异响。

（2）确认试乘试驾车辆是否处于日常维护后的良好状态，确保车辆的灯光、空调、音响正常，以及发动正常。

（3）试乘试驾车辆必须保证随时拥有半箱以上燃油，同时车上必须备有 CD 唱片。

（4）保证车内外清洁，车内部铺专用地毯。

具体对于试乘试驾车辆的日常维护和每两周需要检查的项目，可以参见表 6-2。

**表 6-2　试乘试驾车检查表**

| | 项　目 | 完好 | 问题 |
|---|---|---|---|
| 每日检查项目 | （1）车辆外观是否完好 | | |
| | （2）胎压是否正常 | | |
| | （3）地上是否有积水和机油 | | |
| | （4）电动门窗和行李厢是否完好 | | |
| | （5）安全带是否完好 | | |
| | （6）起动后故障指示灯显示是否正常 | | |
| | （7）油量是否充足 | | |
| | （8）照明是否正常 | | |
| | （9）车辆内部是否干净整洁 | | |
| | （10）控制装置是否正常开启 | | |
| 以上项目在每次出车前都要进行确认 | | | |
| 每两周检查项目 | （1）车辆各附件是否完好，无松动现象 | | |
| | （2）轮胎磨损情况检查 | | |
| | （3）车辆内部的彻底清洁 | | |
| | （4）水箱的清洁 | | |
| | （5）车辆外部漆面检查 | | |
| | （6）制动液、防冻液、玻璃水液面是否需要补给 | | |
| | （7）底盘各部分是否有漏油现象 | | |
| | （8）检查机油液面，并确认是否需要进行更换 | | |
| 以上项目每两周进行，属于专业常规检查 | | | |

**2. 试乘试驾协议**

销售顾问在确认试乘试驾车辆准备好的基础上，为客户办理试乘试驾的一些必要手续，并与其签订试乘试驾协议书。

(1) 请客户出示本人合法有效驾驶证件，并核对发证机关、有效期、准驾车型(C1 及 C1 以上)、驾龄(一年或一年以上)等信息。无驾照的客户坚决不允许试驾，试驾时必须由销售顾问全程陪同，按照公司制订的试驾路线进行试驾，对于不按规定试驾的客户，销售顾问应停止其试驾。

(2) 请客户留下相关有效证件，试车完毕后退回。

(3) 请客户在《试驾协议书》上签名，提醒客户写明驾驶证号、联系人、电话号码，并请客户再次核对驾驶证号。

(4) 试驾车的钥匙由专职人员保管，销售顾问凭有客户签字的《试乘试驾保证书》领取钥匙，用完后登记车辆行驶里程数，然后归还钥匙。

(5) 销售顾问对试乘试驾车辆的使用，应填写好《车辆试乘试驾使用记录表》，具体见表 6-3。

**表 6-3　车辆试乘试驾使用记录表**

| 试乘试驾车辆信息 | | | | | | |
|---|---|---|---|---|---|---|
| 车辆型号： | | | | VIN 码： | | |
| 发动机号： | | | | 颜色： | | |
| 变速箱型号： | | | | 投入使用日期： | | |
| 序号 | 试驾日期 | 试驾性质 | 公里数起讫 | 客户姓名 | 销售员 | 备注 |
| | | | | | | |
| | | | | | | |
| | | | | | | |
| | | | | | | |
| | | | | | | |
| | | | | | | |
| | | | | | | |
| | | | | | | |
| | | | | | | |

**3. 路线和场地准备**

为了让客户能感受到完美的驾驶乐趣，销售顾问应提前向客户说明试乘试驾的线路及耗时，并适时为其解释试乘试驾途中客户所能体验到的不同阶段，例如音响体验区、颠簸路况区、双模式减震及瞬间加速区、连续弯道静音区、拨片换挡区及上坡加速区等。销售顾问在各种区域的要点具体可以参见图 6-2。

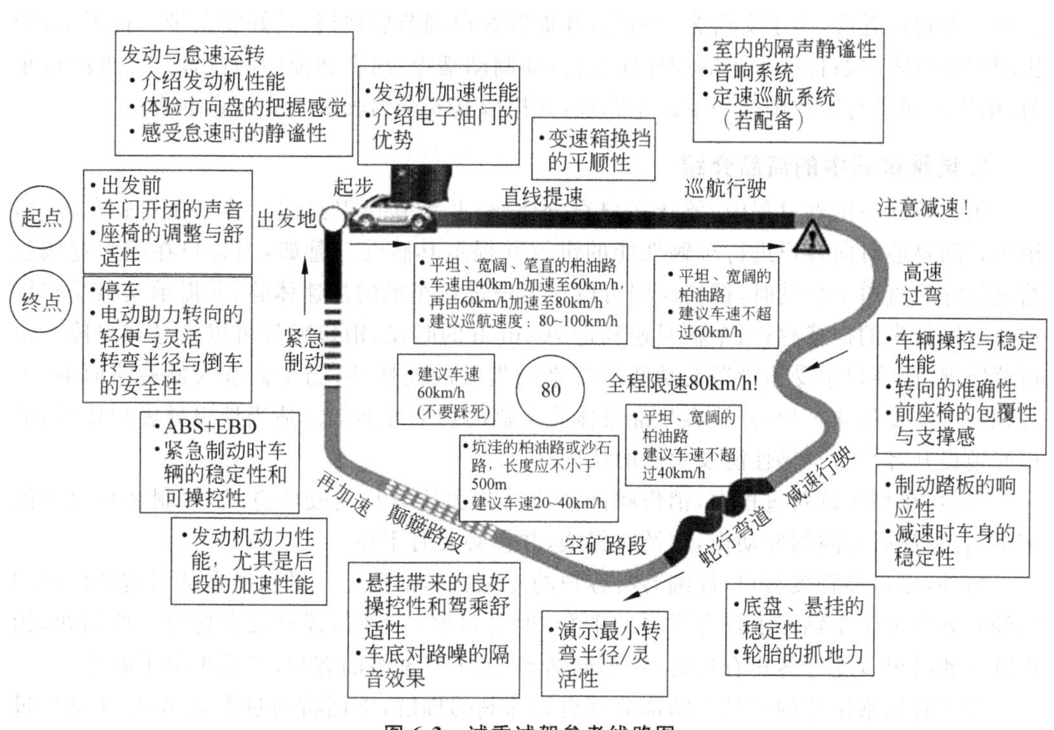


**图 6-2 试乘试驾参考线路图**

## 6.2.2 试乘试驾的过程

试乘试驾前的所有准备工作就绪后，销售顾问就可以陪同客户去体验试乘试驾的乐趣了。为了更好地服务于客户，并使客户在整个过程中充分体会到车辆的整体性能，销售顾问对试乘试驾的每一个细节都不能马虎。接下来，介绍试乘试驾过程中，都有哪些细节需要关注。

### 1. 试乘试驾开始阶段的注意事项

读者通常会认为，办理好所有试乘试驾手续后，销售顾问就会把试驾车辆交由客户来操作。但事实上，无论客户是驾驶的高手还是新手，当他们面对一辆全新的车，如果不经销售顾问指点，是做不到安全且轻松地驾驭的。因此，出发前为客户进行车辆的静态展示和指导是非常必要的。

在试乘试驾车辆启动前，销售顾问应先邀请试乘或试驾的客户坐在副驾座或后排座上，协助客户完成座椅调节并系好安全带；接下来，销售顾问要向客户进行车内空间和布局的介绍，例如座椅调节的操作、方向盘调整的操作、仪表台的布局和查看、各种常用功能键的演示操作等。这些说明将更好地让客户对试乘试驾车辆有一个较为系统的了解，以便由客户换手后的自行操作；随后，销售顾问为客户演示车辆的启动操作，并让客户感受点火启动后，发动机沉稳的声音和怠速的稳定。紧接着，销售顾问带着客户驶离4S店，行驶一段距离后，到达预定换乘处，选择安全的地方停车，并将发动机熄火，取下钥匙。此时，销售顾问与客户进行换手操作，由销售顾问帮助客户就座，确保客户乘坐舒适。待客

户进入驾驶位置后，亲手交给客户钥匙，并提醒客户调节后视镜、系好安全带。接下来，销售顾问要请客户亲自熟悉车辆的操作装备，如制动踏板、离合和油门的位置。在再次行车前，销售顾问要与客户确认一下试车路线，并提醒其安全驾驶的一些注意事项。

**2. 试乘试驾中的商品介绍**

销售顾问在试驾过程中，要让客户充分体验，并为其指引路线。客户在驾驶车辆时，销售顾问要适时向客户进行车辆性能的讲解并提示其感受。譬如，当客户在较为宽阔且路况较好的直道上行驶时，销售顾问可以让客户进行车辆的加速体验，并提示其感受车辆加速时所带来的推背感；当车辆时速到达70km/h的时候，销售顾问可以指导客户按下定速巡航键，让客户感受车辆巡航功能所带来的驾驶的便捷性；当车辆进入颠簸路面前，销售顾问可预先告知客户，并让客户准备体验车辆的悬架性能等。适当地引导客户体验，能更好地提升客户对车辆性能及卖点的认同感。

当然，在整个试驾过程中，销售顾问还应时刻关注客户驾驶的方式，控制客户驾驶的节奏，若客户有危险驾驶动作，应及时提醒，并在必要时干预。

另外，尽量多赞美客户，仔细聆听客户的意见也非常重要。尽管试乘试驾前销售顾问已经对客户关于车辆作了较为详尽的解释，但是只要一上路，客户就会提出一些问题，销售顾问此时可以先夸客户有见解，对车辆熟悉，是个专家级的客户，然后再给予解答。

为了对试乘试驾的产品介绍部分有更为深刻的理解，下面将通过奥迪A6L在试驾过程中的话术案例，让读者对试驾过程中的销售顾问的基本话术有一个更为直观的解读。

(1) 车辆的介绍

销售顾问："××先生，请再次确认一下您的座椅是不是调整到了舒适的位置，安全带是否扣好，左、右反光镜是否调节好。如果没有问题，下面我们就开始上路了。请在P挡下，踩住刹车，并启动车辆。然后请将挡位挂入D挡，松开刹车，准备踩油门，注意不要一下子将油门踩到底，请保持您平时均匀加速的习惯，并体会我们这辆奥迪A6L油门的力度和灵敏性。"

客户："好的"。

(2) 音响的体验

销售顾问："××先生，前方路况良好，您可以较为轻松地驾驭，接下来不妨让我们体验一下奥迪A6L高品质的音响效果吧。奥迪A6L全车一共搭载了14个喇叭，分别位于中控台、四个车门和后备箱。其中，中控台配置一套独立中音单元和高音头，每个车门一组高、中低音组合单元，加上后备箱备胎位有一只25cm的低音单元组成5.1系统。不知道××先生平时喜欢什么风格的音乐呢，我们可以先来尝试一首流行歌曲！您听，环车布置的扬声器是不是效果很好，相信您一定也被这种音响效果所震撼了吧，并且这种音响效果还可以随歌曲的类型，切换不同的风格，使您的驾驶成为一种享受！"

客户："BOSE音响的环绕立体声效果确实不错！"(微笑)

(3) 悬架体验

销售顾问："××先生，待会前面会有一段碎石的颠簸道路，我们将要慢速通过，在通过时，您可以感受一下奥迪A6L汽车在通过不平路面的颠簸情况，以及您乘坐的舒适性。"

客户："好的。"

销售顾问："我们的车前悬挂采用了双叉臂独立悬挂,后悬挂采用了多连杆独立悬挂系统,并进行了精心调校,能很好地兼顾高速剧烈行驶的操控稳定性和通过这种不平整路面的舒适性。您听,通过时只有轻微的震动声,并且在颠簸路面上,只有轮胎在跳动而整个车身却非常的平稳,颠簸感极轻。这就是这款车独有的减震系统给我们带来的完美驾乘感受。"

客户："嗯,通过颠簸路面的时候是比我以前那辆车的颠簸感要轻。"(点头表示肯定)

(4) 加速体验

销售顾问："××先生,接下来在确保安全的情况下您可以试一下我这款车的超车以及高速的表现,我们这款奥迪 A6L 搭载的是最大功率为 150kW 的 2.5L V6 自然吸气发动机,在低、中、高速都具有澎湃的动力,并拥有连续加速的能力,最高时速能达到 222km/h,百公里加速时间为 8.6s,可以不夸张地说,在每时每刻您都能体验不同程度的推背感。"

客户："奥迪 A6L 动力还是相当可以的,加速性能也不错。"

(5) 转弯和坡道加速体验

销售顾问："××先生,接下来我们将左转,上文创大桥,您可以在上坡过程中感受一下奥迪 A6L 的爬坡性能!请您在上桥和下桥过程中,慢慢体验!"

客户："好!"

销售顾问："××先生,刚才在转弯的时候,您有没有感觉到车辆的操控性很好呢?我们奥迪 A6L 具有 ESP 功能,当您在转弯时,转弯力度不够或过大时,它都会帮助您进行调整,使车辆按照安全轨迹进行转弯,既确保了转弯的精准性,同时也保障了您的行车安全性。"

……

(6) 试乘试驾结束

销售顾问："××先生,前方左转就回到我们刚才的出发地了。"

客户："感觉开了没多久。"

销售顾问："××先生,我们的试乘试驾时间一般在 15min 左右,是不是还有点意犹未尽呀!其实,短短的一刻钟,只能让你对这款车在路上的表现有一个大体的了解,事实上,奥迪 A6L 的魅力远远不止这些,等您真正拥有它的时候,您就会越来越觉得这款车无论是在质量上、技术上或人性化设计上都是首屈一指的,它将成为您必不可少的、象征您身份的完美座驾!"

客户微笑不语。

销售顾问："××先生,我们到了,请您按照停车指示进行泊车。"

客户："不是很多车都有自动泊车功能吗?这台车会自己停车吗?"

销售顾问："自动泊车功能属于高配属性,您现在试驾的是我们奥迪 A6L 的标配版,如果您有这方面的要求,我们奥迪将为您提供更多配置的选择!"

客户："哦,原来还可以选配啊!"

销售顾问："是的,××先生,这也是奥迪为不同要求的客户所考虑的比较周到的地方。有些客户追求驾驭感,所以自动泊车功能也未必需要;有些客户,尤其是女士,她们对

停车比较头疼，所以只要花有限的钱，提高一下配置，就能轻松享受自动泊车的功能。”

客户：“嗯，有道理！”

销售顾问：“××先生，请您踩刹车，挂P挡，关闭音响、空调，然后熄火，并拉手刹。”

客户：“好的。”

销售顾问此时提前下车，主动替客户开车门，做遮挡姿势，防止客户头部碰到车门，并提醒客户确认无东西遗忘在车内。

到此，试乘试驾在展厅外的部分就告一段落了。

**3. 试乘试驾后邀请填写试乘试驾评估表**

试乘试驾结束后，要邀请客户填写试乘试驾评估表。别小看了该项工作，这是销售顾问能获得客户对车辆真实评价的有效方式之一。一般来讲，客户在试乘试驾后有两种态度：① 客户感觉良好。当客户对自己看中的汽车比较满意，表现出成交的意愿，那么销售顾问应趁热打铁，着重强调客户比较在意的特性和优点，以打动客户，促成交易；②客户不是特别满意。如果客户对汽车的性能不甚满意，而其解决之道并不在于汽车本身，就无须做无用功，可以转向介绍其他的车型来弥补客户的遗憾。注意，不管客户试乘试驾最终能否达成购车意向，都要热情对待，并感谢其参与试驾。试乘试驾评估表可以参见表6-4。值得提醒的是，销售顾问在客户填写反馈意见前，要及时将客户的有效证件归还，以防客户在试乘试驾结束后匆忙离开，造成不必要的麻烦。

**表6-4　试乘试驾评估表**

| 试乘试驾车型 | | | | |
|---|---|---|---|---|
| 提供的服务类型(请打√) | 试驾(　　)　　试乘(　　) | | | |
| **1. 动力性** | | | | |
| 客户反馈<br>性能 | 非常满意 | 满意 | 一般 | 失望 |
| (1) 起步动力 | | | | |
| (2) 加速表现 | | | | |
| (3) 换挡的平顺性 | | | | |
| (4) 最高时速体验 | | | | |
| **2. 操控性** | | | | |
| 客户反馈<br>性能 | 非常满意 | 满意 | 一般 | 失望 |
| (1) 悬挂的软硬调校 | | | | |
| (2) 方向盘的掌握感 | | | | |
| (3) 转弯的精准性 | | | | |
| (4) 制动性能 | | | | |
| (5) 功能键的体验 | | | | |

续表

| 3. 舒适性 | | | | |
|---|---|---|---|---|
| 客户反馈 / 性能 | 非常满意 | 满意 | 一般 | 失望 |
| (1) 座椅的质感及舒适性体验 | | | | |
| (2) 内饰与空间大小 | | | | |
| (3) 车的视听效果 | | | | |
| (4) 车内舒适性(温度、适度的调节) | | | | |
| (5) 人性化设计的体验 | | | | |
| **4. 静肃性** | | | | |
| 客户反馈 / 性能 | 非常满意 | 满意 | 一般 | 失望 |
| (1) 怠速时的引擎声 | | | | |
| (2) 行驶时的隔声效果(密闭性) | | | | |
| **5. 试驾服务品质** | | | | |
| | 非常满意 | 满意 | 一般 | 失望 |
| 整体试乘试驾服务的品质 | | | | |
| 您计划何时购车？1个月内(　　)　3个月(　　)　半年(　　)　半年以上(　　) | | | | |
| 您试驾的总体感受如何？请您为我公司提出宝贵的建议或意见！<br><br>客户签名： | | | | |
| | | | | |
| | | 销售顾问： | | 日期： |

当然，并不是所有的客户都会配合销售顾问填写完成试乘试驾评估表的，如果客户拒绝填写或借故离开，销售顾问又该如何作最后的争取呢？

一般来讲，可以参考如下话术。

××先生，今天您来的真巧，正好我们店在做活动，只要耽误您3～5min时间，为我们填写一份试乘试驾的评估信息，不但可以获得一份店庆的精美礼物，而且您的宝贵意见一旦被公司采纳，我们店还会奉上丰厚的神秘大礼。××先生，这就是试乘试驾评估表，只需在所有项目上进行选择并打√就可以了，您的意见对我们很重要(微笑，并在一旁指导客户进行填写)。

如果客户在销售顾问一再恳请下，仍然执意要离开，那么可以把客户到店后所关注的所有车型的型号附上销售顾问的名片，装订好交给客户，并送到门口，一方面对他的到来表示感谢，另一方面欢迎他能再次光顾展厅。到此为止，应该说，车辆试乘试驾的基本内容就告一段落了。对于销售顾问在整个环节中的表现，4S店会根据工作考核表，为其进行考核。

## 6.3 车辆试驾工作考核表

销售顾问在整个试乘试驾环节中的工作评价，除了客户对其所给出的评价外，每个4S店还有各自的评价体系。接下来，通过车辆试驾工作考核表来解读4S店对该部分工作的考评标准。

### 1. 试乘试驾前的考核细目

通过表6-5可以了解试乘试驾前的准备工作的测评标准。

**表6-5 试乘试驾前的工作测评**

| 项 | 目 | | 分值 | 得分 |
|---|---|---|---|---|
| 1 | 销售人员对潜在客户的试乘试驾邀请 | (1) 主动邀请 | 100 | |
| | | (2) 由客户主动提出，销售人员同意 | 50 | |
| | | (3) 对有意向的客户没有提出试乘试驾邀请 | 0 | |
| 2 | 客户要求试乘试驾的车辆是否在店里准备就绪；如果暂时没有，是否为客户进行了预约工作 | (1) 车辆在店里准备就绪 | 100 | |
| | | (2) 店里没有，但是为客户作了预约 | 50 | |
| | | (3) 店里没有，而且没法预约 | 0 | |
| | | (4) 第二次进店仍无法完成试乘试驾 | −50 | |
| 3 | 整个试乘试驾过程中是否进行换手 | (1) 是 | 100 | |
| | | (2) 否 | 0 | |
| 4 | 在试乘试驾顺序上，销售人员是如何建议的 | (1) 销售人员建议先试驾，再试乘 | 100 | |
| | | (2) 销售人员建议先试乘，再试驾 | 100 | |
| | | (3) 未提供任何建议 | 0 | |
| 5 | 销售人员是否根据试乘试驾路线图为客户做概要介绍 | (1) 为客户做概要介绍 | 100 | |
| | | (2) 未为客户做概要介绍 | 0 | |
| 6 | 销售人员带客户到试乘试驾车前，请客户在车内就座，并熟悉车辆基本操作 | (1) 主动详细介绍车辆基本操作 | 100 | |
| | | (2) 根据客户的询问，简单介绍 | 50 | |
| | | (3) 没有介绍 | 0 | |
| 7 | 在试驾前，销售人员引导或帮助客户调整坐姿，并指导、鼓励客户亲自动手体验 | (1) 是，引导或帮助客户调整坐姿 | 100 | |
| | | (2) 没有引导或帮助客户调整坐姿 | 50 | |
| 8 | 销售人员主动帮助且提醒客户系好安全带 | (1) 提醒并帮助 | 100 | |
| | | (2) 有提醒，没有帮助 | 50 | |
| | | (3) 没有帮助或提醒 | 0 | |
| 9 | 是否向客户介绍试乘试驾的流程 | (1) 是 | 100 | |
| | | (2) 否 | 0 | |

续表

| 项目 | | | 分值 | 得分 |
| --- | --- | --- | --- | --- |
| 10 | 是否提供给客户两种试驾路线供选择 | (1) 是 | 100 | |
| | | (2) 否 | 0 | |
| 11 | 是否复印客户的驾照留底,并请客户签署保证书 | (1) 是 | 100 | |
| | | (2) 否 | 0 | |
| 12 | 若客户有同伴随行,销售人员是否邀请客户同伴在后排右侧落座体验试乘过程 | (1) 是 | 100 | |
| | | (2) 否 | 0 | |

## 2. 试乘试驾中的考核细目

对于试乘试驾中的考核,可以通过表 6-6 作为参考标准。

**表 6-6 试乘试驾中的工作测评**

| 项目 | | | 分值 | 得分 |
| --- | --- | --- | --- | --- |
| 1 | 试乘试驾过程中,销售人员是否让客户体验过弯 | (1) 是 | 100 | |
| | | (2) 否 | 0 | |
| 2 | 试乘试驾过程中,销售人员是否让客户体验车辆其他性能 | (1) 是 | 100 | |
| | | (2) 否 | 0 | |
| 3 | 试乘试驾过程中,销售人员是否与客户交流体验感受 | (1) 是 | 100 | |
| | | (2) 否 | 0 | |
| 4 | 试乘试驾过程中,销售人员向客户的介绍方式 | (1) 沉默不语,整个过程中都很少讲话 | 0 | |
| | | (2) 滔滔不绝,整个过程中不停地自说自话,不顾客户的感受 | 0 | |
| | | (3) 只在需要介绍的重点部分向客户进行介绍,其余时间则耐心观察客户的需求,适时介绍 | 100 | |
| 5 | 试乘试驾结束后,结合客户的需求进一步作卖点的介绍 | (1) 是 | 100 | |
| | | (2) 否 | 0 | |

## 3. 试乘试驾后的考核细目

试乘试驾结束后,销售顾问的工作还在继续。回到展厅后,销售顾问将接受的考评内容可参考表 6-7。

**表 6-7 试乘试驾后的工作测评**

| 项目 | | | 分值 | 得分 |
| --- | --- | --- | --- | --- |
| 1 | 是否将客户的证件的原件清点并归还 | (1) 是 | 100 | |
| | | (2) 否 | 0 | |

续表

| 项目 | | | 分值 | 得分 |
|---|---|---|---|---|
| 2 | 试乘试驾结束后，是否邀请客户填写车辆试乘试驾评估表 | (1) 是 | 100 | |
| | | (2) 否 | 0 | |
| 3 | 试乘试驾结束后，当客户拒绝填写评估表，销售顾问是否邀请客户参与抽奖活动 | (1) 是 | 100 | |
| | | (2) 否 | 0 | |
| 4 | 试乘试驾结束后，尝试与客户签订购买订单 | (1) 是 | 100 | |
| | | (2) 否 | 0 | |
| 5 | 试乘试驾整个过程中，销售人员为客户服务的周到程度 | (1) 非常周到 | 100 | |
| | | (2) 比较周到 | 50 | |
| | | (3) 比较不周到，请注明原因 | 0 | |
| | | (4) 非常不周到，请注明原因 | 0 | |

试驾是一项涉及具体操作和安全问题的服务，这也就对陪同试驾的销售顾问的专业程度与行为规范提出了更高的要求。随着消费者对于销售服务重视程度的加深以及对体验式营销的热衷，试驾在汽车销售中的作用必将越来越重要。正如汽车销售大王乔吉·拉得所说，激发消费者对汽车的购买欲望，就应该让客户充分品尝到汽车的"味道"。所以，想要充分彰显车辆真实的魅力，试乘试驾已经成为不二选择。

## 练习与思考题

**1. 选择题**

(1) 试乘试驾环节是继(　　)环节后的又一核心环节。

A. 需求分析　　B. 价格商谈　　C. 竞品分析　　D. 产品介绍

(2) 在试乘试驾过程中，销售顾问要保证车上(　　)系好安全带后，方可进行试乘试驾。

A. 驾驶员　　B. 前排乘客　　C. 全部乘客　　D. 后排乘客

(3) 在试乘试驾过程中，销售顾问应该(　　)。

A. 与客户沟通，根据客户的需求来决定先试驾还是先试乘

B. 与客户沟通，建议先试乘然后试驾

C. 根据客户是否拥有驾照，来决定是试乘还是试驾

D. 无驾照的客户，均只能试乘；即使拥有驾照的客户，也应该先进行试乘，然后根据试驾路线，在销售顾问的规范指导下，进行安全试驾

(4) 客户进行试驾时，一开始的路应该尽量选择(　　)的路况。

A. 热闹且复杂　　B. 沿途风景优美

C. 开阔且简单　　D. 狭窄且平坦

(5) 试乘试驾时,全程车辆速度不超过(　　)km/h。

A. 60　　B. 80　　C. 100　　D. 120

**2. 判断题**

(1) 试乘试驾作为销售顾问的核心流程,是在销售环节中最重要的。因为只有在试乘试驾中,客户才能真切地感受到车辆的"味道",从而激发他们强烈的购买欲望。(　　)

(2) 销售顾问在客户进行试乘试驾过程中,应尽量多地介绍车辆,才能让客户更好地感受车辆各方面所表现出来的性能。(　　)

(3) 用作试乘试驾的车辆,因为每天都要被开来开去,所以平日里只需进行车身和车辆内部的清洁工作和充足的油量,不用定期维护保养。(　　)

(4) 试乘试驾的路线可以根据客户的需求来进行,客户熟悉哪条路就开哪条,不用作预先的规划,"随心所欲"能让客户对车辆产生拥有感。(　　)

(5) 试乘试驾是一个提升客户对车辆认可度和满意度的过程,所以销售顾问更应该注意自己的商务礼仪,并严格遵守试乘试驾守则,以确保试乘试驾过程的完整性和安全性。(　　)

**3. 简答题**

(1) 请问试乘试驾在汽车销售过程中所起的作用是什么?

(2) 试乘试驾前,销售顾问需要准备哪些项目?

(3) 试乘试驾的环节主要分哪几个步骤?

(4) 销售顾问在陪同客户进行试乘试驾过程中,应如何进行车辆介绍,才能彰显车辆真正的魅力,从而给客户留下深刻的印象?

# 模块 7

## 价格价值商谈

### ◎学习目标

**1. 知识目标**

（1）能够描述价格价值商谈工作任务；

（2）熟悉价格价值商谈的执行要点；

（3）熟悉客户异议处理的分类；

（4）熟悉客户异议处理的流程；

（5）熟悉成交的信号；

（6）熟悉新车订购的流程。

**2. 能力目标**

（1）具备汽车报价能力；

（2）掌握汽车报价技巧；

（3）具备客户异议处理的能力；

（4）具备客户异议分析能力；

（5）掌握成交的技巧。

### ◎案例导入

汽车服务与营销专业大三学生，毕业后从事汽车销售工作，但是不具备汽车销售的相关知识和实际的销售经验，迫切地想学习掌握汽车销售理论知识，并通过实训锻炼自己的销售能力。

### ◎学习方案

（1）认真学习本模块的相关理论；

（2）运用所学理论和价格商谈技巧，在日常生活的买卖活动中进行练习并体会；

（3）利用寒暑假时间，到 4S 店实习，学习、锻炼价格价值商谈的实操能力。

# 拓 扑 图

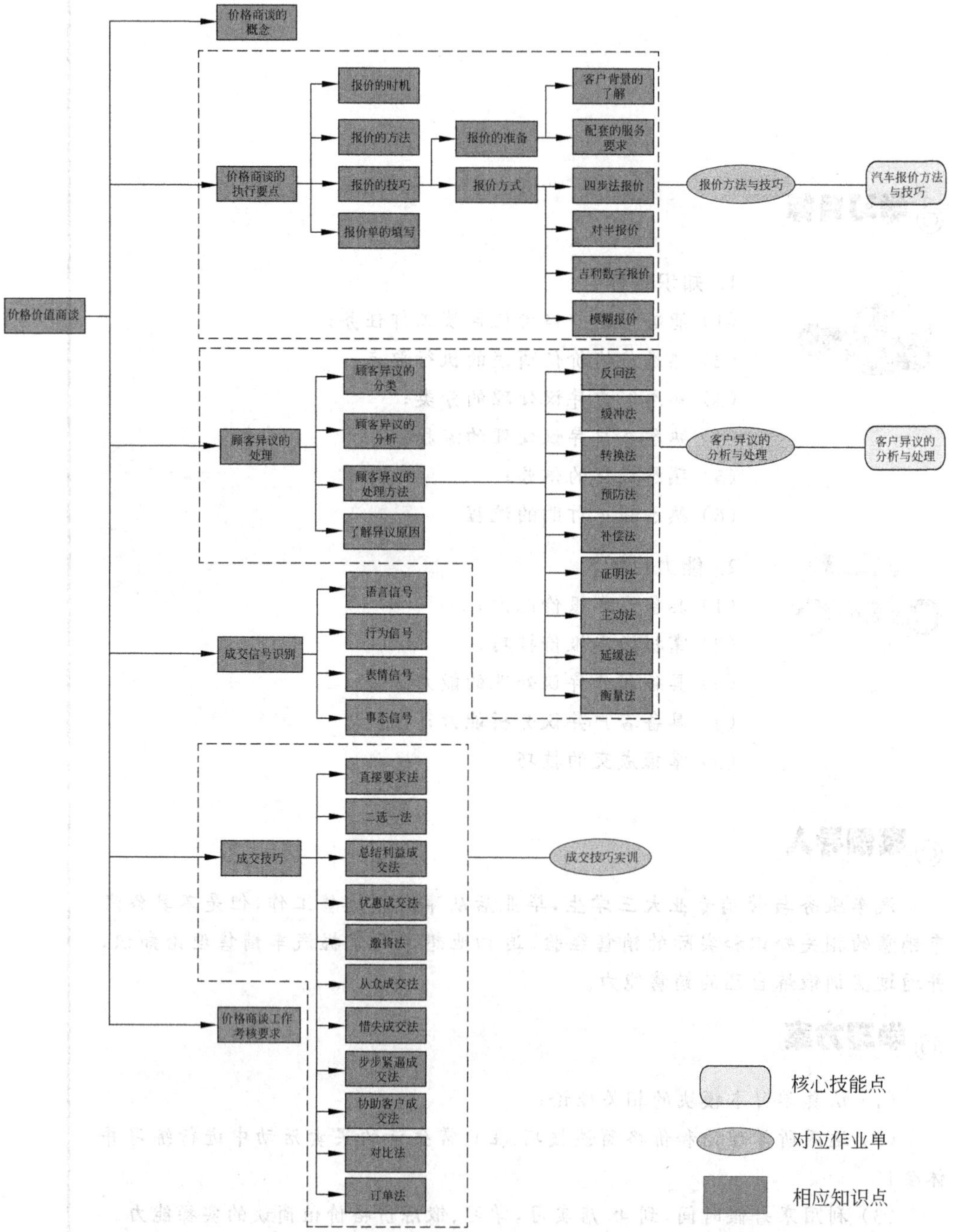

价格价值商谈
价格商谈的概念
价格商谈的执行要点
报价的时机
报价的方法
报价的技巧
报价单的填写
报价的准备
报价方式
客户背景的了解
配套的服务要求
四步法报价
对半报价
吉利数字报价
模糊报价
报价方法与技巧
汽车报价方法与技巧
顾客异议的处理
顾客异议的分类
顾客异议的分析
顾客异议的处理方法
了解异议原因
反问法
缓冲法
转换法
预防法
补偿法
证明法
主动法
延缓法
衡量法
客户异议的分析与处理
客户异议的分析与处理
成交信号识别
语言信号
行为信号
表情信号
事态信号
成交技巧
直接要求法
二选一法
总结利益成交法
优惠成交法
激将法
从众成交法
惜失成交法
步步紧逼成交法
协助客户成交法
对比法
订单法
成交技巧实训
价格商谈工作考核要求
核心技能点
对应作业单
相应知识点

## 7.1　价格价值商谈工作任务描述

在互联网经济时代，消费者比以往具有更大的权力和更多的选择。客户为什么愿意掏钱给你？客户有什么理由成为你的回头客？仅仅因为价格低或产品质量好是不够的，这些可能都只是一种优势。但有一点是肯定的，是你提供给他们的产品或服务有能满足其需求的价值。更确切地说，是客户发觉这种产品或服务更适合他们的要求。客户满意是因为他们认为自己得到的（产品价值）和他们付出的（产品价格）相符，或者获得的价值远远超出了他们付出的。

可是，如今市场上遮天蔽日的价格烽烟，早已不是"清仓挥泪甩卖"之流的促销小花招，投身其间的众多企业都经历了从"凶狠的降"到"疯狂的降"的过程。众所周知，恶性降价是低层次的营销竞争，降价效果虽明显，却是好景不长，大多都成了搬起石头砸自己的脚。

正确的营销方式，不是价格调得越低销量越大，也不是钱花得越多越好，而是充分利用价值与价格的关系，以整合的方法来提高消费者对产品的满意度。就是以相对小的投入，为产品或服务增加尽可能多的品牌价值。消费者在购买产品的同时，还能享受到增值的服务和需求的满足。汽车价值与价格的关系使客户产生了不同的感受。

汽车价格＋相关服务＝价值

价格＝价值＝客户考虑

价格＞价值＝贵

价格＜价值＝便宜

所以，价格价值商谈的过程，就是通过报价、处理客户异议，让客户感觉到价值远远大于价格的过程，价格价值商谈的工作任务就是通过提供汽车相关服务，来提升汽车产品的价值，从而满足客户的需求，促成成交，而不是通过价格的降低实现销售。

## 7.2　价格价值商谈的执行要点

价格价值商谈过程中，报价环节是重要的环节之一，掌握报价方法和报价技巧是能否实现成交的关键。

### 7.2.1　报价方法

**1. 报价的时机**

刚开始做汽车销售的人员，往往由于对车型、价格政策不熟悉，或急于求成、没有弄清楚客户的真实情况就报价（不知道要根据不同的客户情况报价，即便很多老销售顾问在报价时也掌握不好尺度），从而由于报价的不准确，造成客户的流失或者失去订单。而面对电话询价或网上询价，如果轻易的报价，可能许多询价者如石沉大海，再没有消息，有的由于报价太轻率给对方留下不规范的印象。所以报价时机不对，往往是失败的最主要和最直接的原因。

客户购买过程，随着时间的推移，通常会经历以下销售过程，如图 7-1 所示。

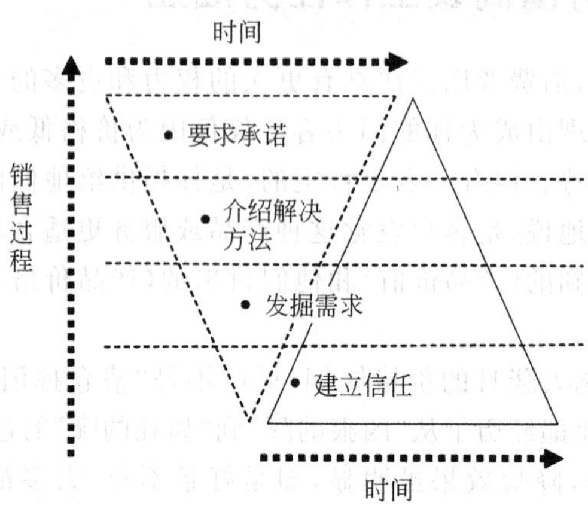


图 7-1 销售过程

客户来店，首先通过沟通建立客户对公司及销售顾问本人的信任，并在沟通过程中发掘客户的需求，针对客户的需求推荐适合的车型，对产品进行介绍，最后通过要求承诺了解客户心理，再决定如何报价。

如图 7-2 所示，在建立客户的信任感后，进行客户需求确认时，确认客户此次来店是看车，来选车，还是来买车，根据客户不同的需求，进行不同的销售流程。在交谈过程中，判断客户是否已经选定了车型，是否具备了购买三要素，即购买需求、购买力、购买力的支配权，客户是否发出了购买的信号，如果客户具备了这三点，就可以给客户报价，并进入价格商谈过程。

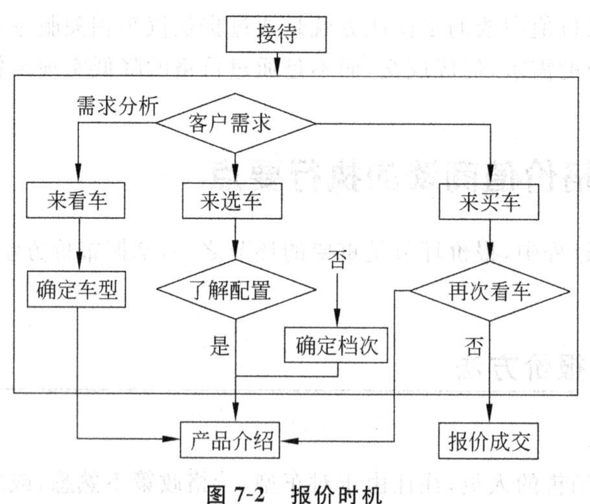


图 7-2 报价时机

**2. 报价方法**

在进行汽车报价时，要求销售顾问用汽车报价表进行报价，如表 7-1 所示，利用汽车报价表报价，不会遗漏项目，并且报价表上通过对汽车相关服务的整合，提升了汽车的价值，价格谈判不仅限于裸车价格的谈判，还提升了谈判的空间。

**表 7-1　汽车报价单**

| 欲购意向车型 | | | 颜色 | | |
| --- | --- | --- | --- | --- | --- |
| 车价 | | | 发动机号 | | |
| | | | 底盘号 | | |
| | 上牌费 | | 附件加装 | | |
| | 车船税 | | | | |
| | 购置税 | | | | |
| | 服务费 | | | | |
| 保险费 | 车辆损失险/% | | 其他费用 | | |
| | 第三者责任险/万元 | | | | |
| | 附加盗抢险/万元 | | | | |
| | 附加玻璃险/% | | | | |
| | 不计免赔险 | | | | |
| | | | | | |
| 小计 | | | 小计 | | |
| 总计 | | | | | |
| 贷款 | 首次付车款 | | 贷款金额 | | 每月还贷 |
| | 保证金 | | 公证费 | | 期数 |
| 备注： | | | | | |
| 客户签名： | | | | | |
| 销售经理签名： | | | | | |

## 7.2.2　报价技巧

**1. 报价前做好充分准备**

(1) 了解客户的背景：①客户的购车经历；②客户的决策行为类型。

(2) 建立客户的舒适感。

(3) 销售顾问利用专业知识、热情的服务，赢得客户的信任和好感。

(4) 关心客户的需求，让客户感觉到，销售顾问是在帮助其购买到最合适的车，而不

是销售顾问将车卖给这个客户。

**2. 报价技巧**

(1) 提出比自己心里想要的价格还要高的价格，但注意把握好分寸，给自己一些谈判的空间，给客户一些还价的空间，避免产生僵局，提升产品或服务的价值感，让客户感觉到物超所值。

(2) 四步报价法。结合大多数汽车销售是在第四次让价后成交的，所以一般情况下把报价分四步，如表 7-2 所示。其中，第 1 种和第 8 种报价方式，显然是不适合的，第 6 种报价方法优于第 5 种报价方法，让价平稳，逐渐减少，明显让客户意识到价格已经到底了，没有让价空间了。

**表 7-2　四步报价**

| 序号 | 第一次报价 | 第二次报价 | 第三次报价 | 第四次报价 |
|---|---|---|---|---|
| 1 | 0 | 0 | 0 | 6000 |
| 2 | 1500 | 1500 | 1500 | 1500 |
| 3 | 2200 | 1700 | 1300 | 800 |
| 4 | 2600 | 2000 | 1200 | 200 |
| 5 | 3000 | 1000 | 1000 | 1000 |
| 6 | 3800 | 1200 | 700 | 300 |
| 7 | 5000 | 1000 | 0 | 0 |
| 8 | 6000 | 0 | 0 | 0 |

(3) 对半报价法。第一次报价之后，探询客户的期望价格，在自己的报价和客户期望的价格中寻找中间值，在应用对半报价时，第一次报价至关重要，把自己最后想要成交的价格设定为第一次报价和客户期望价格的中间值，或者是中间值稍高于自己最终想成交的价格，如果客户再次进行还价时，还有一定的空间。例如，客户期望价格是 160 000 元，最终自己想成交的价格是 168 000 元，报价为 176 000 元或高于 176 000 元。

(4) 利用吉利数字的报价技巧。汽车销售的最后成交价往往是 6、8、6600、8800，越高档的汽车的客户越能接受最终成交价是吉利数。例如，报价是 149 800 元，通过三次优惠后到 146 300 元，客户会习惯要求 145 000 元，并且会一直坚持，我们将会在 145 800 元坚守，146 000 元很难守住；通过三次优惠后到 146 800 元，在 146 000 元应该守得住；通过三次优惠后到 147 800 元，到 147 000 元可能守得住，并且 146 800 元还会有支撑。

(5) 模糊报价法。"这款车型从 149 800 万元到 189 800 万元不等，请问您具体是指什么配置呢？我先带您看一下车子，确定一下是哪个配置的车型。"这是典型的模糊报价法话术。

## 7.3　客户异议处理

销售顾问报价后，就进入了客户异议处理环节。在这一过程中，客户为了能够获得更好的成交价格，会提出很多异议。如果没有妥善处理这些异议，就给了客户议价的机会或者造成客户流失。所以，妥善处理客户异议，是成交前至关重要的一步。

## 7.3.1　客户异议的分类

客户异议是销售过程中必然的现象，客户异议既是销售成交的障碍，也是成交的前奏和信号，正确对待客户异议，妥善处理客户异议，就离最终成交更进一步，根据客户异议产生的原因不同，可将客户异议分为以下类型。

(1) 客户异议的性质：①真实异议；②表面异议。

(2) 源于客户自身原因：①购买需求的异议；②购买力的异议。

(3) 源于销售方的异议：①服务异议；②价格异议。

## 7.3.2　客户异议的分析

当客户提出异议时，首先分析客户产生异议的原因，然后针对客户产生异议的原因进行异议处理。分析客户异议的方法如下。

### 1. 判断客户异议是真实异议还是表面异议

客户提出异议时，首先判断是真实异议，还是希望通过提出异议的方式达到其他诉求。如果是真实异议，针对异议的内容进行处理；如果是表面异议，通过沟通，了解到客户的真正诉求，再进行异议处理。

### 2. 判断异议源于客户自身原因还是源于销售方

客户对自己的购买需求产生异议，如果排除是表面异议，此时销售顾问需要进一步与客户沟通，帮助客户重新确认需求，然后进行车型确定，再进入报价环节。

如果客户对销售方的服务或者价格产生异议，则了解异议的关键点，然后进行异议处理。

## 7.3.3　客户异议的处理

### 1. 了解客户异议的真正原因

通过对客户的异议的分析，了解客户异议是真实异议还是表面异议，然后再根据异议的具体内容进行处理。

### 2. 异议处理方法

1) 反问法

通过反问赢得时间，获得更加准确的信息，判断异议是否由于客户自己造成的，引导客户否定自己的异议。例如：“您为什么这样认为呢”。

2) 缓冲法

客户不会接受一个对立的观点。在处理客户异议时，切记不能反驳客户，而是先表示理解或者是赞同，然后对客户的观点进行延伸和补充。例如：“您刚才所说的确是…… 但如果我们换个角度来看……”又比如客户说：“我听说你们车的油耗比较高。” 比较理想的

应对："看来您已经花了一些时间去研究我们的车，我非常理解您这么说，如果我给您做个测试，您就不会有这种想法了……"

3）转化法

利用负面的异议，转变成销售顾问正面的观点。比如说反映："这辆车的轮胎好像窄了一点。"销售顾问："抓地力足够的前提下，轮胎窄可以更省油"。

4）预防法

预防可能出现的异议，做到防患未然。例如，"车身重，开起来当然更平稳，但您一定担心耗油会增加，是吧？"

5）补偿法

承认自己产品的某方面的劣势或竞争对手的优势，积极地用自己产品的其他优势来补偿。例如，"虽然缝隙稍大一点，但这款车的隔音做得很好，您不妨试试看……"

6）证明法

陈述第三者的评价和观点，利用客户的从众心理。例如，"待会儿我们去试试，您就知道我们车子加速好不好了。""您可以向我们已购车车主了解有关情况。"

7）主动法

为了发现问题故意激起客户异议。主动提出客户肯定会提出的异议。例如，"您是否对我们产品的质量还有些不放心？"

8）延缓法

延缓太早或不便于回答的异议，给出延缓的理由，向客户表示已经注意到了他的异议。例如，"价格当然很重要，但您更应该选个您喜欢的车，等您真的认为这款车适合您的时候，我们再详细谈谈价格，您看好吗？""我在稍后介绍产品时再向您重点解释。"

9）衡量法

衡量法，例如，"我们的车虽然没有×××，但是我们比××车多出这些配备……您觉得是不是更划算呢？"

**3. 价格异议处理技巧和案例**

1）价格异议处理技巧

（1）不接受客户的第一次议价。若客户提出的期望价格高于成交价，此时销售顾问一定不能立即接受，否则客户立即会产生"价格还可以再便宜"的想法，并在后期的谈判过程中寻找各种理由要求再次降低价格或赠送更多的礼品。

（2）对于客户议价表现出惊讶的态度。在客户提出议价时，客户不会认为你会接受他的议价，但是如果销售人员没有表现出惊讶，等于是告诉客户，这个价格是可以成交的，而之后客户的要求让价的态度会变强硬，附带的条件也会更多。

（3）对客户的议价表现出很为难的态度。

（4）对于客户报出的不合理的价格，以坚定的态度回绝客户，降低客户的期望值，让客户给出一个更合适的价格。

（5）借助公司高层的威力。如果客户要求的价格超出你想要成交的价格，你在两次让利之后客户还是要求再让，你可以借助高层的力量，表明自己实在无能为力，将决定权推到上面，取得客户的相对承诺，让客户表明他现在就有签单的权利。

(6) 避免对抗性的议价。如果客户一开始就反对你的说法，不要和他争辩，千万不可造成对抗的氛围。通过使用“了解”“我明白”“我同意”“感受到”“发现”等字眼来化解对方的敌意，用转化的方法消除对方的抗拒。

(7) 交换条件法。在确认能够成交的基础上，如果客户提出更多的要求，你也要提出一些要求作为回报，可以避免客户再提更多的非分要求。例如，可以说“如果我帮了您这个忙，那么您可以帮我一点忙吗?”

(8) 不主动提及折扣、优惠。

2) 价格异议处理的案例

客户说：“我比较过其他地方，你的价格比人家的要贵几百元”。

第一种应对话术：“其他地方报的价格这么低，可是在他的展厅里是实现不了的，一定还包含了其他的附加条件。您在其他经销商了解的价格能拿到现车吗？现在我们不谈价格。他给您优惠的原因可能是库存车或者是试乘试驾车。假如您在这方面没要求，到时候我们可能会有最优惠的车给您，到时候我一定通知您。前些日子我有个客户原先就是在那里定车的，都已经好几个月了，都没有拿到车。而在我这里定车没多久就上牌了。这通常是某些经销商的一种策略，让您无限期等下去。”

第二种应对话术：“我相信您到外面看过这个车，也知道这个价格。我也相信您说的话。但是×先生，有一点要提醒您的是，买一台车，您付出的价钱不只有车价，还有很多其他的组成部分。就拿我们的优惠来讲，可能我的车价比人家贵几百元，几百元对您来说就是少吃一顿饭的钱。但是您别忘了，我们有送给您价值5000元的服务金卡，而这些个性化的服务是其他家没有办法比的。例如，我们提供的上海地区免费的救援车服务，您如果需要拖车，打个电话给我们，我们的服务人员就会免费给您提供这项服务，一次就可以给您省下300～500元，这样您的钱不是又回来了吗？您不过在外面少吃一顿饭，但这个钱养活了一帮服务人员给您解决后顾之忧，您认为不值得吗?”

### 4. 客户异议处理的典型错误

1) 直接反驳

对客户说：“不”“那是不正确的”“我闻所未闻”“让我来告诉您事实是怎样的”“您这样看问题的方法是错误的”。

2) 无端指责

例如，对客户说：“您应该更仔细地阅读用户手册!”“如果我是您，我会再看看说明书!”“如果您是内行，您就应该知道……”

3) 自我狡辩

例如，对客户说：“我已经尽力了。”“你必须信任它。”“对此我无能为力。”“我已经说得够清楚了……”

4) 盲目同意

例如，对客户说：“您是对的。”“完全正确!”“非常正确!”“非常同意。”

5) 轻视

例如，对客户说：“究竟是谁告诉您的?”“我不知道您从哪里听来这些。”“在您的位置上，您不得不这么说，是吗?”

# 7.4 成交技巧

## 7.4.1 成交信号识别

在销售的成交阶段，销售人员若想很快达成交易，就必须看准成交的信号灯，即客户表现出来的各种成交信号。成交信号，是客户在接受销售人员推荐的过程中，通过语言、行动、情感等表露出来的各种成交信息。这些信息有的是有意表示的，有的则是无意流露出的。

### 1. 语言信号

语言信号是指销售人员在与客户的交谈中发现的客户某些语言所流露出来的成交信息，这种信息可以从客户的询问及措辞中觉察到。在销售过程中，若有以下情况出现，就可能是客户发出了成交信号：客户对销售人员的几次提问都做出积极的反应，并且主动提出成交条件；客户对销售人员的推销说明表示满意，如客户十分肯定地说："这件产品的确不错！"或者"很好！这件产品真的值得购买！"等；客户在听完销售人员的介绍后，高兴地与销售人员谈论自己的利益；客户提出的问题转向了推销细节，例如，"你们的售后服务有何保障？""如果我们购买，你们可以给我们多少折扣？"等。不难看出，客户有购买意向时，往往会通过一定的语言信号流露出来。

一般来说，可以把客户的语言信号总结为以下几类。

(1) 肯定或赞同产品，对产品表示欣赏。

(2) 向销售人员提出参考意见。

(3) 向销售人员打听有关产品的详细情况。

(4) 提出购买细节问题。

(5) 和身边的人议论产品。

(6) 重复问已经问过的问题。

(7) 询问售后服务问题。

(8) 询问很多问题并提出反对意见。

(9) 询问价格折扣问题，开始讨价还价。

(10) 用假定的口吻与语气谈及购买。例如，问"要是……"的问题。

总之，客户的语言信号有很多种，有表示欣赏的，有表示询问的，也有表示反对意见的。应当注意的是，反对意见比较复杂，反对意见中，有些是成交的信号，有些则不是，必须具体情况具体分析，既不能都看成成交信号，也不能无动于衷。只要销售人员有意捕捉和引导客户发出这些语言信号，就可以顺利地促成交易。

### 2. 行为信号

行为信号是销售人员在向客户推销产品的过程中，从客户的某些细微行为中发现的成交信息。一旦客户完成了认识与情感过程，拿定主意要购买产品时，便觉得一个艰苦的

心理过程完成了，于是，会做出与听销售人员介绍产品时完全不同的动作，销售人员可以通过观察客户的动作识别客户是否有成交的倾向。下面是一些常见的客户发出成交信号的行为。

(1) 仔细端详或触摸产品、翻动产品。

(2) 身体前倾并靠近销售人员及产品，或身体后仰，或擦脸拢发，或做其他舒展动作。

(3) 由远到近，多角度观察产品，

(4) 客户对产品表示点头。

以上行为，或许是客户想重新考虑推荐新品，或许是购买决心已定，紧张的思想松弛下来。总之，都有可能表示一种"基本接受"的态度。这时，销售人员建议客户进行试用，大部分客户是绝不会拒绝的。

### 3. 表情信号

表情信号是销售人员在向客户介绍产品时，从客户的面部表情和体态中发现的成交信息。人的面部表情不容易捉摸，眼神更难猜测。但经过反复观察与认真思考，销售人员仍然可以从客户的面部表情中读出以下成交信号。

(1) 频频下意识地点头或眨眼睛。

(2) 表现出感兴趣的神情，变得神采奕奕。

(3) 腮部放松，情绪逐渐变得明朗轻松。

(4) 表情由冷漠、怀疑、深沉变为自然、大方、随和。

(5) 眉毛开始上扬。

(6) 眼睛转动加快。

(7) 嘴唇开始抿紧，好像在品味着什么。

(8) 神色变得活跃起来。

(9) 态度更加友好。

(10) 原先造作的微笑让位于自然的微笑。

以上这些表情信号都表明客户已经有了强烈的购买欲望，促成交易的最佳时间已经到来。这时销售人员完全可以大胆地提出成交的要求了。

### 4. 事态信号

事态信号是销售人员向客户推荐产品时，随着形势的发展和变化表现出来的成交信息。

一般来说，事态信号主要表现在以下几种情况。

(1) 客户征求其他人的意见，如家人、朋友等。

(2) 反复坐在车里感受乘坐感觉。

以上这些，都已比较明显地表现出客户的成交意向。

销售心理学中，客户的语言、面部表情和一举一动，都在表明客户在想什么。从客户明显的行为上，完全可以判断出他是急于购买，还是抵制购买。及时发现、理解和利用客户表露出来的成交信号，并不十分困难。其中大部分能够靠常识解决。具体做法是：既要靠细心观察和体验，又要靠销售人员的积极引导。

### 7.4.2 成交技巧

为了与客户成交，达到销售的目的，应根据不同客户、不同情况、不同环境，采取不同的成交策略，以掌握主动权，尽快达成交易。

下面介绍成交的 11 种技巧，应针对不同的客户灵活使用。

#### 1. 直接要求法

销售人员得到客户的购买信号后，直接提出交易。使用直接要求法时要尽可能地避免操之过急，关键是要得到客户明确的购买信号。例如，“王先生，既然你没有其他意见，那我们现在就签单吧。”当你提出成交的要求后，就要保持缄默，静待客户的反应，切忌再说任何一句话，因为你的一句话很可能会立刻引开客户的注意力，使成交功亏一篑。

#### 2. 二选一法

销售人员为客户提供两种解决问题的方案，无论客户选择哪一种，都是我们想要达成的一种结果。运用这种方法，应使客户避开“要还是不要”的问题，而是让客户回答“要 A 还是要 B”的问题。例如：“您是喜欢白色的还是红色的？”“您是今天签单还是明天再签？”“您是全款还是贷款？”注意，在引导客户成交时，不要提出两个以上的选择，因为选择太多反而令客户无所适从。

#### 3. 总结利益成交法

把客户与自己达成交易所带来的所有的实际利益都展示在客户面前，把客户关心的事项排序，然后把产品的特点与客户的关心点密切地结合起来，总结客户所有最关心的利益，促使客户最终达成协议。

#### 4. 优惠成交法

优惠成交法又称让步成交法，是指销售人员通过提供优惠的条件促使客户立即购买的一种方法。在使用这些优惠政策时，销售人员要注意三点。

(1) 让客户感觉他是特别的，你的优惠只针对他一个人，让客户感觉到自己很尊贵、很不一般。

(2) 千万不要随便给予优惠，否则客户会提出更进一步的要求，直到你不能接受的底线。

(3) 表现出自己的权力有限，需要向上面请示：“对不起，在我的处理权限内，我只能给你这个价格。”然后再话锋一转，“不过，因为您这么远到我们这里，也是诚心想买，我可以向经理请示一下，给你些额外的优惠。但我们这种优惠很难得到，我也只能尽力而为。”这样客户的期望值不会太高，即使得不到优惠，他也会感到你已经尽力而为，不会怪你。

#### 5. 激将法

激将法是利用客户的好胜心、自尊心而敦促他们购买产品。销售员在激将对方时，要显得平静、自然，以免对方看出你在“激”他。

**6. 从众成交法**

客户在购买产品时，都不愿意冒险尝试。凡是没经别人试用过的新产品，客户一般都持有怀疑态度，不敢轻易选用。对于大家认可的产品，他们容易信任和喜欢。例如，客户看中了一款车，却没有想好买不买。销售人员说："您真有眼光，这是目前最为热销的车型，占我们总销量的60%，订单都已经80多台了。"客户还在犹豫。销售员说："我们自己有四个同事都是买的这款车。"客户就很容易做出购买的决定了。

**7. 惜失成交法**

利用"怕买不到"的心理。人对越是得不到、买不到的东西，越想得到它、买到它，这是人性的弱点。一旦客户意识到购买这种产品是很难得的良机，那么他们会立即采取行动。惜失成交法是抓住客户"得之以喜，失之以苦"的心理，通过给客户施加一定的压力来敦促对方及时做出购买决定。一般可以从这几方面去做。

(1) 限数量，主要是类似于"购买数量有限，欲购从速"。

(2) 限时间，主要是在指定时间内享有优惠。

(3) 限服务，主要是在指定的数量内会享有更好的服务。

(4) 限价格，主要是针对要涨价的商品。

总之，要仔细考虑消费对象、消费心理，再设置最为有效的惜失成交法。当然，这种方法不能随便滥用、无中生有，否则最终会失去客户。

**8. 步步紧逼成交法**

很多客户在购买之前往往会拖延。他们会说："我再考虑考虑""我再想想""我们商量商量""过几天再说吧"等，优秀销售人员遇到客户推脱时，会先赞同他们："买东西就应该像您这么慎重，要先考虑清楚。您对这个产品还是很有兴趣的吧，不然您不会花时间去考虑，对吗？"他们只好认可你的观点。此时，你再紧逼一句："我只是出于好奇，想了解一下您要考虑的是什么，是产品的质量吗？"对方会说："哦，不是。"你问他："那是不相信我吗？"他说："哦，不，怎么会呢？"销售人员用层层逼近的技巧，不断发问，最后让对方说出他所担心的问题。你只要能解决客户的疑问，成交也就成为很自然的事。

**9. 协助客户成交法**

许多客户即使有意购买，也不喜欢迅速地签下订单，他总要东挑西选，在产品颜色、配置、交货日期上不停地打转。此时，销售员就要改变策略，暂时不谈订单的问题，转而热情地帮助客户挑选，一旦客户选定了某一产品，你也就获得了订单。

**10. 对比成交法**

写出正反两方面的意见。这是利用书面比较利弊，促使客户下决心购买的方法。销售人员准备纸笔，在纸上画出一张T字形的表格。左面写出该买的理由，右边写出不该买的理由。在销售人员的设计下，必定该买的理由多于不该买的理由。这样，就可趁机说服客户下决心做出购买的决定。

**11. 订单成交法**

在销售即将结束的时候，拿出订单或合约并开始在上面填写资料，假如客户没有制

止，就表示他已经决定购买了。如果客户说还没有决定购买，你可以说："没关系，我只是先把订单填好，如果您明天有改变，我会把订单撕掉，您会有充分的考虑时间"，"王先生，提车日期没有问题，其他内容您看一下，如果没什么问题，您在这儿签个字"。

## 7.5 价格价值商谈分析考核表

汽车价格价值的商谈是继汽车产品介绍、试乘试驾后的第七个核心环节，它建立在客户对汽车具有强烈购买兴趣的基础上。销售顾问在与客户进行汽车价格价值商谈过程中，要始终突出汽车产品在各方面的优势、亮点和卖点，使得客户对产品的价值具有全面的了解。只有这样，客户才不会始终纠缠于"讨价还价"上。对于销售顾问在这个环节工作的考核，可以通过价格价值商谈考核表来进行，见表 7-3。

**表 7-3 价格价值商谈考核表**

销售顾问：＿＿＿＿＿＿＿＿　日期：＿＿＿＿＿＿

销售经理/部门主管：＿＿＿＿＿＿＿＿＿＿

| | 有待提高 | 胜任 |
|---|---|---|
| (1) 在协议开始以前取得售价许可； | □ | □ |
| (2) 说明客户所要求的配置性能的内在价值； | □ | □ |
| (3) 强调所选车型的性能符合客户的购买要求； | □ | □ |
| (4) 提醒客户该品牌车在市场上的竞争优势； | □ | □ |
| (5) 邀请客户购买； | □ | □ |
| (6) 客户提出异议时通过讨论车辆配置、性能及竞品对比来应对； | □ | □ |
| (7) 在适用的情况下，解释租车和购车两种可能； | □ | □ |
| (8) 协议过程陷入僵局时向销售经理或部门主管求助； | □ | □ |
| (9) 取得客户的出价单； | □ | □ |
| (10) 如果协议不成，也要感谢客户； | □ | □ |
| (11) 填写客户记录中价格协议一栏； | □ | □ |
| (12) 始终展示对自己品牌的车的质量及价值的充分了解和信任； | □ | □ |
| (13) 以价值为卖点，而不是价格。 | □ | □ |
| 总体表现： | □ | □ |
| (胜任＝80%的时间能在没有指导的情况下圆满地完成任务) | | |
| 备注： | | |

## 7.6 技能实训：报价方法及技巧实训

### 1. 实训要求及注意事项

(1) 实训时，要认真积极，不允许说笑、打闹；

(2) 服从实训指导教师的安排，未经教师批准，不得擅自离开、启动车辆等；

(3) 车辆、工作场所、通道应保持有序、整洁;

(4) 实训结束后,整理、清洁设备和场地。

**2. 设备/工具/耗材的要求**

(1) 设备:待销售的车辆;

(2) 工具:计算器;

(3) 耗材:报价方法及技巧实训评分表、汽车报价单、车型介绍单页。

**3. 实训目的**

(1) 掌握报价方法;

(2) 掌握报价技巧;

(3) 掌握报价时机。

**4. 实训形式**

(1) 情景模拟:模拟销售场景,进行报价方法和技巧的演练;

(2) 小组竞赛:小组间进行比赛,在比赛中互相学习,了解自身的薄弱环节。

**5. 实训步骤**

(1) 利用 0.5 个课时进行情景案例分析。随机抽取两位学生,一名学生扮演客户,一名学生扮演销售人员,进行汽车销售场景模拟。情景模拟过程中,指导教师和其他学生进行问题的记录。情景模拟结束后,学生先进行点评,然后指导教师进行案例点评、分析。

(2) 利用 1 个课时将学生两两分组、配对,相互进行情景模拟,并互相点评。指导教师在现场进行指导,并记录问题,最后指导教师进行点评及分析。

(3) 利用 1 个课时将学生分成四组,两两进行报价方法及技巧比赛,小组内推荐比赛人员,两组相互交换扮演销售顾问和客户。指导教师利用表 7-4 进行现场打分,并做最后点评。

**表 7-4　报价方法及技巧实训评分**

| 项　目 | 内　容 | 满分 | 得分 |
|---|---|---|---|
| 报价方法 | 使用汽车报价单进行报价 | 10 分 | |
| 报价技巧 | (1) 做好了充分的报价准备 | 10 分 | |
| | (2) 报出了比自己想要价格高的报价 | 10 分 | |
| | (3) 报价过程中正确使用四步报价法 | 50 分 | |
| | (4) 采用了对半报价法 | | |
| | (5) 利用吉利数字进行报价 | | |
| | (6) 适当的时候,采用模糊报价法 | | |
| 报价时机 | 在完成了接待、客户需求挖掘、确定产品、产品介绍、建立了彼此信任,并确定了客户购买时间后,再进行报价 | 20 分 | |

## 练习与思考题

### 1. 选择题

(1) 下面公式正确的是(　　)。

A. 汽车价格＋相关服务＝价值　　B. 价格＝价值＝客户考虑

C. 价格＞价值＝贵　　D. 价格＜价值＝便宜

(2) 报价最好的时机是(　　)。

A. 客户来店咨询价格

B. 客户电话咨询价格

C. 向客户详细介绍车型,客户异议处理后

D. 客户试驾后

(3) 报价技巧有(　　)。

A. 四步报价法　　B. 对半报价法

C. 吉利数字报价法　　D. 模糊报价法

(4) 客户异议的类型有(　　)。

A. 真实异议　　B. 表面异议　　C. 服务异议　　D. 价格异议

(5) 客户异议处理方法有(　　)。

A. 反问法　　B. 缓冲法　　C. 转化法　　D. 适时拒绝

(6) 客户异议处理的技巧有(　　)。

A. 耐心倾听　　B. 表示理解

C. 接受不同意见　　D. 直接拒绝

(7) 以下属于成交信号的是(　　)。

A. 向销售人员打听有关产品的详细情况

B. 和身边人议论产品

C. 重复询问已经问过的问题

D. 客户试驾后

(8) 以下属于成交信号类型的是(　　)。

A. 语言信号　　B. 表情信号

C. 行为信号　　D. 事态信号

(9) 成交技巧有(　　)。

A. 直接要求法　　B. 二选一法

C. 优惠成交法　　D. 激将法

### 2. 判断题

(1) 客户询问价格的时候,为确保客户满意度,应及时报价。　　(　　)

(2) 对客户异议应就事论事,及时解决客户提出的问题。　　(　　)

(3) 对于客户不合理的说法立即反驳。　　(　　)

(4) 客户开始询问很多问题并提出反对意见，表示客户不满，想放弃购买。　（　　）

(5) 客户开始征求家人、朋友的意见，表示客户已经很满意产品，想购买了。　（　　）

### 3. 简答题

(1) 简述汽车销售的流程。

(2) 价值与价格的区别有哪些？

# 模块 8

# 新车交付

## ◎学习目标

**1. 知识目标**

(1) 了解新车交付的意义；

(2) 熟悉新车交付的整个流程；

(3) 掌握新车 PDI 检查的各项内容；

(4) 通过维修(使用)手册，了解列举新车检查项目；

(5) 熟悉新车检查作业的工具、量具及仪器设备的名称、种类、用途及其使用方法，并正确使用；

(6) 能识读并正确填写新车检查单，签字确定责任，且内容齐全、外观整洁；

(7) 能按照新车检查项目在规定时间内进行功能检查，并恢复新车正常状态；

(8) 能描述服务流程，并与相关人员有效沟通，进行情况反馈。

**2. 能力目标**

(1) 通过角色扮演，能够运用交车的基本内容进行情景演练；

(2) 通过情景演练，逐步提高运用交车的关键时刻及行为指导解决实际问题的职业能力；

(3) 通过仪容仪表检查和商务基本礼仪训练，逐步提高职业礼仪规范和素养；

(4) 通过角色扮演，逐步提高沟通能力和团队合作意识；

(5) 通过对交车文件的查阅，逐步提高严谨的工作态度和责任意识。

## ◎案例导入

王小姐在某汽车销售服务有限公司买了一台车，根据预定的时间进行交车，公司对售前汽车进行质量检查工作，工作人员接收工单，承诺一个小时的交车时间，最后工作人员按要求在规定时间内完成新车交付的检查作业，确保王小姐按时拿到符合出厂标准的新车，并一起进行了新车交付仪式。

## ◎学习方案

(1) 前期准备：签单后，第一时间与车辆保管人员确认车辆并备案；如需调拨车辆，提前预约并确认时间，以便准备；通知售后做 PDI 和财务部确认交款事宜。

(2) 工作人员对交付车辆进行 PDI 检测，填写单据。

(3) 销售顾问准备新车交付档案，包括未付款信息、车辆交接表、车钥匙、使用手册；查阅客户的交车需求，清洗车辆、确认临牌及上牌日期。

(4) 交付过程：引领客户确认车辆外观完好，附带产品齐全；介绍新车使用要点、演示车辆各功能使用；重申按时保养及其重要性，介绍售后服务人员与客户认识，并说明售后服务的重要性；介绍服务预约及维修保养的流程，并带领客户参观。

(5) 签车辆交接表，与客户合影留念，预祝客户一路平安，送别客户至看不见为止。

# 拓　扑　图

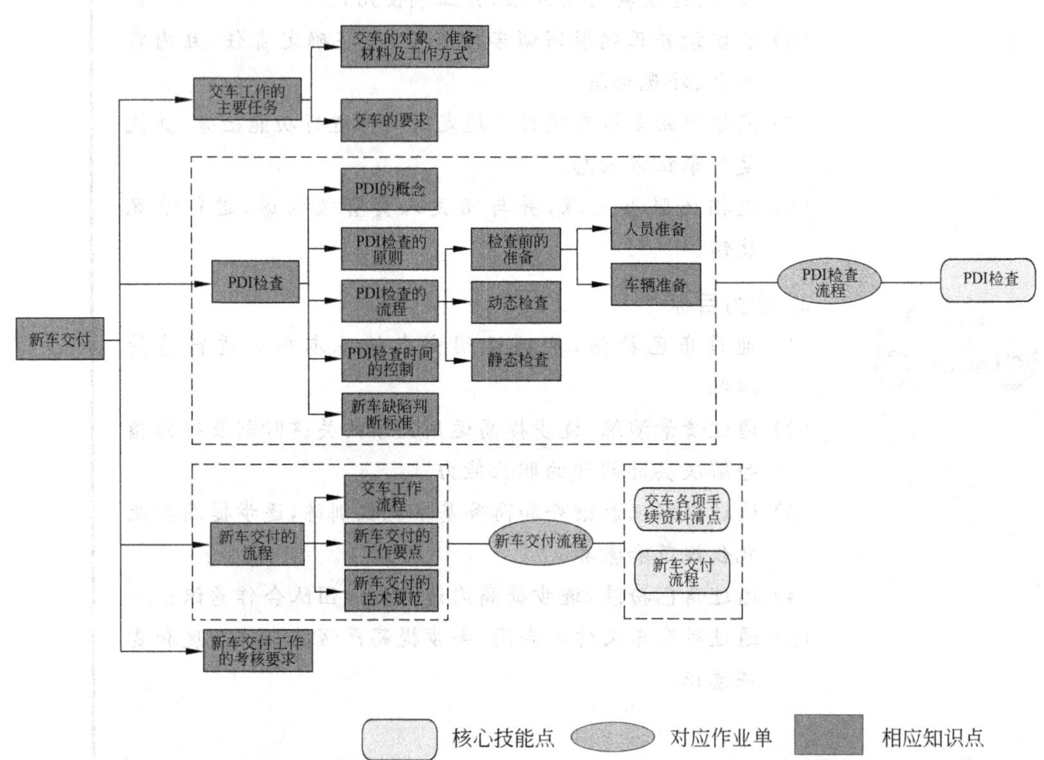

## 8.1 交车工作任务描述

### 1. 工作对象

通过对销售顾问的实际销售工作过程的分析，确定三个主要对象，分别是销售顾问自身、客户和新车。首先，作为一个合格的销售顾问要对自身进行全面的分析，要具备一定的沟通技巧、职业素养、知识储备及团队合作的精神；其次，销售顾问也要详细了解车辆的基本配置、销售合同内容、车辆的操作性能特点以及车辆保养、保修等相关内容；另外，销售顾问要针对不同的客户，通过播放喜庆的音乐、赠送鲜花、合影留念、领导重视及致电关怀等系列活动，为客户营造热情、喜悦、被尊重的氛围，增强客户的归属感。

### 2. 工具与材料

工具：洽谈桌椅、资料夹、汽车营销情境仿真模拟教学系统软件、黑板、投影及计算机等。

材料：样车及车型参数资料、学习材料、名片、车型宣传册、指示牌、饮料、杯子等。

### 3. 工作的方式方法

汽车销售顾问主要采用电话预约、文件清点移交、功能示范、车辆检验和氛围营造的工作方式，通过交车激发客户的热情，加强客户的满意度，建立长期联系，并以此为契机发掘更多商机。汽车销售顾问利用简单易懂的语言，进行针对性的车辆功能示范与介绍，尤其注意结合安全方面，让客户充分了解车辆的操作与使用，体现“客户第一”的理念；介绍说明售后服务的作用以及保养维修的好处，建立客户与售后服务部门的联系。

### 4. 劳动组织形式

一般采用顾问负责制的组织形式，同时注重销售团队的合作，实行轮休制。当客户的要求超出销售顾问权限时，销售顾问必须向销售主管或者销售经理请示后才能答复客户。在教学过程中则应采用两人一组共同配合完成学习任务。两人一组方便互相监督，规范行为，并能够进行相关的情境演练。

### 5. 工作要求

交车工作要求见表8-1。

表8-1 交车工作要求

| | |
|---|---|
| 技术方面 | 掌握所交车型的功能，会向客户示范各种功能的操作 |
| | 牢记车辆的各种配置和尺寸参数，能帮助客户顺利检验车况 |
| 质量方面 | 要求销售顾问热情周到地接待客户，让客户感受到受欢迎和受尊重，满足客户的情感需求 |
| | 要求销售顾问在进行文件清点移交、售后服务介绍时，更全面和细致地向客户解释说明，做好提前告知的义务 |
| | 要求销售顾问在感性交车阶段，通过广播祝贺、播放喜庆音乐、赠送鲜花、合影纪念、领导祝词等多种形式营造出热情的氛围，提升客户的满意度，培养长期、忠实的客户 |

续表

| | |
|---|---|
| 环保方面 | 在整个交车工作过程中,运用5S管理进行工作(5S,即整理、整顿、清洁、清扫、自律,是汽车销售工作必备的素养) |
| | 要求销售顾问在接待客户之前,注意保护展厅交车区和车辆的整洁 |
| | 要求销售顾问在客户离开时,及时清理客户遗留的杂物 |
| | 要求销售顾问在车辆检验时,注重车内外的整洁及车子环保性能介绍 |

## 8.2 新车交付前的PDI检查

### 8.2.1 PDI总述

**1. PDI检测的必要性**

PDI检测是一项售前检测证明,是新车在交车前必须通过的检查。因为新车从生产厂到达经销商处经历了上千公里的运输和长时间的停放,为了向客户保证新车的安全性和原厂性能,PDI检查必不可少。越是高档车辆,其电子自动化程度越高,PDI项目的检查也就越多。例如,未做PDI的新车,会始终在运输模式运行。这种模式只能简单行驶,很多系统没有被激活。强行使用会导致功能不全,甚至会严重损害车辆,给车辆及驾驶员的安全造成极大的危害。正常情况下,各种车辆在使用过程中都要进行正规的维护保养。PDI检查项目范围很广,其中一些细微的检查也许车主根本都没有想过,如电池是否充放电正常、钥匙记忆功能是否匹配、舒适系统是否激活、仪表灯光功能是否设置到原厂要求等。技术人员所做的一切,为的是向客户确保车辆的安全性和驾驶的舒适性。

客户付了钱是不是就可以提车了呢?当然不行。因为将一辆没有检查好的车交给客户,将后患无穷,公司必须对客户负责,客户对此也能够理解。事实上很多客户都是这样要求的,要把车好好地检查一遍。

**2. 经销商售前车辆管理流程**

经销商售前车辆管理流程如图8-1所示。

**3. PDI检查的原则**

经销商售前车辆PDI检查总则如下。

(1) 对于所有交付客户之前的销售车辆,进行100%检查。

(2) 所有PDI检查人员必须经培训并取得资格证书方可上岗。

(3) PDI检查前,车辆必须按照规定的程序进行洗车。

(4) 为避免天气和阳光变化而引起检查结果的变化,PDI在规定的场地进行,或类似的亮度条件下进行。场地要求:检验场地应在室内或遮阳棚下进行,室内或棚内灯光强度在车辆腰线处大于1100Lux。

(5) PDI检查流程分为“动态检查”和“静态检查”部分。PDI检查推荐用车内、车外两名检验员;如果是一人,则应保证覆盖所有检查内容。外观检查应离车1m。必须用气压

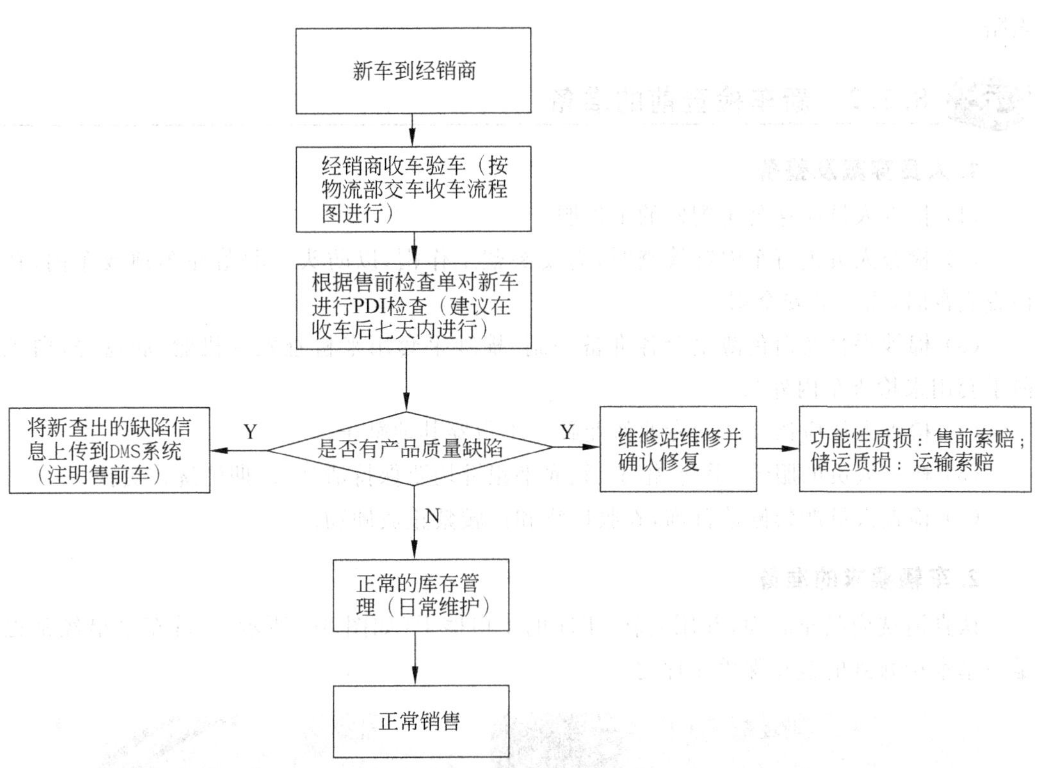


**图 8-1 经销商售前车辆管理流程**

计检查，轮胎气压应符合规范要求。缺陷判断标准根据《售前车辆缺陷判断标准》判定。将检查结果填写在《售前检查单》上，并将相关信息上报。

(6) PDI 整个检查流程时间视车辆复杂程度控制在 20 分钟左右。

### 4. 新车缺陷判断标准

1) 缺陷分类

缺陷可以分为储运质损和功能性质损。

(1) 储运质损。储运质损包括运输质损和储存质损。运输质损指整车在储运过程中，造成的整车(含随车附件)的损坏、遗失、污染、附件与车型不符，以及出现非原厂规定部件的质损。储存质损指在储存过程中发生的车身油漆表面斑点、电瓶馈电、内外饰脏污等质损情况。

(2) 功能性质损。功能性质损指由产品本身质量因素造成的功能性失效、配置错误等质损。主要包括：无外界破坏因素的功能性损伤；零部件的漏装错装；零部件本身的缺陷；无外界破坏因素的部件由内往外凸起；完好保护膜、保护纸下的车身漆缺陷；其他经总厂质量部门确认为功能性质损的缺陷。

2) 缺陷车辆处理

对于储运质损，应在收车检查时查出，并在《整车分拨交接单》上记录，板车司机与经销商双方签字确认。缺陷车辆送修维修站，费用可走运输索赔；对于功能性质损，应在新车到后 7 天内检查，查出的缺陷信息上报系统。缺陷车辆直接送修维修站，费用可走售前索赔。

## 8.2.2 新车检查前的准备

### 1. 人员穿戴及整备

(1) 检查人员应穿公司配发的工作服。

(2) 检查人员进行车内饰检查时,需要头戴工作帽,以防头发脱落在车顶或车内,在检查底盘时,需要戴安全帽。

(3) 棉纱手套及白色薄手套各准备一副,棉纱手套用来检查发动机舱、底盘等,白色薄手套用来检查车内外饰。

(4) 检查人员应该穿车间专业作业鞋。不得穿其他鞋子。

(5) 检查人员的服装、手套、帽子、软底平跟鞋均要保持清洁,定期清洗或更换。

(6) 检查人员严禁佩戴首饰,衣服口袋和裤腰禁止放硬物。

### 2. 车辆要求的准备

认真清洗商品车表面,并用柔软、干净的手巾擦干(如图 8-2 所示)。洗车是最经常也是最基本接触到的爱车保养工序之一。

洗车看起来容易,其实要真的洗好车,也不容易

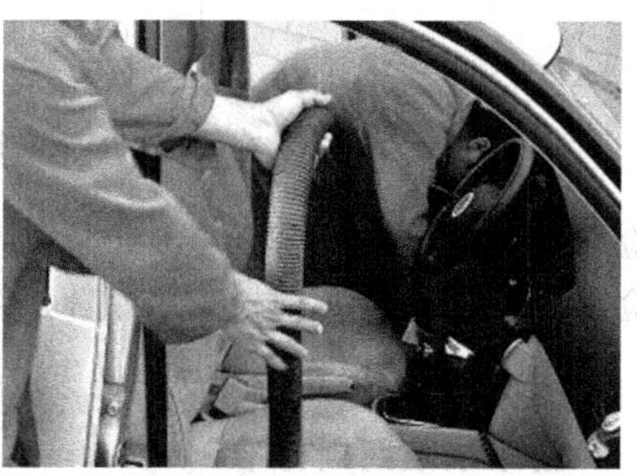

洗车不仅要顾“面子”,也要注意内部整洁

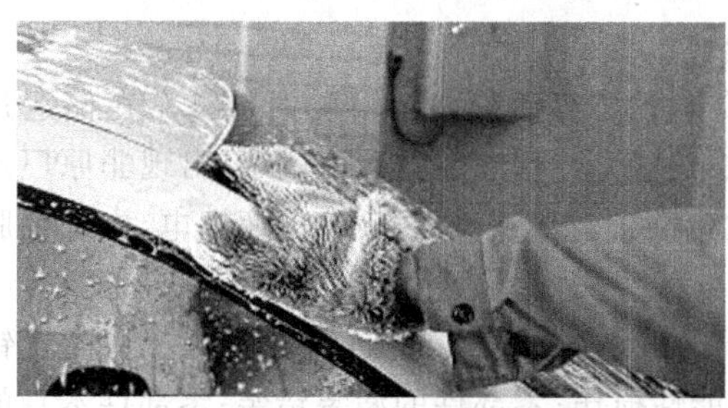

擦拭一定要戴上手套以免刮伤车漆

洗车是个细活儿,急不得

图 8-2 洗车环节组图

### 3. 座椅套、纸脚垫、方向盘套的使用

座椅套、纸脚垫、方向盘套的使用后效果如图 8-3 所示。

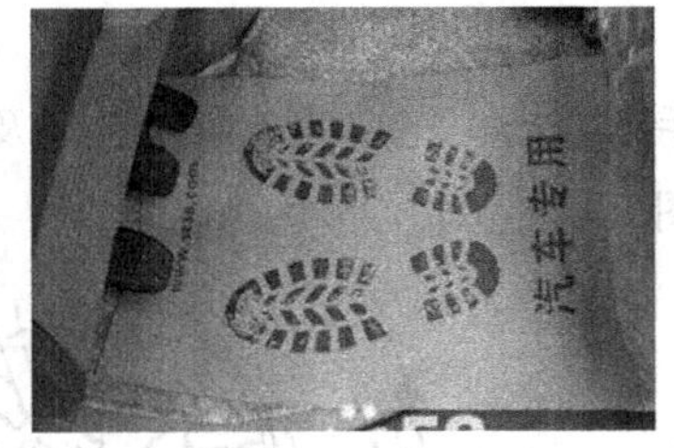

图 8-3　三件套

### 4. 翼子板布和气压表的使用

在检查发动机舱时，要使用翼子板布（如图 8-4 所示），主要是保护发动机前脸、两侧翼子板的漆面防止受损。

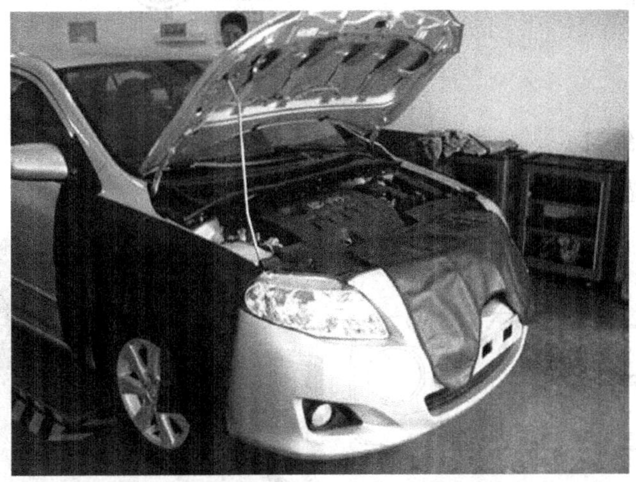

图 8-4　翼子板布

### 5. 蓄电池电压正确检测与充电机的使用

蓄电池电压正确检测与充电机如图 8-5 所示。

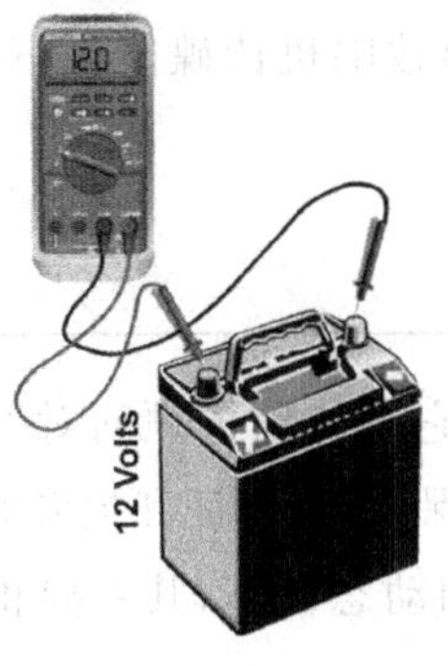

图 8-5　蓄电池电压正确检测与充电机

**6. 气压表的使用**

会使用气压表根据用户手册查出本车型的前后轮胎压及读表，注意单位，能正确给轮胎充气。气压表及其使用如图 8-6 所示。

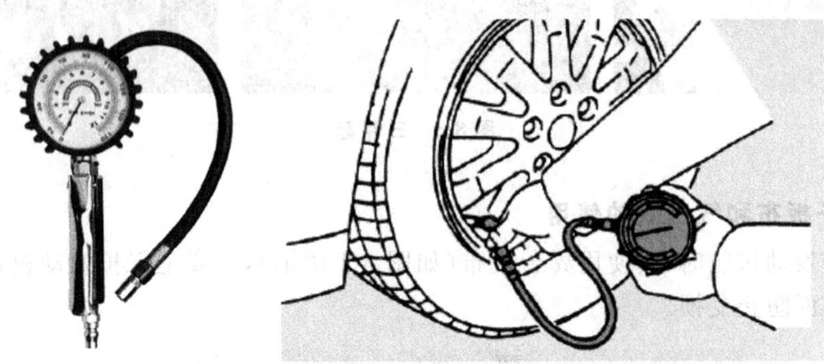

图 8-6　气压表

**7. 车辆举升练习**

注意举升胶垫放置的位置，如图 8-7 所示。

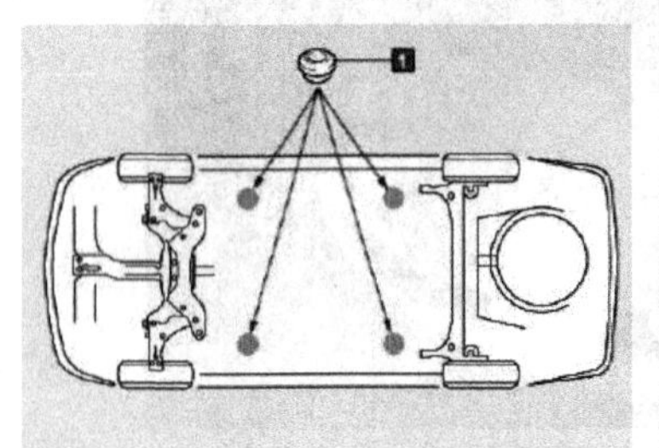


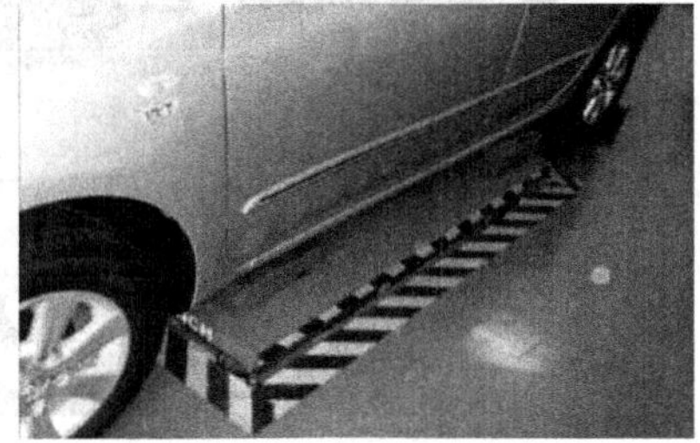

图 8-7　车辆举升

**8. CD 光盘的放置**

请勿使用划伤很大、变形的唱片，这类唱片会使操作失灵或损坏唱机。请保持车内环境及 CD 碟片的清洁，避免灰尘粘附于激光头上，导致唱机读碟能力下降，并最终降低激光头寿命。

## 8.2.3　PDI 检车流程

PDI 检车是新车交付前非常重要的一个环节，它既使销售顾问对所交付的新车状况加以再次确认，同时又使客户提取新车时多了一份保障，是保证和提升客户满意度必不可少的一个环节。PDI 检车的流程主要分静态检车和动态检车，其主要检验的流程可分别参见图 8-8 和图 8-9。

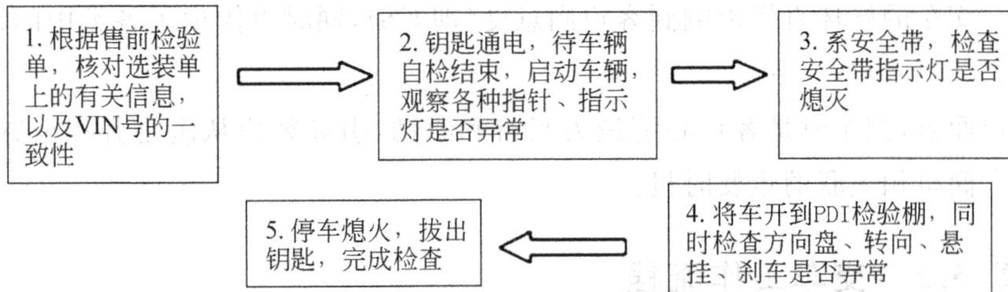


图 8-8　PDI 动态检查示意图

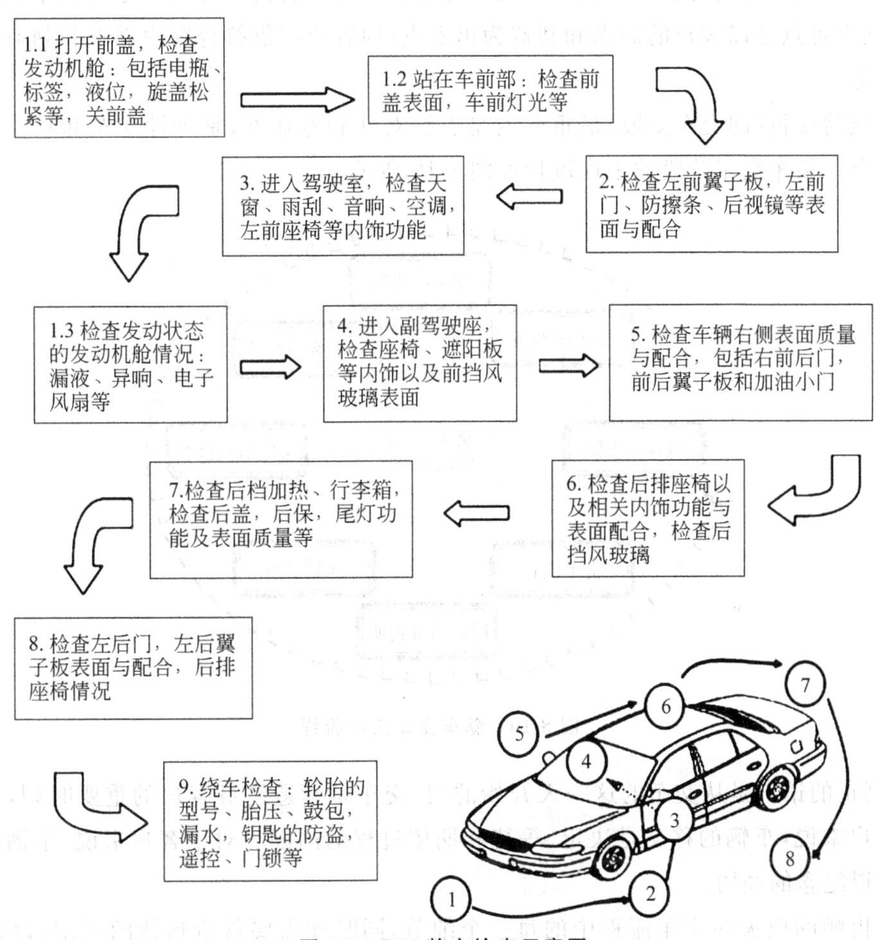


图 8-9　PDI 静态检查示意图

## 8.3　新车交付流程

### 8.3.1　交车

交车是指在约定时间把符合订单内容的车辆呈交客户，为了让客户提出参考建议的系列活动。交车的好坏直接影响到客户满意度(即 CS),同时也体现了各类中间商服务水平的差别。

对客户而言,交车时是客户心情最为兴奋和激动,引导客户从满足升华至感动,同时也是与最大商机相关联的重要时机。

##  8.3.2 交车工作流程

汽车销售顾问是为客户提供顾问式的专业汽车消费咨询和导购服务的汽车销售服务人员,其立足点是以客户的需求和利益为出发点,向客户提供符合客户需求和利益的产品销售服务。

在热情交付(即交车阶段)最重要的是有针对性和专业性,是理性交车和感性交车的完美融合。新车交车阶段的工作流程如图 8-10 所示。

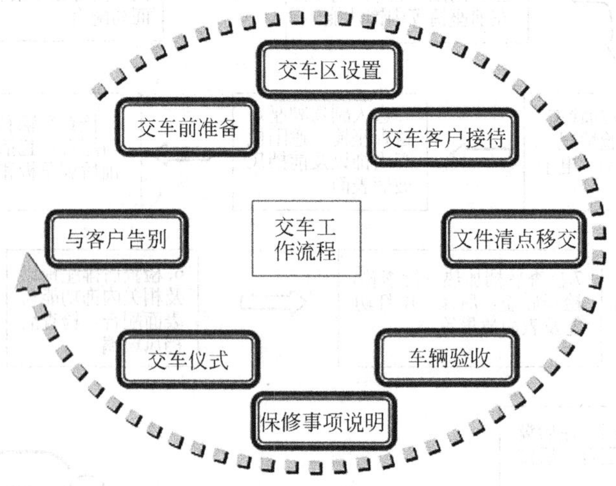


**图 8-10 新车交车工作流程**

“真正的销售是从交车的这一天开始的”! 交车是营造终身客户的重要时刻,对于大多数客户来说,车辆的移交是决定、等待和期望过程的高潮。对于客户来说,车辆移交是一段值得纪念的经历。

销售顾问应关注交车流程中的每一个细节,同时亦需要营造热情的氛围,以便在交车的过程中,通过专业的操作说明和热情周到的服务突出自己服务的特色和优势,延续创造客户热情,可以使你经过努力成交的客户成为你的终身客户,他/她能给你带来更多的业务,他/她能会主动为你推介新客户。进一步赢得客户的心,从而获得长期、忠诚的客户。

##  8.3.3 新车交付工作要点

新车交付工作要点见表 8-2。

**表 8-2 新车交付工作要点**

| 流程动作 | 工 作 要 点 | 时间 | 负责人 |
|---|---|---|---|
| 前期准备 | (1) 签单后，第一时间与车辆保管人员确认车辆，并备案；<br>(2) 如需调拨车辆，提前预约，并确认时间，以便准备；<br>(3) 通知售后做 PDI，和财务部确认交款事宜；<br>(4) 交车人员自查车辆；<br>(5) 准备新车交付档案，包括未付款信息、车辆交接、表车钥匙、《使用手册》；<br>(6) 确认临牌及上牌日期 | 提前<br>3 天 | 销售顾问<br>保管员<br>售后<br>财务 |
| 预约交车时间 | 电话预约：<br>(1) 查阅客户的交车需求；<br>(2) 自查车辆完整性并确认；<br>(3) 告知客户交车时间及约定可行时间段；<br>(4) 提醒客户需携带相关资料及未付款；<br>(5) 通话结束前再次确认交车时间，并致谢 | 提前<br>3 天 | 销售顾问 |
| | (6) 填写车辆交接表，并确认物品齐全；<br>(7) 再次确认车辆外观及功能完好 | 提前<br>1 天 | |
| | (8) 清洗车辆、放置临牌；<br>(9) 准备相机 | 提前<br>3 小时 | |
| 接待客户 | (1) 提前在提车榜上填写好车主信息；<br>(2) 热情迎接客户进门；<br>(3) 引领客户检验新车；<br>(4) 讲解客户需要履行的付款手续；<br>(5) 不能及时接待客户时，引领客户到休息区，提供茶水；<br>(6) 销售顾问不在展厅，接待员应向客户致歉；<br>(7) 客户确认后带客户去财务付款 | 客户<br>到店 | 销售顾问 |
| 交车过程 | (1) 引领客户确认车辆外观完好，附带产品齐全、签车辆交接表；<br>(2) 与客户合影留念，演示车辆各功能使用；<br>(3) 介绍售后服务人员与客户认识，并说明售后服务的重要性；<br>(4) 介绍服务经理、服务顾问及售后服务部门的营业时间。介绍服务预约及维修保养的流程，并带领客户参观；<br>(5) 介绍精品店和精品销售顾问；<br>(6) 介绍公司提供的其他各项服务和相关区域，如客户休息区、儿童娱乐区等；<br>(7) 介绍新车使用要点、重申按时保养及其重要性；<br>(8) 预祝客户一路平安，送别客户至看不见为止 | 交车中 | 销售顾问 |

## 8.3.4 新车交付参考话术

“先生/女士，您好！

在新车交付前，我们对车辆进行了全面的检查，开通了相关的实用功能，并对车辆做了全面的清洁工作，您看是否满意？

今天由我为您介绍车辆的一些常见功能，及在使用过程中的注意事项。

首先向您介绍仪表部分。在接通电源，并正确佩戴好安全带后，仪表上的指示灯会全部亮起，这是车辆在进行自检。待车辆启动后不久，这些提示灯会全部熄灭。如果在行驶中，出现了这个灯（轮胎失压），它代表车辆的某个轮胎的气压与标准气压不符，我们建议您开到最近的轮胎店检查轮胎气压是否正常。如果在仪表盘上出现一个小三角中间有一个感叹号的图标，车辆可能存在燃油不足/时间未调整，或车门没有关闭等情况，中央显示器也有相应的提示。

接着我向您介绍一下车辆的驾驶，其中包含正确的挂挡、驻车制动器的使用、自动起停功能及定速巡航的使用。在车辆启动按钮下方，是自动起停按钮，在正常行驶中该功能处于打开状态，它能减少车辆的尾气排放，降低油耗，从而达到节能环保的好处。如果您不喜欢此功能，可以按下此按钮，该功能不会被激活。在这里是我们车辆配备的定速巡航功能，当您的车在高速行驶时，它能够帮助您保持一定的速度。如果前方有意外情况时，您只要轻轻踩下刹车，此功能会暂时被取消，它可以避免您长期踩油门的不适，本车辆配备的是电子排挡杆，需踩住刹车进行正确挡位的选择。

电子驻车器的使用能够有效地防止车辆在不平路面发生溜坡的情况，避免由此产生不必要的损失。在后方的这个按钮是自动驻车功能，他可以解除您在坡道等车时刻频繁踩制动和油门的烦恼。

现在我给您介绍一下本车 I-Drive 系统的操作，首先给您讲解一下音乐的导入和储存。您可以将网络上下载的歌曲转存到您的 U 盘中，通过副驾驶手套箱中的 USB 接口将 U 盘中的歌曲转移到车载硬盘上，下面我给您演示一遍……

在此功能下还有导航功能，该功能可以引导您所去的地方，您可以通过如下几个途径进行导航的操作，接下来我为您演示一下……

本车带有车辆保养提示功能，您可以通过车辆信息查询车辆临近的保养项目，我来给您演示下如何操作……在此下方的按钮是可以查询车辆的一些简单的故障信息，当仪表上出现三角形中间有个感叹号的图标时，您可以进入此选项查看是什么问题。

我们的座椅带有座椅记忆功能，首先需要您对适合自己的位置进行调整，然后通过记忆功能进行储存，可以免去您经常调节座椅的麻烦，现在由我给您演示一下……

根据厂家的建议，新车在磨合期内车速不要高于 120km/h，发动机转速不能大于 4500 转，当车辆行驶过 2000km 后，车辆可以按照路面实际情况进行行驶。您的这款车的首保里程为××××km。由于本车对燃油要求比较高，而我们国内的燃油品质无法完全达到车辆的用油要求，所以我们建议您使用原厂燃油添加剂，来保证车辆的行驶稳定性，避免因燃油问题产出不必要的用车耽误。

我们在做新车检查时，已经按照您的轮胎的型号把胎压调整至标准值，平时您可以参考气压铭牌进行调整。我们的轮胎采用的是泄气保用轮胎，当气压不足或扎钉时，您可以以 80km/h 的速度最长行驶 80km 去就近的 4S 店检查或更换轮胎，但如果长期处于无气压行驶，可能会造成轮胎的损伤，所以当车辆出现轮胎失压灯时，请就近进行轮胎的检查。这个是我们车辆安装的防盗螺丝，它可以有效地防止轮胎被盗，一台车仅有一套，在使用时需要注意不能使用风动工具，只能使用手工拧紧，否则可能会导致防盗螺丝的损坏，不能及时将轮胎进行拆卸。

车辆功能就给您介绍到这儿，您看您还有其他的问题吗？”

客户回答（客户无问题）。

“好的，我们公司会定期开展新车课堂的活动，您到时可以来参加，车辆如果在使用中有问题，把您需要解决的问题告诉我们，我们会为您进行解答。

最后祝您用车愉快！再见！”

## 8.4　新车交付工作考核表

在 8.3 中，我们提到新车交付前需要进行 PDI 的静态和动态检查，本节我们将销售顾问在交车前具体需要检查的内容通过表 8-3 进行系统的罗列，以便同学们进行详细的了解。

表 8-3　车辆交车检验表

| 检验内容 | 状态 | | 检验内容 | 状态 | |
|---|---|---|---|---|---|
| | 正常 | 非正常 | | 正常 | 非正常 |
| 交易发票 | | | 清洗液 | | |
| 行驶证 | | | 电器部分 | | |
| 车辆登记证 | | | 中央门锁 | | |
| 附加费凭证 | | | 电动门窗、天窗 | | |
| 养路费凭证 | | | 雨刮器 | | |
| 保险单/卡 | | | CD、收音机 | | |
| 质保书 | | | 喇叭 | | |
| 说明书 | | | 空调及出风口 | | |
| 钥匙 | 把 | | 点烟器、烟灰缸 | | |
| 遥控器 | 个 | | 驻车制动器 | | |
| 外表 | | | 防盗器 | | |
| 车门 | | | 内饰 | | |
| 发动机盖、后备箱盖 | | | 座椅、安全带 | | |
| 油箱盖 | | | 内、外后视镜 | | |
| 前车灯 | | | 组合开关 | | |
| 前雾灯、侧转向灯 | | | 太阳膜 | | |
| 刹车灯 | | | 地板胶 | | |
| 后尾灯、雾灯 | | | 地脚垫 | | |
| 倒车灯 | | | 杂物箱 | | |
| 轮毂罩 | | | 随车工具 | | |
| 发动机室 | | | 千斤顶 | | |
| 机油 | | | 三角警示牌 | | |
| 冷却液 | | | 灭火器 | | |
| 刹车油 | | | 备胎 | | |
| 电瓶 | | | CD 碟包 | | |
| 备注： | | | 备注： | | |

验车顾问：＿＿＿＿＿＿　客户：＿＿＿＿＿＿　交车时间：　　年　月　日　时　分

作为一名销售顾问，他在交车环节的工作表现和4S店具体对其该环节的考核标准，我们可以参考表8-4(新车交付流程考核评分表)来进行，从而销售顾问也可以通过该表对自己的工作是否符合岗位要求进行自评。

表8-4　新车交付流程考核评分表

| | 新车交接流程考核 | 分值 | 得分 |
|---|---|---|---|
| 交车前准备 | 车辆是否完成PDI预检(提问项) | 1 | |
| | 是否确定随车工具、随车文件齐全(提问项)，含所有证件 | 2 | |
| | 确认精品配件加装是否完成 | 2 | |
| | 是否交车前一天填写车辆出库凭证(提问项) | 1 | |
| | 确认车辆清洁完成(外观，发动机，车内卫生，有无异味) | 1 | |
| | 再次检查并确认车辆有无损伤(漆面有无划伤，凹痕)，车辆是否正常 | 1 | |
| | 是否已完成车辆的电子系统和常用设备调试 | 1 | |
| | 确认车辆油量符合标准(×升) | 2 | |
| | 再次与客户确认交车时间，提醒客户带齐必要的文件和证件 | 1 | |
| | 提前通知服务人员交车时间 | 2 | |
| | 小计 | 14 | |
| 介绍流程 | 迎接客户，并引导客户至交车区域 | 1 | |
| | 是否提供饮品让客户选择 | 2 | |
| | 销售顾问是否在约定好的时间内交车 | 2 | |
| | 销售顾问向客户讲解交车程序及交车持续时间 | 2 | |
| | 小计 | 7 | |
| 新车检验 | 销售顾问和客户按照《PDI检查表》上所列项目对车辆进行检查签字确认，并进行操作演示 | 1 | |
| | 鼓励客户动手完成引擎盖、后备箱的开启 | 1 | |
| | 介绍发动机机舱内的各基本部件位置(发动机、机油尺、雨刮水位置等)，及使用注意事项 | 4 | |
| | 车辆挡位介绍，使用及注意事项(特别是自动挡车型) | 3 | |
| | 方向盘上的控制键使用(包括定速巡航，限速器使用，音响操控键的使用，喇叭位置) | 8 | |
| | 灯光控制键的位置、使用、注意事项，并鼓励客户亲自动手操作 | 3 | |
| | 雨刮器的位置、使用、注意事项，并鼓励客户亲自动手操作 | 2 | |
| | 音响系统的使用(包括蓝牙操作，收音机设定，CD或DVD播放，导航、倒车影像的使用)并鼓励客户亲自动手操作 | 8 | |
| | 空调的开关位置使用方法，除雾功能的介绍，鼓励客户操作 | 2 | |
| | 观后镜的使用方法及调节，鼓励客户亲自动手 | 2 | |
| | 日常车辆的简单检查方法(指示灯的提醒功能及表示的含义) | 5 | |
| | 邀请客户对交付车辆进行试驾检查 | 2 | |
| | 小计 | 41 | |

续表

| | 新车交接流程考核 | 分值 | 得分 |
|---|---|---|---|
| 安全配置说明 | 结合2013年交规，在现场设定好蓝牙系统（实操），并指导客户如何使用 | 2 | |
| | SRS安全气囊作用说明及注意事项的提醒 | 2 | |
| | 安全带、儿童安全座椅的使用及注意事项 | 2 | |
| | 安全警示牌的车内存放位置及使用注意事项 | 2 | |
| | 备胎的位置、更换方法、注意事项，并鼓励客户亲自动手操作 | 2 | |
| | 小计 | 10 | |
| 手续交接 | 核对所有款项交齐，并告知客户款项交付完毕，告知客户按照合同已兑现承诺 | 2 | |
| | 与客户逐一核对手续，核对无误后签订《手续交付确认单》 | 2 | |
| | 签字确认后，将所有文件装入印有公司名称和地址的文件袋内，交予客户 | 2 | |
| | 小计 | 6 | |
| 交车 | 销售顾问/经理和客户留影纪念 | 2 | |
| | 适时请客户帮助介绍朋友购车 | 2 | |
| | 销售顾问简要介绍了经销商的设施（如售后区域等） | 2 | |
| | 销售顾问向客户引荐经销商客户关系中心金领结服务长 | 2 | |
| | 服务人员是否邀请客户参与售后服务十分钟课堂 | 1 | |
| | 主动告知客户已经为车辆加了××L油，足够行驶××km去附近加油站（加油站位置，如何到达） | 2 | |
| | 主动告知客户加油口的位置及开启方法，鼓励客户动手操作，告知油量表的注意事项或行车电脑显示的可行驶里程 | 2 | |
| | 帮助客户调整好座椅，再次提醒驾车注意事项（行驶慢些）及交通安全 | 2 | |
| | 提醒客户回家路线，提供地图或导航的设定，鼓励客人独立操作 | 2 | |
| | 客户离开时，销售顾问是否向客户表示感谢 | 2 | |
| | 送客户到门口，目送客户离开 | 1 | |
| | 当日录入DOSS系统（提问项） | 2 | |
| | 小计 | 22 | |
| | 总分 | 100 | |

销售顾问签名：　　　　　　　　　　　　　　考核人签名：

## 8.5　技能实训：PDI检查

### 1. 实训要求及注意事项

(1) 熟悉PDI检查内容和基本要求；

(2) 按规程进行PDI检查，正确填写检查记录表；

(3) 对照实物现场回答汽车仪表使用功能；

(4) 对照实物现场回答汽车灯光配置及作用；

(5) 对照实物现场回答汽车故障指示灯含义及应急措施；

(6) 应注意观察其他同学的情况,防止开闭舱盖、车门伤到同学;

(7) 实训结束,整理清洁工具和场地。

**2. 设备/工具/耗材的要求**

(1) 举升机、3t 的千斤顶、万用表工具、蓄电池充电机、气压表及轮胎充气机、小型手动工具、工具小车、电筒、工具灯、两张 CD 光盘及一张 DVD 光盘、干净的抹布、蓄电池检测仪、直尺、扭力扳手(90～300N·m)、诊断仪、吹风机;

(2) 座套、把套、脚垫、翼子板布、布、垫板、内饰清洗剂、润滑油/脂;

(3) 随车附件、汽车维修手册、汽车使用手册、车辆、多媒体设备。

**3. PDI 检查流程(以 Nissan 为例)**

1) 液面及皮带、管路检查

(1) 关闭发动机。注意,在发动机上工作时一定要使用翼子板罩,如图 8-11 所示。

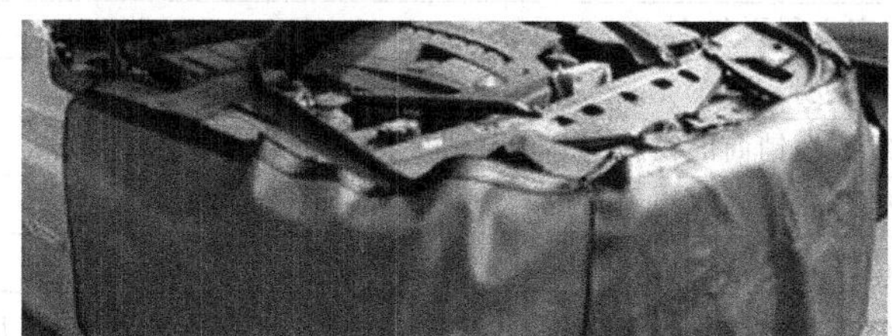

图 8-11 使用翼子板罩

(2) 检查冷却液液面高度,如图 8-12 所示。取下散热器盖,确认冷却液达到散热器的颈部。确认冷却液液面位于储液罐的 MAX(最高)位置。如果液面太低,应添加。

图 8-12 检查冷却液液面高度

(3) 检查风窗洗涤液液面高度,如图 8-13 所示。如果液面太低,应添加。

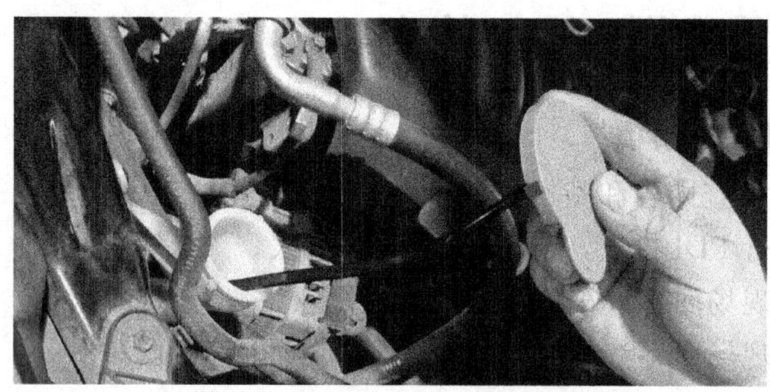

图 8-13 检查风窗洗涤液液面高度

(4) 检查发动机机油油面高度，如图 8-14 所示。确保油面位于"L(低)"标记和"H(高)"标记之间。液面很低时应添加机油。不要过量添加机油。

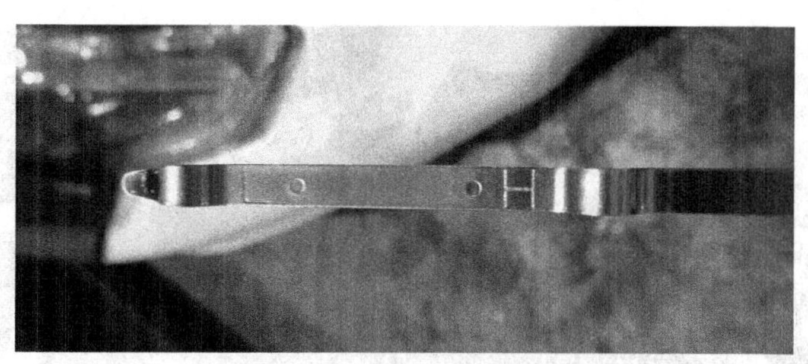


图 8-14　检查发动机机油油面高度

(5) 检查制动器和离合器总泵的液面高度，如图 8-15 所示。检查液面高度，如果需要，应添加 DOT-3 动液。如果液面非常低，应检查整个系统是否泄漏。

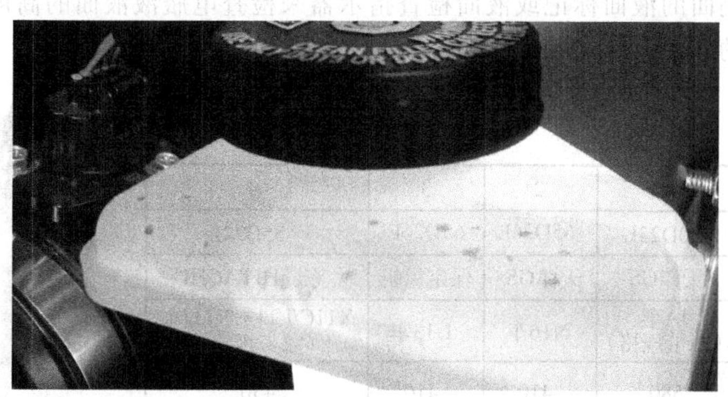

图 8-15　检查制动器和离合器总泵的液面高度

(6) 检查动力转向液液面高度，如图 8-16 所示。当动力转向液冷却后，检查其液面高度。如果需要，添加动力转向液。注意，装有电控助力的车不需要做此项检查。

图 8-16　检查动力转向液液面高度

（7）检查电瓶状态。检查电瓶接线柱的紧固情况和接线柱状态，如图 8-17 所示。用手摇晃电瓶，确保电瓶支架牢固地固定住电瓶。

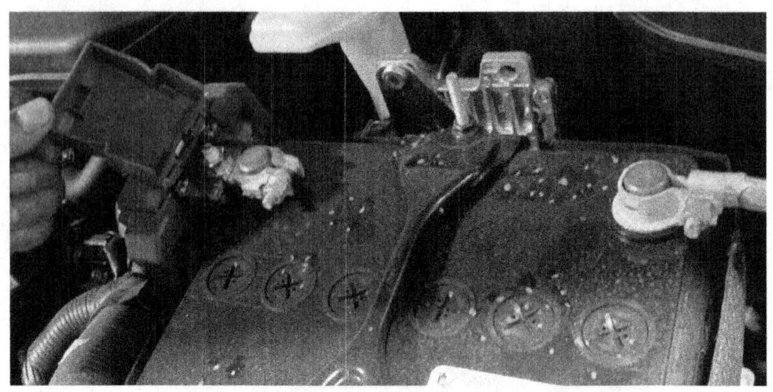

图 8-17 检查电瓶接线柱的紧固情况和接线柱状态

通过电瓶侧面的液面标记或液面检查指示器来检查电瓶液液面的高度。使用电瓶检测仪检测电瓶的好坏，如图 8-18 所示。

| No. | 1 | 2 | 3 | 4 |
|---|---|---|---|---|
| 电池TYPE | 80D23L | 65D26L | 65D26L | 55B24L |
| Supplier | 天津GS | 天津GS | 保定风帆 | 东莞HITACHI |
| MODEL | JA车（寒带规格） | N16车 | U13车 | X11C/L11K/R11J车（寒带规格） |
| CCA推荐值 | 580 | 410 | 410 | 430 |

图 8-18 电瓶检测仪及参考标准

（8）检查传动皮带的张紧度，如图 8-19 所示。先检查皮带表面是否有裂纹、刮损，如有不良，则更换。再按压皮带在皮带轮之间的中间位置来检查传动皮带的张紧度。参见维修手册 SDS 中在以 98N(10kg，22lb)的力按压皮带时，每个车型的皮带偏移量。如有不良进行调整。注意，QR、MR 系列发动机不用检查传动皮带的张紧度。

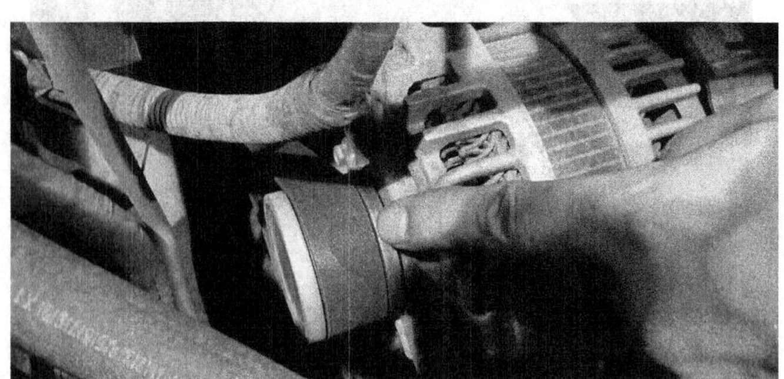

图 8-19 检查传动皮带的张紧度

(9) 检查发动机舱内是否有油液泄漏,如图8-20所示。检查下列项目是否有泄漏:发动机机油、散热器内的冷却液、软管接头、水泵、制动器和离合器管路、动力转向管路、燃油管路。

图8-20　检查发动机舱内是否有油液泄漏

2) 车身检查

(1) 检查车门和门锁的工作情况。

① 确保所有的车门都能够顺利地打开和关闭,并且没有松动、卡滞或噪声,如图8-21所示。向前后车门、行李箱盖或尾门铰链处加润滑剂。检查行李舱灯光的工作情况和内饰/地板垫、后座椅部分的罩。如果配备了遥控闭锁/开锁装置,应检查其工作情况。如配有智能钥匙,应确认门请求开关的工作情况。

图8-21　确保所有的车门都能够顺利地打开和关闭

② 检查车门与车身之间的缝隙和正确定位,如图8-22所示。必要时应进行调整。确保密封条粘接良好。

③ 使用开启器或钥匙打开行李箱盖(尾门),确保能够平顺地打开,如图8-23所示。

④ 使用外侧和内侧手柄打开车门,确认所有车门都能够平顺地打开和关闭,如图8-24所示。

⑤ 确保车门在锁止时不能被打开。

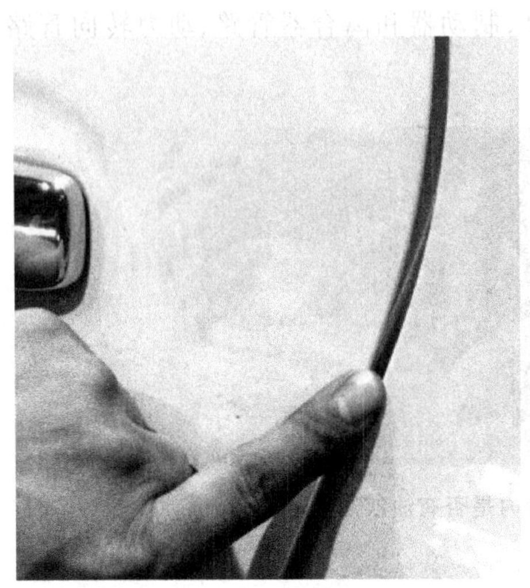

图 8-22　检查车门与车身之间的缝隙和正确定位

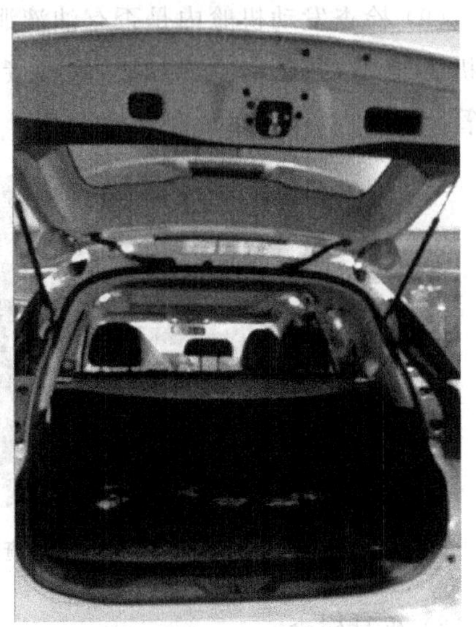

图 8-23　使用开启器或钥匙打开行李箱盖(尾门)

图 8-24　使用内侧手柄打开车门

⑥ 确保使用钥匙能够锁止前车门,并为其开锁,如图 8-25 所示。确保电动门锁控制系统工作正常,使用电控中央门锁开关可以锁止所有车门并为其开锁,如图 8-26 所示。

图 8-25　使用钥匙锁止前车门和开锁

图 8-26 电控中央门锁开关

(2) 检查儿童保护功能，如图 8-27 所示。确保儿童保护装置处于锁止位置时，后门不能使用门内手柄打开，但能够使用门外手柄打开。

(3) 检查发动机罩的工作情况，如图 8-28 所示。确保使用释放手柄时发动机罩很容易打开和关闭，并且没有松动、卡滞或噪声。为发动机罩铰链涂润滑剂。

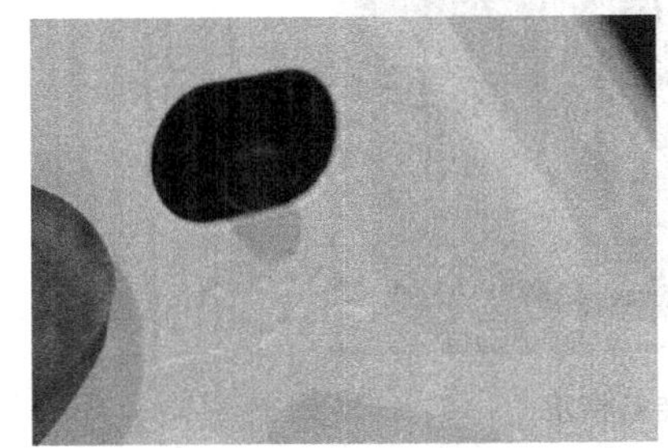

图 8-27 检查儿童保护功能

图 8-28 检查发动机罩的工作情况

检查发动机罩和翼子板之间的缝隙及正确定位，如图 8-29 所示，必要时应进行调整。

图 8-29 检查发动机罩和翼子板之间的缝隙及正确定位

(4) 检查燃油加注口盖的工作情况，如图 8-30 所示。检查使用开启器时，燃油加注口盖能否顺利打开。检查盖与车身之间的缝隙和正确定位，必要时应进行调整。为燃油加注口盖铰链涂润滑剂。

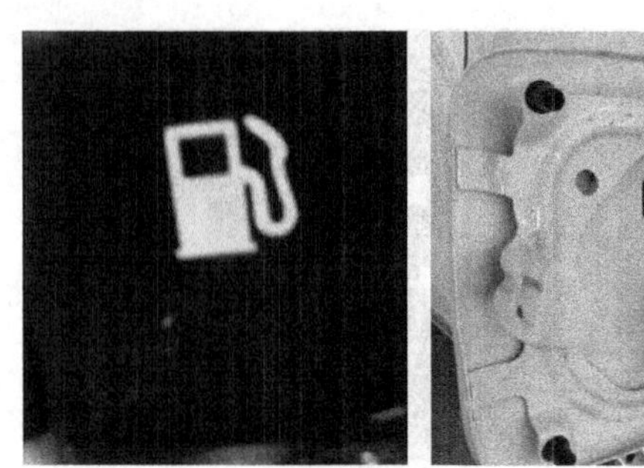

图 8-30　检查燃油加注口盖的工作情况

(5) 检查千斤顶和工具装备情况,确保所有工具都在正确的位置上,如图 8-31 所示。

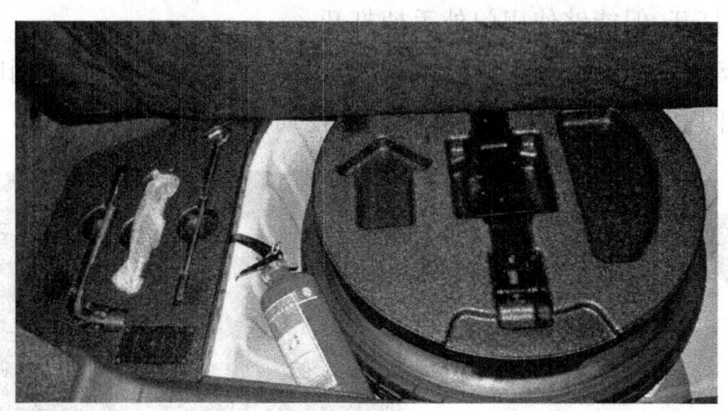

图 8-31　检查千斤顶和工具装备情况

(6) 检查备胎压力和安装情况,如图 8-32 所示。使用气压表确保备胎已经正确充气。如压力不正确,用充气机充气。确保备胎牢固安装。

图 8-32　检查备胎压力和安装情况

(7) 调整轮胎压力,如图 8-33 所示。按照轮胎标签上标明的规格调整轮胎压力。

(8) 检查车轮螺母扭矩和安装轮罩,如图 8-34 所示。参考手册查看紧固扭矩。安装轮罩、轮毂罩或装饰环。

3) 车辆举升检查

(1) 目视检查所有轮胎是否有缺陷或损坏,如图 8-35 所示。

图 8-33　调整轮胎压力

图 8-34　检查车轮螺母扭矩和安装轮罩

图 8-35　目视检查所有轮胎是否有缺陷或损坏

(2) 检查齿轮油液面，如图 8-36 所示。检查手动变速箱/变速驱动桥、差速器的齿轮油液面。注意，检查油位时，请勿启动发动机。

图 8-36　检查齿轮油液面

(3) 检查是否有油液泄漏,如图 8-37 所示。彻底检查车身底板是否有泄漏,包括制动管路、离合器管路、燃油管路、发动机机油、T/M(变速箱)、转向机油(如有配置)、差速器齿轮油。如果减振器漏油,调整其固定方式或更换损坏部件。

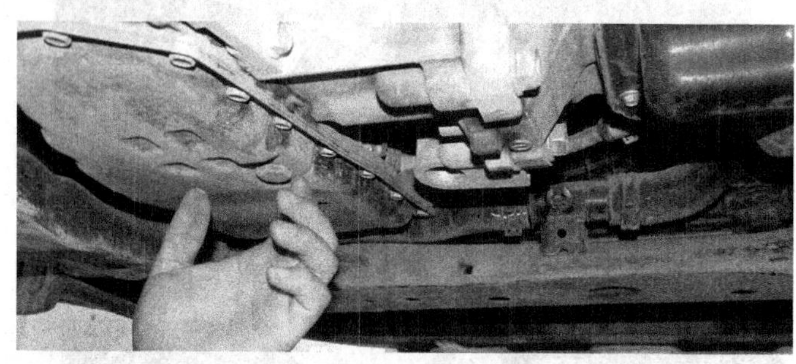

图 8-37　检查是否有油液泄漏

(4) 目视检查悬架与转向系统的螺栓/螺母的紧固情况,如图 8-38 所示。根据各固定螺栓的颜色标记,确认螺栓是否出现松动。

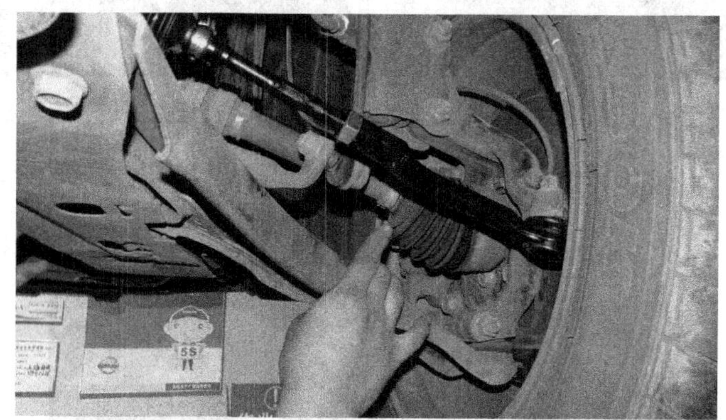

图 8-38　目视检查悬架与转向系统的螺栓/螺母的紧固情况

(5) 检查排气系统的装配情况,如图 8-39 所示。用手摇晃排气系统,检查它是否有不正确的装配、干涉、松动或是否锈蚀。

图 8-39　检查排气系统的装配情况

(6) 检查车身下面是否有典型的损耗，例如生锈，如图 8-40 所示。检查时，需特别注意制动管路、燃油管路、转向连杆和防尘罩、驱动轴防尘罩、驻车制动拉线等。如有损坏，需更换部件。

**图 8-40 检查车身下面是否有典型的损耗**

4) 车辆内部检查

(1) 检查座椅的工作情况，如图 8-41 所示。确保所有前排座椅的调整都能够顺利进行(手动或电动)。

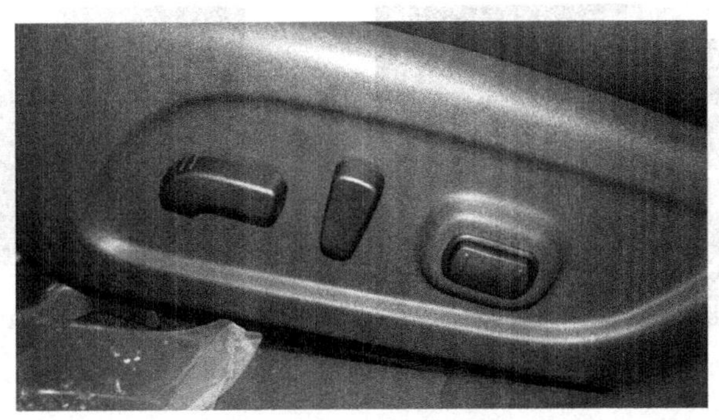

**图 8-41 检查座椅的工作情况**

(2) 检查安全带的工作情况，如图 8-42 所示。检查安全带是否扭曲、脏污或损坏。如有脏污，使用中性肥皂液或用于车内装饰和地毯的清洗液进行清洗，然后置于阴凉处晾干。检查安全带能否平顺地拉伸和卷收，以及搭扣的工作情况，确保在突然拉动时安全带能够锁止。

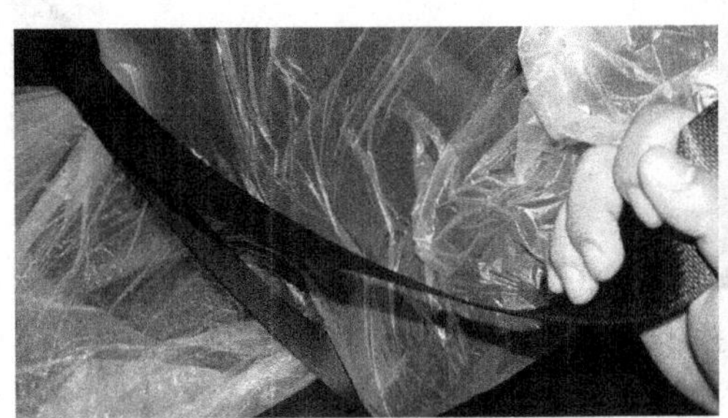
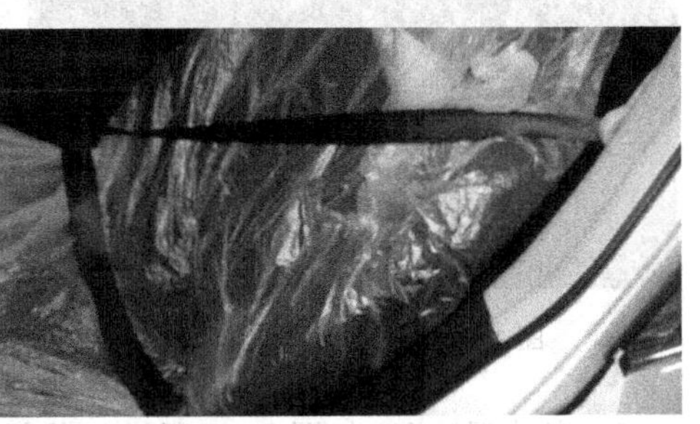

**图 8-42 检查安全带的工作情况**

检查肩部的安全带固定点能否调整，如图 8-43 所示。

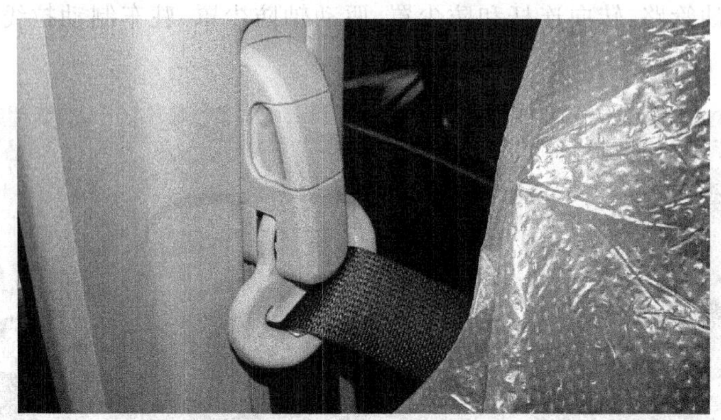

图 8-43　肩部的安全带固定点

(3) 检查方向盘的锁止和调整，如图 8-44 所示。确保在没有点火钥匙转动方向盘时，它能够锁止，且插入钥匙后能够被释放。确保方向盘倾斜调整能够平滑进行并且能牢固锁紧。

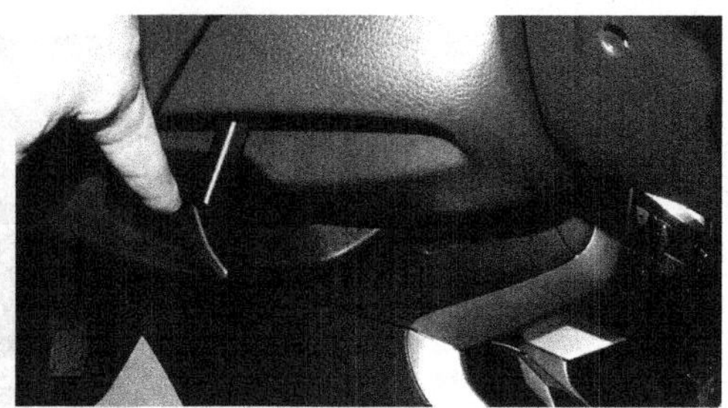

图 8-44　检查方向盘的锁止和调整

(4) 检查手套箱盖、控制台杂物箱盖、烟灰缸/点烟器和遮阳板的工作情况，如图 8-45 所示。确保手套箱盖和控制台杂物箱盖能够顺利开启和关闭。确保打开手套箱时，手套箱灯能点亮(如有配置)。确保烟灰缸能够顺利开启和关闭。确保烟灰缸完全清洁。检查点烟器的工作情况。确保前排左右遮阳板能够顺利开启和关闭。

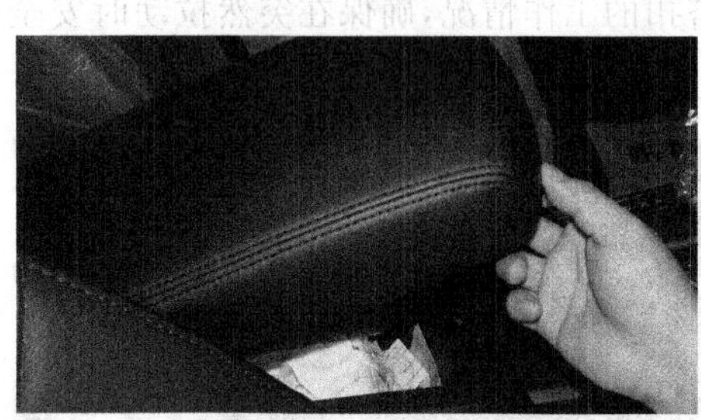

图 8-45　检查手套箱盖、控制台杂物箱盖、烟灰缸/点烟器和遮阳板的工作情况

(5) 安装保险丝，如图 8-46 所示。若保险丝在运输过程中为了防止电瓶亏电而取下，则进行安装。

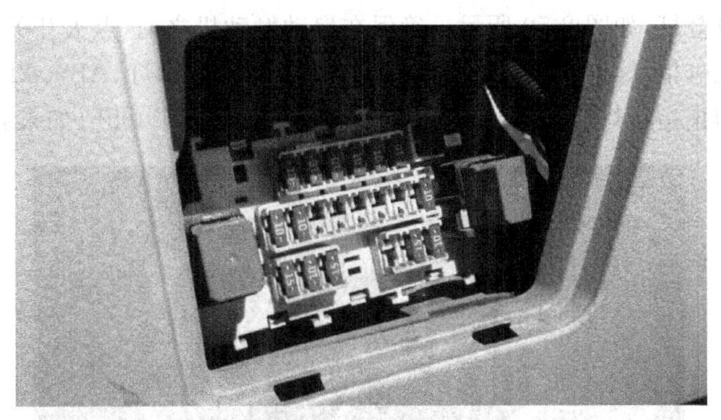

图 8-46 安装保险丝

(6) 设置时钟。将时钟设置到正确的时间。

(7) 收音机电台预设,如图 8-47 所示。把收音机预设到当地的电台。如果有 CD 播放器,检查其工作情况。

(8) 调整 NAVI。如果车辆配置了 NAVI,调整车辆在地图上的正确位置。

(9) 调整倒车影像,如图 8-48 所示。如果车辆配置了倒车影像,拉上手刹,将换挡杆置于 R,检查显示屏上的影像中汽车宽度和距离的轮廓线。

图 8-47 收音机电台预设

图 8-48 调整倒车影像

(10) 确认前排座椅加热/按摩功能(如有配置)。

(11) 确认电动后遮阳帘的功能(如有配置)。

(12) 检查车内后视镜和车外后视镜的工作情况,确保能够很容易地进行调整,如图 8-49 所示。

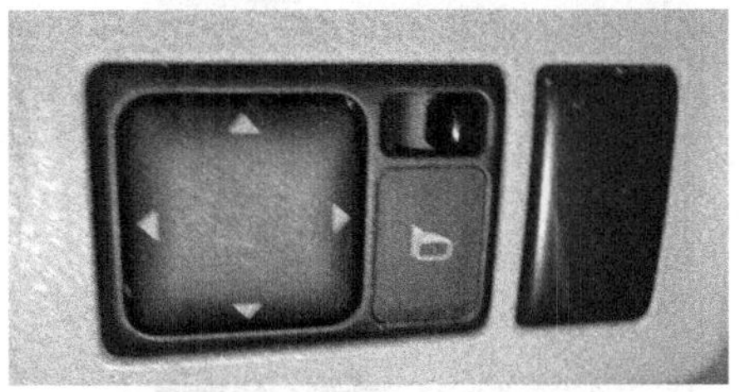

图 8-49 检查车内后视镜和车外后视镜的工作情况

(13) 检查报警灯,如图 8-50 所示。确保在启动发动机之前,点火开关处于 ON 位置,驻车指示灯、电瓶充电指示灯、机油压力指示灯、发动机故障指示灯、ABS、AT CHECK、水温指示灯、智能钥匙锁止指示灯\KEY(如果装备)、气囊,SLIP\VDC OFF(如果装备)正常。

图 8-50 检查报警灯

(14) 启动发动机。拉上驻车制动,启动发动机。确保所有报警灯,包括充电报警灯和机油压力报警灯,立即熄灭。启动后立即检查启动性能,查看是否有噪声和振动、怠速过高、怠速不稳或怠速波动等问题。

(15) 检查内部灯光,如图 8-51 所示。打开灯光,确保所有仪表板灯光全部点亮。检查当开关位于“high(远光)”或“passing(超车)”位置时远光指示器的情况。

检查转向信号指示器和危险报警灯,如图 8-52 所示。确保在完成向左和向右转弯之后,转向信号能够自动熄灭。

图 8-51 检查内部灯光

图 8-52 检查转向信号指示器和危险报警灯

通过开关和车门打开并关闭,确认内部灯光和踏步/礼貌灯工作正常,如图 8-53 所示。检查阅读灯和化妆镜灯的工作情况,如图 8-54 所示。

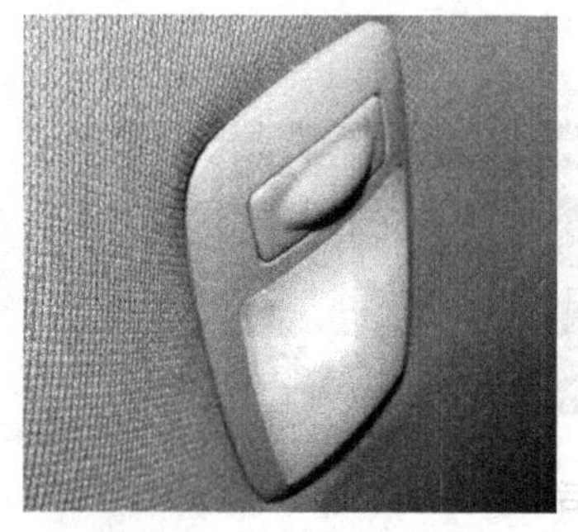

图 8-53 确认内部灯光和踏步/礼貌灯工作正常

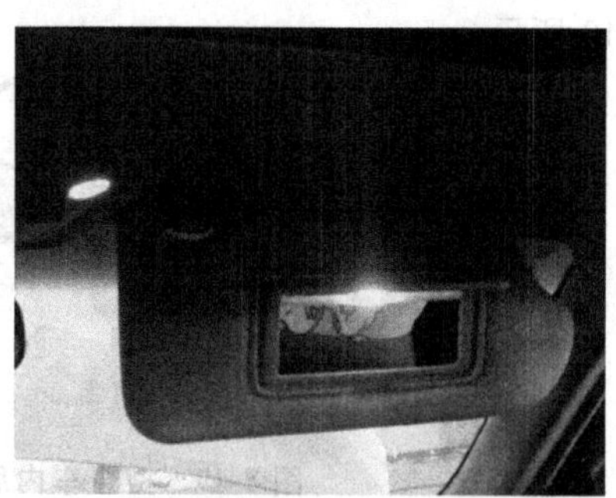

图 8-54 检查阅读灯和化妆镜灯的工作情况

(16) 检查前部灯光,如图 8-55 所示。检查大灯(近光和远光)、雾灯、示宽灯、转向信号灯和危险报警灯。用有标记的墙壁或大灯灯光定位器进行检查,确保大灯的正确定位。

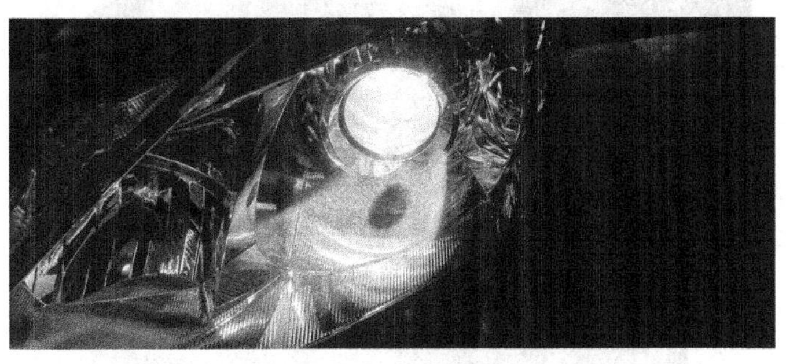

图 8-55 检查前部灯光

(17) 检查后部灯光,如图 8-56 所示。确保尾灯、牌照灯、后雾灯、制动灯、倒车灯和转向信号灯工作正常。

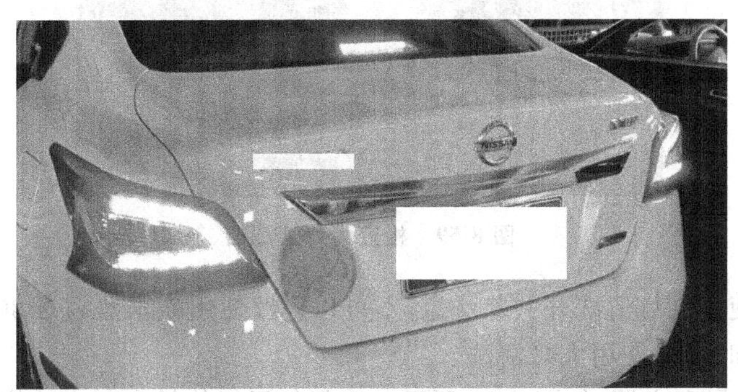


图 8-56 检查后部灯光

(18) 检查喇叭的工作情况,如图 8-57 所示。

图 8-57 检查喇叭

(19) 检查风挡刮水器和洗涤器,如图 8-58 所示。检查洗涤器喷水区域,如有问题,应进行调整。检查刮水器在每个位置(低速、高速、间歇)的工作情况。确保刮水器刮片完全刮净工作区域,不能留下条纹或产生不正常噪声。确保刮水器刮片停止在正确位置。注意,洗涤液储液罐空或结冰时不要操作洗涤器。

(20) 检查大灯清洗器(如有配置),如图 8-59 所示。当点火开关在 ON 位置且开启

图 8-58　检查风挡刮水器和洗涤器

图 8-59　检查大灯清洗器

大灯时，才可以使用大灯清洗开关。注意，不可以连续使用喷水器超过 30s，当喷水器储液桶中没有清洗液时不要使用大灯清洗。

(21) 检查暖风和空调，如图 8-60 所示。确保鼓风机能够在每个速度设置下工作。确认每个控制杆位置对应的空气出口位置。调整温度控制杆，并检查空气温度。检查"REC/FRESH(循环/新鲜空气)"控制杆的工作情况。按 A/C(空调)开关，确认空调压缩机接合。

图 8-60　检查暖风和空调

(22) 检查后窗除雾器的指示器及其工作情况。

(23) 检查天窗的工作情况，如图 8-61 所示。确保天窗能够正常倾斜和滑动。检查并确保在天窗打开时，挡风板能够弹起。关闭天窗，检查天窗表面与车顶板的配合情况。如有防夹功能，要进行防夹功能的确认。

(24) 检查车窗的工作情况，如图 8-62 所示。通过每个车门上的电动车窗开关，检查并确保每个车窗能够平顺地打开和关闭。如有防夹功能，要进行防夹功能的确认。

(25) 检查后阅读灯，如图 8-63 所示。

(26) 检查后排座椅的中央扶手，如图 8-64 所示。确保中央扶手拉出/复位正确。检查后排茶杯托架。检查中央扶手的开关工作状态正确(如有配置)。

图 8-61　检查天窗

图 8-62　检查车窗

图 8-63　检查后阅读灯

图 8-64　检查后排座椅的中央扶手

5）发动机舱—发动机运转情况检查

(1) 检查发动机怠速，如图 8-65 所示。发动机完全暖机后，检查怠速转速。检查怠速混合气和点火正时。检查是否有不正常噪声、振动、怠速不稳或怠速转速波动现象。如有，需进行怠速调整、维修。

**图 8-65　检查发动机怠速**

(2) 检查 A/T(自动变速箱)油的液面高度，如图 8-66 所示。把车停放在水平地面上，挂 P 挡，发动机怠速时用油尺检查 A/T(自动变速箱)油的液面高度。如果油量不够，添加至合适油位。

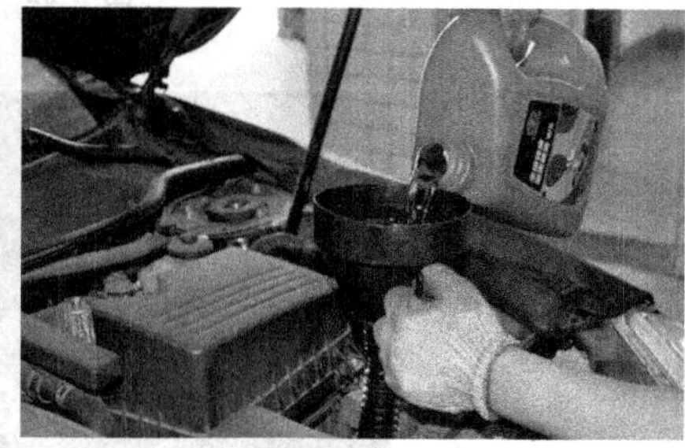

**图 8-66　检查 A/T(自动变速箱)油的液面高度**

**注意**：作油量测试时，油温需达到 50℃～80℃，可通过诊断仪确认；开始路试前，应确保在座椅和地毯上有保护罩，如图 8-67 所示。

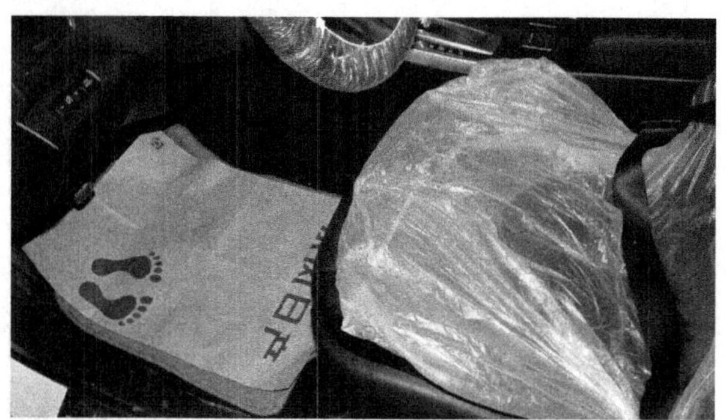

**图 8-67　座椅和地毯上的保护罩**

6）路试前检查

（1）检查自动变速箱的驻车互锁装置和换挡锁，如图 8-68 所示。确保起动机只有在换挡杆位于 PARK（驻车 P）或 NEUTRAL（空档 N）时工作。确保只有换挡杆位于 PARK（驻车 P）挡时点火钥匙才能取下。确保只有在踩下制动踏板，并且按下换挡杆上的按钮时，换挡杆才能从 PARK（驻车 P）挡移出。确保在驾驶汽车时能够平顺地升降挡。

**图 8-68　检查自动变速箱的驻车互锁装置和换挡锁**

（2）检查手动变速箱和离合器，如图 8-69 所示。确保每个挡位的换挡都平顺而安静，尤其是在发动机怠速、汽车静止时，从 N（空挡）换入 1 挡或 R 挡（倒车）。操纵离合器，确保没有振动、噪声或打滑。检查踏板的高度、自由间隙和软硬程度。

**图 8-69　检查手动变速箱和离合器**

（3）检查仪表，如图 8-70 所示。检查车速表、里程表、转速表、水温表、燃油表能否正常显示，是否有不正常振动。

**图 8-70　检查仪表**

(4) 检查脚制动和驻车制动的工作情况，如图 8-71 所示。检查制动效果，是否存在跑偏或有不正常噪声现象。检查踏板高度和自由间隙。检查驻车制动报警灯的工作情况。检查驻车制动手柄的行程。

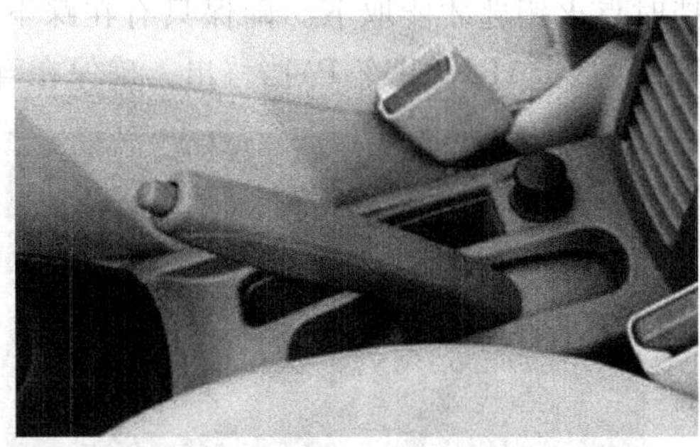

图 8-71　检查脚制动和驻车制动

(5) 检查转向的工作情况，如图 8-72 所示。确保方向盘平滑转动，检查是否有不正常噪声。检查方向盘能否正常回位。检查在直线向前行驶时，方向盘是否正确对中。在水平路面行驶时，检查并确保汽车不会跑偏。检查是否有车轮摆振，如有必要，调整车轮平衡。

图 8-72　检查转向

(6) 检查是否有不正常噪声或振动，如图 8-73 所示。检查仪表板、车门、内饰等是否有尖叫或异响。检查动力传动系统(发动机、T/M(变速箱)、D/F(差速器)、驱动轴等)或风噪在车辆行驶中是否有不正常噪声或振动。

图 8-73　检查是否有不正常噪声或振动

(7) 检查自动门锁的工作情况(如有配置)。检查并确保车速超过规定速度(26km/h，16MPH)时，所有车门都能够锁止。

7) 最终检查

**注意**：最终检查前，要先清洁车辆。

(1) 检查是否漏水。从车外喷水，检查车门、车窗、天窗和后门/行李箱盖处是否漏水，如图8-74所示。

图8-74　检查是否漏水

(2) 检查车身或漆面是否有缺陷，如图8-75所示。检查是否车身有划伤、凹坑或漆面缺陷，各玻璃是否有划伤或破损。

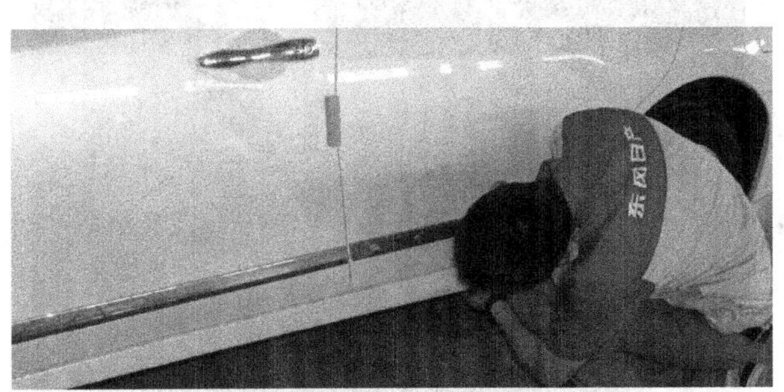


图8-75　检查车身或漆面是否有缺陷

(3) 检查车身配合和定位，如图8-76所示。检查相邻车身板件之间的定位，例如车门、行李箱盖和紧邻车窗的板件。

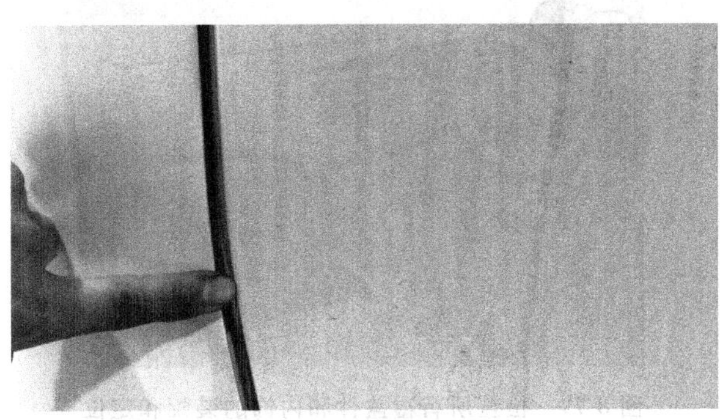

图8-76　检查车身配合和定位

(4) 检查识别标记、装饰条和标签，如图 8-77 所示。检查识别标记和标签是否在正确位置上。检查装饰条是否正确定位和装配。

图 8-77　检查识别标记、装饰条和标签

(5) 检查是否有被弄脏的表面。除去塑料/纸制保护装置，检查是否有被弄脏的表面。使用中性肥皂液或用于车内装饰和地毯的清洗液清洗，然后置于阴凉处晾干。

(6) 去除多余的粘贴物，如图 8-78 所示。检查所有内部表面是否有多余的粘贴物和密封材料。如用酒精基溶剂去除。

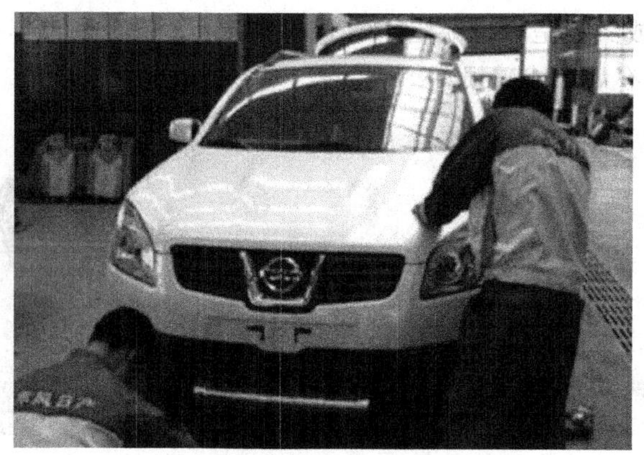

图 8-78　去除多余的粘贴物

(7) 检查所有覆盖件和内饰的装配和定位，如图 8-79 所示。

图 8-79　检查所有覆盖件和内饰的装配和定位

(8) 检查手套箱内的文件,如图8-80所示。检查并确保所有必要的手册、用户手册和其他文件状态良好地放置在手套箱中。

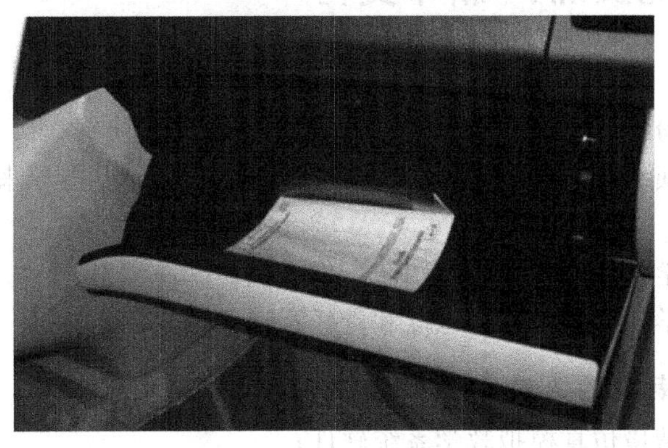

图8-80 检查手套箱内的文件

8) 展示车、长期库存车

展示车、长期库存车除以上检查外,还应做以下检查。

(1) 检查车身表面,如图8-81所示。通过不同视角检查车身表面是否有划伤、磨伤、虫害、铁粉,凹陷,色泽模糊等问题,如有,进行记录并维修。

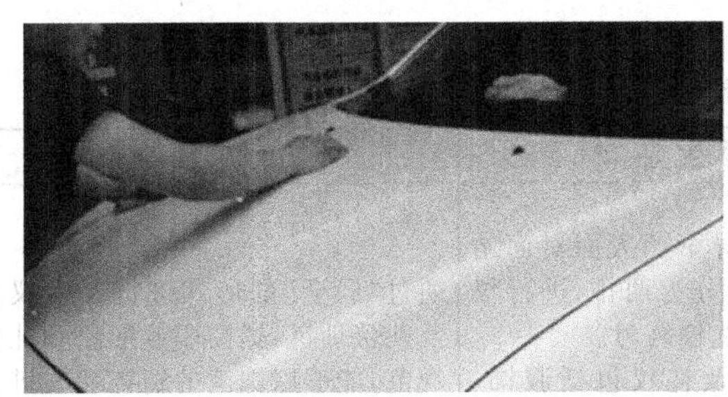

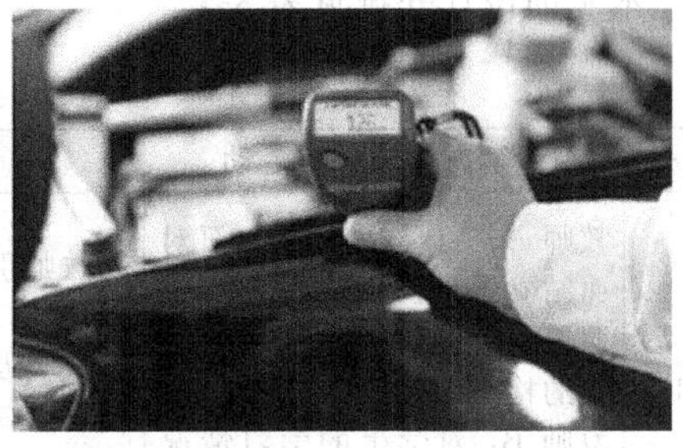

图8-81 检查车身表面

(2) 检查各橡胶件的风化、老化情况,如图8-82所示。橡胶件主要包括轮胎、雨刮片、门框胶条、玻璃胶条。更换不良品。

图8-82 检查各橡胶件的风化、老化情况

## 8.6 技能实训：新车交付

### 1. 能力要求

(1) 通过角色扮演，能够运用交车的基本内容进行情景演练；

(2) 通过情景演练，逐步提高运用交车的关键时刻及行为指导来解决实际问题的职业能力；

(3) 逐步提高学生的沟通能力和团队合作意识；

(4) 逐步提高学生严谨的工作态度和责任意识。

### 2. 设备/工具/耗材的要求

(1) 汽车营销情境仿真模拟教学系统软件；

(2) 样车及车型参数资料；

(3) 教材及学习材料；

(4) 交车区及营销洽谈区场地；

(5) 黑板、投影及计算机。

### 3. 实训设计安排

本实训设计安排见表 8-5。

表 8-5 新车交付实训设计

| 序号 | 教学内容与教师活动 | 学 生 活 动 | 实 训 意 义 |
|---|---|---|---|
| 1 | 教师 A：引导学生两人面对面站立，所有人分为两排，按照销售晨会要求进行以下内容的检查及练习。<br>教师 B：对学生的学习情况进行评价记录，及时点评练习情况 | 在教师引导下两人面对面站立，所有人分为两排，进行仪容仪表及礼仪练习。<br>仪容仪表及礼仪包括服饰、站姿、微笑、递名片、握手、礼貌用语等 | 通过“晨会”的形式进行仪容仪表及礼仪训练，提高职业形象和礼仪规范，能够以饱满的精神状态进入本课的学习 |
| 2 | 教师提问：“某品牌汽车客户尊享销售流程是什么?”<br>教师通过课件展示“奥迪或大众汽车客户尊享销售流程”引导学生回顾 | 思考、回答、回顾 | 通过课件回顾，了解整个销售流程，同时，为案例引入和本课学习做铺垫 |
| 3 | 请学生观看视频，思考视频中的案例要解决的问题是“某品牌汽车客户尊享销售流程”的哪个环节？<br>教师播放视频：客户张先生，已在 2 周前预定一辆轿车，预计本周交车 | 观看视频、思考 | 通过真实的工作任务引入，学习过程为工作过程，解决工作中的问题。<br>另外，明确本节课学习在整个流程中的位置 |

续表

| 序号 | 教学内容与教师活动 | 学生活动 | 实训意义 |
|---|---|---|---|
| 4 | 教师引导学生分析要想顺利完成视频中的"交车"任务,应具备哪些知识和能力?引入教材中交车任务内容的初步学习。<br>在学生自主学习后组织小组讨论,交车的内容有哪几项?交车的流程是怎样的? | 阅读学习材料并讨论后,确认交车的具体内容及交车的工作流程,明确今天的学习内容是:依据教材及"北京汽车客户尊享销售流程"进行交车任务所需知识和技能的学习 | 明确本课的学习内容,清楚了解这些内容与企业生产的实际工作流程、标准相一致,感受学习任务具有很强的实用性,从而激发学习兴趣。并逐步培养运用信息化学习工具的职业能力 |
| 5 | 环节1:交车前准备工作及交车区设置标准的学习<br>(1)引导自主学习。<br>教师引导学生针对本周的交车工作,按照交车的流程,请学生结合教材及学习材料分析交车前需要做哪些准备工作以及交车区的设置标准是怎样的?并请学生归纳关键要素。<br>(2)布置任务。<br>教师根据学生自主学习的结果布置任务1。请三个小组的学生分别抽取一个场景完成任务1(同时发评价表),请学生结合之前自主学习的内容,分别完成以下工作(时间为5分钟)。<br>① 请学生大声读出场景名称;<br>② 请学生仔细阅读任务要求;<br>③ 内部讨论,合理分配角色。<br>任务1的内容如下。<br>场景1:交车区场地及车辆布置;<br>场景2:交车前3日电话预约及提醒;<br>场景3:交车前1日电话预约及提醒。<br>(3)小组展示。<br>教师引导学生将讨论结果进行小组展示,请小组成员结合评价表进行小组之间互评,教师进行点评 | 学生通过教材和教学软件的学习归纳出交车前准备工作及交车区设置标准<br><br>学生抽取一个场景,读出场景名称,认真阅读任务书中的要求,进行小组内部讨论交流,并合理分配角色 | 分析交车前需要做哪些准备工作以及交车区的设置标准,实现学生自主学习<br><br>通过小组讨论交流和设计场景话术,合理分工,实现探究学习。<br>逐步提高沟通能力和团队合作意识 |

续表

| 序号 | 教学内容与教师活动 | 学生活动 | 实训意义 |
|---|---|---|---|
| 5 | 环节2：客户接待，文件清点移交。<br>教师引导学生阅读学习材料，明确客户接待时的注意事项，罗列出需要清点移交的文件及相关的费用说明清单。<br>教师布置任务2：请学生以小组为单位进行讨论，利用《某品牌汽车合同》设计针对张先生购买的轿车交车费用说明的话术，并进行演练。<br>小组互评，教师进行点评。<br>环节3：车辆验收与操作说明请教师B示范某品牌汽车交车时车辆验收及操作说明的动作规范，请学生认真观看，并将动作要领一一记录下来，教师随机抽取一个小组按照记录的动作要领进行模拟演练（同时播放教师B示范的视频）。<br>学生进行评价，教师进行点评。<br>环节4：交车仪式<br>教师引导学生结合学习材料交流讨论，共同提炼出交车仪式的关键要素：播放喜庆音乐、赠送鲜花、介绍领导、合影留念、拿掉售后三件套、送客户上车等。并请其中一名同学利用这些关键要素，通过语言描述与大家分享本小组营造的热情氛围。<br>环节5：与客户告别<br>教师继续引导学生针对环节六中将客户送上车后，分析与客户告别我们具体要做哪些事情？师生共同列举出与客户告别的关键要素：①告知客户就近加油，并指明具体位置；②送别客户，目送客户离开；③预计客户到达目的地时，致电确认，并发送感谢短信 | 学生根据讨论结果进行小组展示，并与其他小组进行互评，倾听教师的点评<br>学生阅读学习材料，罗列出客户接待时需要清点移交的文件及相关的费用说明清单，并按照任务书中的要求，设计张先生购买的轿车交车费用说明的话术，并进行演练。<br>学生互评，倾听教师点评。<br>学生认真地观看教师的车辆验收动作示范，并记录动作要领，按照记录结果进行展示<br>学生评价并倾听教师的点评<br>学生在教师的引导下提炼出交车仪式的关键要素，并利用这些关键要素营造热情的交车氛围，与大家分享<br>学生结合教材及学习材料思考并回答教师的问题，列举出与客户告别的关键要素 | 通过小组展示交流，加强记忆刚刚学习的交车前的准备工作内容及交车区的设置标准<br>通过阅读学习材料，自行设计话术，完成客户接待及费用说明环节，以加强对学习内容的实用性的认识，并做到学以致用，逐步提高严谨的工作态度和责任意识<br>取长补短、相互借鉴、吸取经验<br>教师先示范某品牌汽车车辆验收及操作说明的动作规范，让学生明确车辆验收的动作标准。通过平时课上、课下能够按照标准动作反复模拟演练，最终掌握这项职业技能<br>利用师生共同提炼出交车仪式的关键要素营造热情的氛围，激发创新想象力，锻炼语言表达能力以及对待客户真诚、耐心等职业素养<br>通过师生共同提炼与客户告别时的关键要素，培养学生关注每一个细节、善始善终的职业素养 |

续表

| 序号 | 教学内容与教师活动 | 学生活动 | 实训意义 |
| --- | --- | --- | --- |
| 6 | 教师针对"交车"的工作流程,组织所有学生作为一个销售团队,结合本次课所学内容,针对教师给出的情境,请学生阅读任务书并进行讨论及明确分工后,进行模拟演练。讨论时间6分钟,展示时间不超过6分钟。提醒学生实习结束后,进行5S工作(5S,即整理、整顿、清洁、清扫、自律,是汽车维修工作必备的素养)。<br>教师给出情境请学生阅读:车主赵先生,28岁,单身男青年。这是他的第一辆车,对车辆功能不了解。<br>预约交车时间:周日下午16:00;<br>同行人:和父亲一起来提车;<br>付款方式:现金和刷卡;<br>精品加装:GPS导航仪、变形金刚狂派电镀滴塑装饰贴、脚垫。<br>教师对学生的演练进行点评 | 学生认真阅读情境设置任务书,进行组内讨论交流,并明确分工,进行模拟演练<br>学生认真倾听 | 通过对一个交车训练任务的设置、讨论和演练,有助于更好地巩固刚刚学习的新知,并将所学新知转化为工作技能,突破本节课的难点。了解不足,寻找差距 |
| 7 | 教师请学生参照每日销售例会总结的内容,从团队今天遇到什么问题及如何解决的、解决的效果如何、个人感悟及下一步计划如何三个方面分别由三个小组针对本次实训进行总结 | 学生以小组为单位,以销售例会总结的形式进行本次实训的总结 | 结合销售顾问的每日例会总结的职业活动要求进行总结,形成连贯的职业活动流程 |

## 练习与思考题

### 1. 选择题

(1) 约定客户前来提车时,销售顾问应至少提前(　　)分钟在店外等候。

A. 7　　B. 8　　C. 9　　D. 10

(2) 在交车时,外观检查无误后,一般来说下一步应检查(　　)。

A. 发动机舱　　B. 后备箱　　C. 驾驶室　　D. 轮胎

(3) 后备箱中通常除了配有车载工具包、警示三角牌,还有(　　)在新车中必不

可少。

A. 千斤顶　　B. 备胎　　C. 灭火器　　D. 电动充气泵

(4) 新车里程表最多不超过(　　)km 为正常。

A. 40　　B. 60　　C. 80　　D. 100

(5) 在交车时,销售顾问通常需要将客户介绍给售后经理、服务部经理、精品区经理、维修部经理等,这样做是(　　)。

A. 为了便于客户购车后出现的任何问题都有处可寻,体现 4S 店的服务至上

B. 为了让客户认识更多的 4S 店的工作人员

C. 4S 店交车的规范流程之一

(6) 交车时,销售顾问会告诉客户新车首次保养的日期或里程,一般是(　　)。

A. 500km　　B. 10 天　　C. 1000km　　D. 20 天

(7) 销售顾问送别客户时,应(　　)。

A. 在 4S 店门口目送即可

B. 送至路口,并进行合适的交通指导

C. 送客户回家

D. 送客户至全程的 3/4 路程

(8) (　　)是不正确的。

A. 客户来提车时,销售顾问提前到门口迎接并热情祝贺

B. 如果客户时间紧急,可让客户直接提车,相关手续可以后续办理

C. 客户交车确认表必须由客户亲自签字确认,不可代签

D. 销售人员陪同客户进行交车时,要悉心回答客户提出的问题

**2. 判断题**

(1) 新车交车包括外观检查、发动机舱盖检查、车内检查、尾箱检查、证件和票据验收、查看存油量并清除使用什么油号等事项。(　　)

(2) 所谓交车,就是在约定时间内把符合订单内容的车辆呈交客户,为客户提出参考意见的系列活动。(　　)

(3) 交车环节首先从迎接客户开始,销售顾问要热情并礼貌地上前恭喜客户前来接车。(　　)

(4) 客户前来提车,销售顾问应立即引导客户前往展厅试车。(　　)

(5) 在交车过程中,作为一名优秀的销售顾问,应该把一些关键性的东西提示给客户。(　　)

(6) 销售顾问在完成新车交车后可不作电话回访。(　　)

(7) 交车时,必须销售顾问亲自向客户交车,以便于客户更放心地提车,并及时了解车况和提出疑问。(　　)

(8) 交车时,油箱内应加满半箱燃油。(　　)

(9) 交车前,确认新车灯具表面干净,无划痕、无裂缝、无破损。(　　)

(10) 新车交付前,应仔细地向客户介绍车辆的常见功能和使用时的注意事项。(　　)

(11) 交车时，应为客户准备好3张发票(购车发票、车辆购置税发票、保险发票)。 (  )

(12) 新车交车前，外观检验要确保无划痕和颜色均匀无瑕疵。 (  )

(13) 对于大多数客户来说，车辆的移交是决定、等待和期望过程的高潮。 (  )

(14) 新车的PDI检验单至少保存一年。 (  )

(15) 新车出售后，对客户的跟踪是联系客户与服务部门的桥梁。 (  )

(16) 每张PDI检测表必须由销售顾问签字。 (  )

### 3. 简答题

(1) 客户提新车时，需要注意哪几方面内容？

(2) 作为一名销售顾问，如何在交车时给客户留下深刻印象？

# 模块 9

## 客户回访

### ◎学习目标

**1. 知识目标**

(1) 熟悉客户回访的流程和内容；

(2) 使用电话时采用正确的话术技巧；

(3) 能按照流程在规定时间内进行客户情况采集；

(4) 能对售后客户进行跟踪服务，并与客户有效沟通，进行情况反馈；

(5) 掌握客户维系的关键之道。

**2. 能力目标**

(1) 通过角色扮演，能够运用回访的基本内容进行情景演练；

(2) 通过情景演练，提高客户回访过程中解决实际问题的职业能力；

(3) 逐步提高学生的职业礼仪规范和素养，尤其是电话接待礼仪；

(4) 通过角色扮演，逐步提高学生的沟通能力和团队合作意识；

(5) 通过对资料的查阅，逐步提高学生严谨的工作态度和责任意识。

### ◎案例导入

王小姐在某汽车销售服务有限公司买了一台车。在提车回家后，王小姐对汽车的一些功能不知如何使用，于是就给公司的销售顾问打电话咨询，销售顾问正好忙着处理其他事，没有详尽地讲解，问题依然没有得到很好的解决。王小姐当天把各种不满贴到了网上，很快引起了公司的注意。那么，要如何作好客户回访？如何进行售后跟踪服务？与客户保持有效沟通化解矛盾、提升客户满意度呢？

## ◎学习方案

（1）交车之后，必须严格按照流程在规定的时间节点进行电话回访。

（2）工作人员对客户的任何疑问和意见建议作认真记录，并第一时间处理回复。

（3）除了电话回访外，在条件允许的情况下上门拜访。

（4）进行售后客户关系的长期维护，为客户能长期来店保养维修和推荐新客户购车打下基础。

# 拓　扑　图

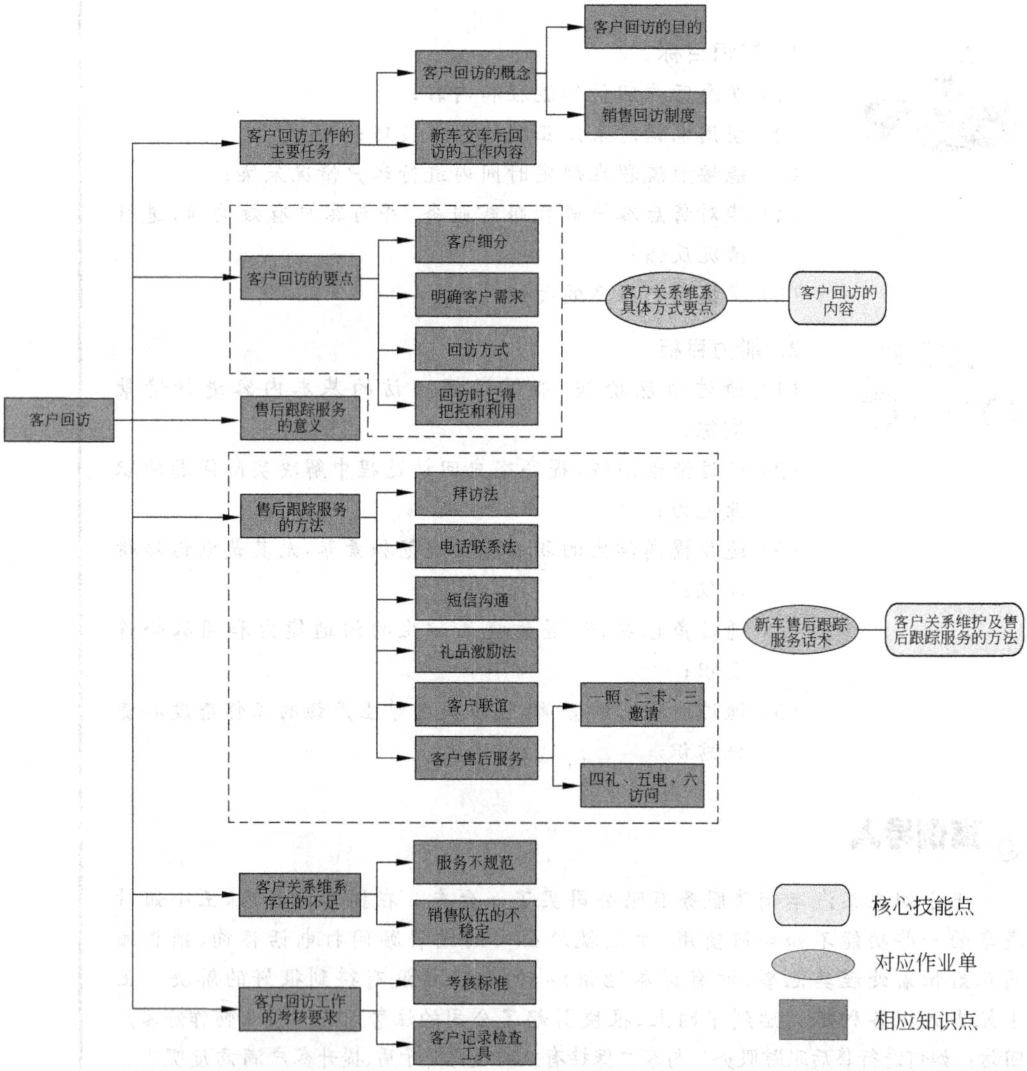

- 客户回访
  - 客户回访工作的主要任务
    - 客户回访的概念
      - 客户回访的目的
      - 销售回访制度
    - 新车交车后回访的工作内容
  - 客户回访的要点
    - 客户细分
    - 明确客户需求
    - 回访方式
    - 回访时记得把控和利用
  - 售后跟踪服务的意义
  - （客户回访的要点、售后跟踪服务的意义）→ 客户关系维系具体方式要点 → 客户回访的内容
  - 售后跟踪服务的方法
    - 拜访法
    - 电话联系法
    - 短信沟通
    - 礼品激励法
    - 客户联谊
    - 客户售后服务
      - 一照、二卡、三邀请
      - 四礼、五电、六访问
  - （售后跟踪服务的方法）→ 新车售后跟踪服务话术 → 客户关系维护及售后跟踪服务的方法
  - 客户关系维系存在的不足
    - 服务不规范
    - 销售队伍的不稳定
  - 客户回访工作的考核要求
    - 考核标准
    - 客户记录检查工具

图例：核心技能点；对应作业单；相应知识点

## 9.1 客户回访工作任务描述

### 9.1.1 客户回访的目的

客户回访是企业用来进行产品或服务满意度调查、客户消费行为调查、进行客户维系的常用方法，属于客户服务的重要内容，做好客户回访是提升客户满意度的重要方法。

对于汽车销售企业而言，针对到店未购车客户和购车客户的回访，可以得到客户的认同，建立公司与客户之间双向交流的渠道，获取有价值的信息，及时反映市场动态。客户提供的信息是企业在进行回访或满意度调查时的重要目的。客户回访不会只产生成本，充分利用客户回访技巧，特别是利用 CRM 来加强客户回访会收到意想不到的效果。

一般来说，客户对于具有品牌知名度或认可其诚信度的汽车企业的回访往往会比较放心，愿意沟通和提出一些具体的意见。如果企业本身并不为太多人知晓，而回访又策划得不好，往往很难得到客户的配合，得不到什么有用信息，更有可能会对企业及其形象造成负面影响。

### 9.1.2 汽车销售回访制度

销售部门的所有销售顾问应高度重视客户回访制度，只有通过回访才能加强销售人员与客户之间的沟通，才有机会得到更多的业务与信息。

销售人员对意向客户信息必须按公司规定填写在规定的意向回访表，并且按照客户的购买意向程度进行分类，意向表必须填写全所有能够填写的资料，回访时间必须填全到时、分。

接待客户后的第一个星期内，不管是哪类客户，必须做到有一次回访，以后根据客户分类，第一级别的客户必须做到每周有 2 次以上的回访，第二级别的客户必须做到一周有 1 次以上的回访，第三级别的客户必须做到每月有 1 至 2 次的回访。

回访的形式可以是电话回访、上门拜访、短信互访等多种形式，具体形式可根据实际情况决定。

每次回访的内容在回访意向表里必须有详实的记录，做到每次回访有据可查，逐步深入，了解客户的各阶段意向。

每次回访应有一定的主题和内容，及所要达到的目的，要做到的每次回访需要告知客户些什么信息，想要从客户处了解到什么信息，双方是否可以达成什么约定。没有回访内容或暂时无法联系的用户不视为一次成功回访。

电话回访时必须注意通话时间，尽量不要在客户休息和不方便的时候通话；上门拜访尽量做到事先预约，准时、准点，不要轻易变更；也可以临时上门拜访，做到礼貌、得体、大方，业务熟练；短信回访可以随时进行、一目了然。

回访时，对客户的问题应积极给予回答。如果遇到当时不能回答的问题，应仔细地记录，找专人给予解答或下次给予答复。

对老客户回访，应做到客户提车后一周内必须有一次回访，做到关心客户的使用情况，提醒注意事项，了解客户周围的潜在客户情况，挖掘意向客户信息，与客户成为朋友。

老客户回访，必须使用公司统一的回访表格，并填写全所有客户信息，记录每一次回访的信息和进程。

### 9.1.3 新车交车后回访的工作要点

新车交车后回访的工作要点见表 9-1。

**表 9-1 新车交车后回访的工作要点**

| 流程动作 | 工 作 要 点 | 时 间 | 负责人 |
|---|---|---|---|
| 交车客户离店 2 小时 | (1) 感谢惠顾，祝福平安 | 客户离店 1～2 小时内完成 | 销售顾问<br>经理监督 |
| | (2) 车辆问题咨询电话 | | |
| | (3) 填写回访单卡 | | |
| 交付第 3 天回访 | (1) 准备回访单卡，以便记录回访过程 | 交付第 3 天 | 销售顾问<br>经理监督 |
| | (2) 拨打电话前组织好语言，并保持安静状态 | | |
| | (3) 询问使用情况及各项功能操作情况 | | |
| | (4) 填写回访单卡，整理、汇总问题，及时向领导提出 | | |
| 交付第 3 周回访 | 选取保修期内及车辆行驶的问题 | 交付后第 3 周，需求转介绍 | 销售顾问<br>经理监督 |

### 9.1.4 客户回访的注意事项

#### 1. 注重客户细分工作

在客户回访之前，要对客户进行细分。客户细分的方法很多，可以根据自己的具体情况进行划分。客户细分完成以后，对不同类别的客户制定不同的服务策略。例如，有的公司把要回访的客户划分为：高效客户（市值较大）、高贡献客户（成交量比较大）、一般客户、休眠客户等；有的公司从客户购买产品的周期角度判断客户的价值类别，如高价值（月）、一般价值（季度/半年）、低价值（一年以上）；对客户进行细分也可以按照客户的来源分类，例如，定义客户的来源包括：大客户开发、老客户推荐、散户等；也可以按客户的拥有者的关系进行管理，如公司的客户、某个业务员的客户等。

客户回访前，一定要对客户做出详细的分类，并针对分类拿出不同的服务方法，增强客户服务的效率。总而言之，回访就是为更好的客户服务而服务的。

#### 2. 明确客户需求

确定了客户的类别以后，明确客户的需求才能更好地满足客户。最好在客户需要找你之前，进行客户回访，才更能体现客户关怀，让客户感动。

很多汽车经销商都有定期回访制度，这不仅可以直接了解产品的应用情况，而且可以了解和积累产品在应用过程中的问题。回访的目的是了解客户对我们的产品使用如何，对我们单位有什么想法，继续合作的可能性有多大。回访的意义是要体现我们的服务，维

护好老客户，了解客户想什么，要什么，最需要什么，是要我们的售后服务再多一些，还是觉得我们的产品应该再改进一些。实际上我们需要客户的配合，来提高我们的服务能力，这样才会发展得越来越好。

一般客户在使用汽车遇到问题时、客户购买的汽车有故障或需要维修时、客户想再次购买时是客户回访的最佳时机。如果能掌握这些，及时联系到需要帮助的客户，提供相应的支持，将大大提升客户的满意度。

**3. 确定合适的客户回访方式**

客户回访有电话回访、电子邮件回访及当面回访等不同形式。从实际的操作效果看，电话回访结合当面回访是最有效的方式。

按销售周期看，回访的主要方式如下。

(1) 定期做回访。这样可以让客户感觉到公司的诚信与责任。定期回访的时间要有合理性。例如，以汽车销售出一天内、三天内、一周、一个月、三个月、六个月……为时间段进行定期的电话回访。

提供了售后服务之后的回访，这样可以让客户感觉公司的专业化。特别是在回访时发现了问题，一定要及时地拿出解决方案。最好在当天或第二天到现场进行问题处理，将用户的抱怨降低到在最小的范围内。

(2) 节日回访。就是说在平时的一些节日回访客户，同时送上一些祝福的话语，以此加深与客户的联系。这样不仅可以起到亲和的作用，还可以让客户感觉到一些优越感。

**4. 抓住客户回访的机会**

客户回访过程中要了解客户在使用本产品中的不满意，找出问题；了解客户对汽车产品及公司的系列建议；有效处理回访资料，从中改进工作、改进产品、改进服务；准备好对已回访客户的二次回访。通过客户回访不仅解决问题，而且改进公司形象和加深客户关系。

汽车产品同质化程度很高的情况下，客户购回产品后，从当初购买前担心质量、价位，转向对产品使用中的服务的担心。所以在产品销售出后，定期的回访十分重要。

**5. 利用客户回访促进重复销售或交叉销售**

最好的客户回访是通过提供超出客户期望的服务来提高客户对企业或产品的美誉度和忠诚度，从而创造新的销售可能。客户关怀是持之以恒的，销售也是持之以恒的，通过客户回访等售后关怀来增值产品和企业行为，借助老客户的口碑来提升新的销售增长，这是客户开发成本最低，也是最有效的方式之一。开发一个新客户的成本大约是维护一个老客户成本的6倍，可见维护老客户是如何重要了。

汽车经销商建立客户回访制度，很重要的方法就是建立和运用数据库系统，例如利用客户关系管理(CRM)中的客户服务系统来完成回访的管理。将所有客户资料输入数据库，如果可能，还要尽量想办法收集未成交客户的资料，并进行归类。无论是成交客户，还是未成交客户，都需要回访，这是提高业绩的捷径。制订回访计划，何时对何类客户作何回访，以及回访的次数，其中的核心是“做何回访”。不断地更新数据库，并记录详细的回访内容，如此循环便使客户回访制度化。日积月累的客户回访可以提升单位的销售业绩。

## 9.2 售后跟踪服务及客户关系的维系

### 9.2.1 售后跟踪服务及客户关系维系的目的与意义

汽车售后跟踪服务与客户关系维系是指销售顾问在成交后,公司派员继续与客户交往,并完成与成交相关的一系列工作,以便更好地实现售后服务目标的行为过程。客户需要有完善的售后服务。售后服务可以创造更大的价值,因此成交后跟踪及维系仍是一项重要的工作。

(1) 它体现了以满足客户需求为中心的现代推销观念。

售后跟踪及客户关系维系使客户在购买商品后还能继续得到客服人员在车辆使用、保养、维修等方面的服务,以及购买后如果在质量、价格等方面出现问题能得到妥善的解决。这两个方面使客户需求得到真正意义上的实现,使客户在交易中获得真实的利益。所以说,售后跟踪及客户关系维系是在现代推销观念指导下的一种行为。

(2) 售后跟踪及客户关系维系有利于提高企业的竞争力。

随着科学技术的进步,同类产品在其品质和性能上的差异越来越小。企业间竞争的重点开始转移到为消费者提供各种形式的售后服务。售后服务是否完善,已成为消费者选择商品时要考虑的一个重要方面。而各种形式的售后服务,也是在售后跟踪过程中完成的。

(3) 售后跟踪及客户关系维系有利于获取重要的市场信息。

通过售后跟踪及客户关系维系,推销人员可以获取客户对产品数量、质量、花色品种、价格等方面要求的信息。因此,售后跟踪过程,实际上就是获取客户信息反馈的过程,便于企业开发新的产品。

(4) 售后跟踪及客户关系维系有利于和客户建立良好的合作关系。

以往车子卖给客户以后就万事大吉了,后来大家慢慢意识到客户关系维系非常重要。因为开发一个客户很难,但客户来帮你介绍新客户就容易得多。售后跟踪及客户关系维系工作可以加强推销人员和客户之间的联系。通过为客户提供服务,了解客户的习惯、爱好和职业,从而有利于和客户建立比较紧密的个人情感联络,有利于客户重复购买或者推荐其朋友购买汽车。

### 9.2.2 售后跟踪服务及客户关系维系的方法

由于客户需求的多样性,售后跟踪及客户关系维系所包含的内容是非常丰富的,主要的方法手段也很多。销售及客服人员应积极主动地、经常地深入客户之中,加强彼此之间的联系。联系的方法多种多样,可参考图 9-1,主要有信函(电子邮件、短信、微信、QQ)、电话、走访、联谊活动、售后服务、上门维修等形式。

通过这些方式,既可以加深感情,又可以询问客户对企业及汽车的使用情况,用后的感觉是否满意,是否符合自己预期的要求,有什么意见和建议,并及时将收集到的信息反

馈给企业。目前使用最普及的方法就是电话跟踪及回访。

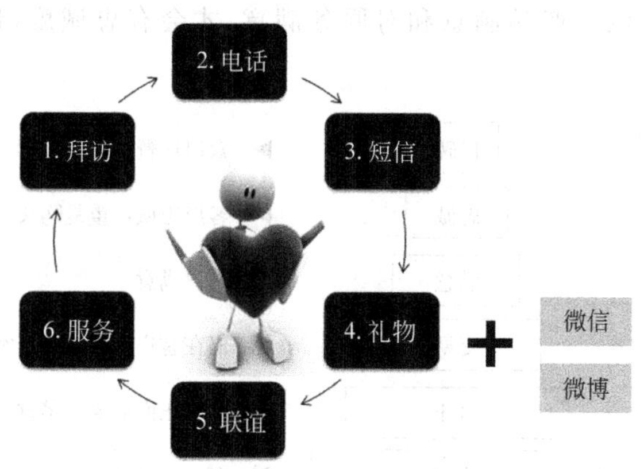


**图 9-1　售后跟踪服务方式**

(1) 拜访。售车之后，有机会亲自去客户家中或单位进行拜访。由于目前在中国，汽车售后维系中，上门拜访方式受时间、人员和一些客观因素制约，采用较少。

(2) 回访电话。在什么时间向客户打出第一个回访电话？应在 24 小时之内。因为当三天之内才打这个电话的时候，该出什么事情全出了。客户拿到车以后不看说明书，他开车时遇到某个功能不了解时，就开始胡乱操作，很容易出问题。

例如，回访在 24 小时之内打电话给他的时候，问客户，“先生，您这个车开得怎么样？有哪些还不清楚的请提出来。”这个时候可能他会说，“有一个间歇性的雨刮器，但我不知道该怎么使用。”你就可以通过电话告诉他。这会使客户觉得，这个公司的售后服务不错，从而对你产生好感。这个电话打完以后还要打第二次电话。第二次电话应在三天之内打，要问这个客户，“买这辆车的过程您满意吗？您有什么不满意的地方可以投诉。”这时客户心里肯定非常高兴。同时还要提醒客户做首保。接下来还应有第三次、第四次电话回访等。

电话回访的流程规范：①在电话中，向客户确认你回访的职责；②注意接听态度，并有意识地放慢问候语速；③ 鼓励客户给出真实坦诚的反馈；④留意客户关注的问题；⑤客户是我们的信息来源，认真地接受反馈；⑥给予赞赏，在公司规定内提供小奖励；⑦务必总结客户需求，并要求确认；⑧感谢客户反馈；⑨使每次谈话的结束规范化；⑩感谢客户的交流诚，并礼貌道别。

(3) 感谢短信、微信等。一般来说，感谢短信应该在 24 小时之内，最好是客户提车的当天，销售顾问马上就把感谢短信发给客户。客户就会认为这家公司不错，就会向自己的朋友和同事进行推荐，从而起到最好的宣传效果。

(4) 礼物。对于销售顾问而言，维系老客户的一个手段便是给客户送礼物，让客户常常记住自己。礼物不在于多和贵重，而在于有意义。礼物的寄送时间和方式很有讲究。

(5) 联谊。在本企业的一些重大喜庆日子或企业举行各种优惠活动时，邀请客户参加、寄送资料或优惠券等，增进感情，并辅以一些售后的优惠措施。如汽车新品的成功上市，产品获奖，企业成立周年庆典，举办价格优惠或赠送纪念品活动等，都是很好的机会。

(6) 服务。一个普通客户转化为忠诚客户依赖于我们良好的服务质量和真诚的态度,客户有了信任,对汽车产品满意和对服务满意,才会有忠诚度,最终赢得口碑,参见图 9-2。

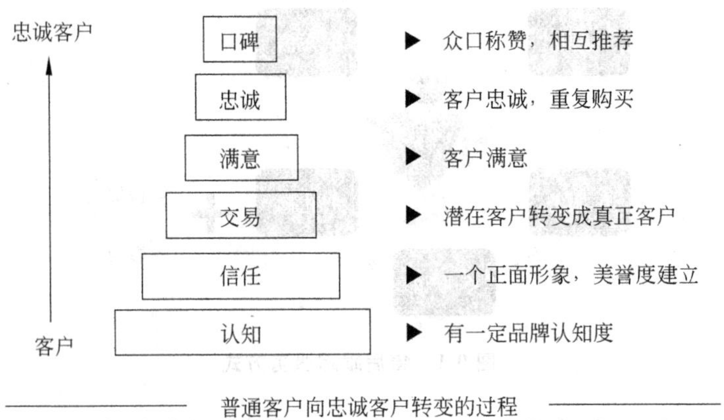


**图 9-2 普通客户向忠诚客户的转变过程**

如何让保有客户替公司介绍新客户？世界汽车销售大王乔·吉拉德,是创造了吉尼斯世界纪录的人,1963—1978 年他卖出 13 001 辆雪佛兰汽车,连续 12 年荣登世界吉尼斯纪录大全世界销售第一的宝座。他是怎么做的呢？

(1) 一照、二卡、三邀请。一照,就是他卖车给客户之后照相;二卡,就是给客户建立档案;三邀请,就是他一年要请这个客户到他们公司来三次,包括忘年会、这个汽车文化的一些活动、"自驾游"等。

(2) 四礼、五电、六经访。四礼,就是一年当中有四次从礼貌的角度出发去拜访客户,包括生日、国家规定的节日或者传统的节日到来之前,向客户致以节日的问候。问候可以是电话、邮件,也可以是联谊活动或者赠送小礼品;五电,就是一年当中要给客户最少打五次电话,问客户车况如何,什么时间该回来做维修保养等,同时打电话问候客户;六经访,就是一年当中基本上每两个月要去登门拜访一次,即使没什么事也没关系,只是感谢他买了你的车,你路过他这里就来看看他,这个客户也感动,就说谢谢你。你就说,"您别谢,您要想谢我,就给我多介绍一些客户来,这就是对我最大的感谢了。"你经常在每两个月都要提示一下客户,介绍新客户来买车。这样你的客户一定会越来越多。

上述这些实用的方法有利于销售顾问与客户相互记住对方,更重要的一点是无论做什么事都要富有人情味。发送一张贺卡、一份剪报或一篇文章的复印件并不需要周密思考,也不需要花很多的时间和精力,关键是给客户留下深刻印象,其秘密就是亲自动笔写的几句话。

### 9.2.3 客户关系维系的困难

从现在的情况来看,与客户关系的维护,需要进行利益维护、情感维护和理念维护。对于老客户,除了一些活动和礼品之外,需要进行感情投入,并对老客户进行品牌理念的正面灌输。当然除了感情维系和理念维系实施起来困难之外,绝大多数汽车销售公司客

户的回头率也比较低，这是由两个方面的原因造成的。

（1）服务不规范。销售顾问服务不规范，没有与客户成为真正的朋友。客户买回去车以后，如果有地方越想越不舒服，觉得买上当了，客户关系维系就谈不上了。

（2）销售队伍不稳定。在汽车销售公司里，销售顾问能够在这个岗位上干满五年的极少，普遍只能够干到两三年，甚至更短。客户在销售顾问那里买了车，即使做朋友，也是与销售顾问做朋友。当第三年、第四年，到了更换新车的时候，这个客户肯定还是来找这名销售顾问，可是他已经不在这家汽车公司了。原来是你这个汽车公司的保有客户，这个时候就有可能转而投向另一家汽车公司。

## 9.3 客户回访工作考核

### 9.3.1 考核内容及标准

对客户回访考核主要从回访时间、回访数量及质量、回访流程与规范、回访内容、回访资料、回访统计分析报告、回访费用控制等方面进行，如表 9-2 所示。

**表 9-2 客户回访工作考核表**

| 考核项目 | 权重/% | 减分理由 | 得分 |
| --- | --- | --- | --- |
| 回访时间 | 10 | | |
| 回访数量及质量 | 20 | | |
| 回访流程及规范 | 15 | | |
| 回访内容 | 15 | | |
| 回访资料 | 15 | | |
| 统计分析报告 | 15 | | |
| 回访费用控制 | 10 | | |
| 考核得分合计 | | | |

具体的考核标准如下。

（1）回访时间。在公司规定的时间内进行客户回访，得满分；每发现 1 次延迟回访，减__分；延迟回访次数超过__次，该项不得分。

（2）回访数量及质量。应完成客户回访数量和质量任务；客户回访率每降低__%，减__分；客户回访成功率低于__%，减__分；客户回访成功率低于__%，不得分。

（3）回访流程与规范。严格执行《客户服务部客户回访管理制度》。违反回访流程及行为规范的，发现 1 次，减__分。

（4）回访内容。客户回访内容设计要科学合理。每发现 1 次回访内容不合理，减__分；查处回访内容设计不合理次数超过__次，不得分。

（5）回访资料。收集、整理客户回访资料。回访记录每缺失 1 份，减__分。回收率每降低__%，减__分。

（6）回访统计分析报告。定期对客户回访工作认真分析总结，形成季度分析报告和年

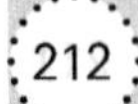



度分析报告，季度分析报告与本季度结束后 10 个工作日提交，年度分析报告于本季度结束后 15 个工作日内提交。每发现 1 次延迟，减__分。有效信息每被公司采纳 1 条，加__分。

（7）回访费用控制。控制客户回访费用在公司预算范围内。每超过预算__%，或报销未严格按照报销手续的，每发现 1 条，减__分。

### 9.3.2 客户回访记录表模式

客户回访记录表模式较多，现列举 3 种，分别见表 9-3～表 9-5。

**表 9-3 主动回访记录表（模式一）**

<table>
<tr><td colspan="6" rowspan="2">客户回访记录表</td><td>公司：</td><td>编号</td></tr>
<tr><td>服务顾问：</td><td></td></tr>
<tr><td>序号</td><td>回访类别</td><td>回访时间</td><td>客户姓名</td><td>电话</td><td>车牌号</td><td>回访事由</td><td>客户建议或意见</td></tr>
<tr><td></td><td></td><td></td><td></td><td></td><td></td><td></td><td></td></tr>
<tr><td></td><td></td><td></td><td></td><td></td><td></td><td></td><td></td></tr>
<tr><td></td><td></td><td></td><td></td><td></td><td></td><td></td><td></td></tr>
<tr><td></td><td></td><td></td><td></td><td></td><td></td><td></td><td></td></tr>
<tr><td></td><td></td><td></td><td></td><td></td><td></td><td></td><td></td></tr>
<tr><td></td><td></td><td></td><td></td><td></td><td></td><td></td><td></td></tr>
<tr><td></td><td></td><td></td><td></td><td></td><td></td><td></td><td></td></tr>
<tr><td></td><td></td><td></td><td></td><td></td><td></td><td></td><td></td></tr>
</table>

**表 9-4 客户回访表（模式二）**

<table>
<tr><td colspan="18">客户回访表</td></tr>
<tr><td colspan="2">新车资料</td><td colspan="2">车牌号：</td><td colspan="2">底盘号：</td><td colspan="4">车型/配置：</td><td colspan="2">颜色：</td><td colspan="3">上牌日：</td><td colspan="3">交车日：</td></tr>
<tr><td colspan="18">跟踪管理记录</td></tr>
<tr><td colspan="2" rowspan="2">三日关怀亲访（三日左右）</td><td colspan="2" rowspan="2">通知强保（15 天内或 3000 km 内）</td><td colspan="2" rowspan="2">续保通知</td><td colspan="2" rowspan="2">年检通知（提前 15 天）</td><td colspan="6">定期拜访</td><td colspan="2" rowspan="2">不定期拜访（通知保修到期）</td><td colspan="2" rowspan="2">重大节日问候</td></tr>
<tr><td colspan="2">3 个月</td><td colspan="2">6 个月</td><td colspan="2">12 个月</td></tr>
<tr><td>日期</td><td>执行情况</td><td>日期</td><td>执行情况</td><td>日期</td><td>执行情况</td><td>日期</td><td>执行情况</td><td>日期</td><td>执行情况</td><td>日期</td><td>执行情况</td><td>日期</td><td>执行情况</td><td>日期</td><td>执行情况</td><td>日期</td><td>执行情况</td></tr>
<tr><td></td><td></td><td></td><td></td><td></td><td></td><td></td><td></td><td></td><td></td><td></td><td></td><td></td><td></td><td></td><td></td><td></td><td></td></tr>
<tr><td></td><td></td><td></td><td></td><td></td><td></td><td></td><td></td><td></td><td></td><td></td><td></td><td></td><td></td><td></td><td></td><td></td><td></td></tr>
<tr><td></td><td></td><td></td><td></td><td></td><td></td><td></td><td></td><td></td><td></td><td></td><td></td><td></td><td></td><td></td><td></td><td></td><td></td></tr>
<tr><td></td><td></td><td></td><td></td><td></td><td></td><td></td><td></td><td></td><td></td><td></td><td></td><td></td><td></td><td></td><td></td><td></td><td></td></tr>
<tr><td></td><td></td><td></td><td></td><td></td><td></td><td></td><td></td><td></td><td></td><td></td><td></td><td></td><td></td><td></td><td></td><td></td><td></td></tr>
<tr><td></td><td></td><td></td><td></td><td></td><td></td><td></td><td></td><td></td><td></td><td></td><td></td><td></td><td></td><td></td><td></td><td></td><td></td></tr>
</table>

表 9-5 客户跟进工作记录表(模式三)

| 第 1 次跟进 | 跟 进 理 由 | 跟 进 结 果 |
|---|---|---|
| 日期 | (1)<br>(2)<br>(3)<br>(4)<br>(5) | 经理确认 |
| 联系方式:□电话□信函□电子邮件□拜访□微信□QQ□展厅接待□其他 | | |
| **第 2 次跟进** | **跟 进 理 由** | **跟 进 结 果** |
| 日期 | (1)<br>(2)<br>(3)<br>(4)<br>(5) | 经理确认 |
| 联系方式:□电话□信函□电子邮件□拜访□微信□QQ□展厅接待□其他 | | |
| **第 3 次跟进** | **跟 进 理 由** | **跟 进 结 果** |
| 日期 | (1)<br>(2)<br>(3)<br>(4)<br>(5) | 经理确认 |
| 联系方式:□电话□信函□电子邮件□拜访□微信□QQ□展厅接待□其他 | | |
| **第 4 次跟进** | **跟 进 理 由** | **跟 进 结 果** |
| 日期 | (1)<br>(2)<br>(3)<br>(4)<br>(5) | 经理确认 |
| 联系方式:□电话□信函□电子邮件□拜访□微信□QQ□展厅接待□其他 | | |

## 9.4 技能实训:客户回访

### 1. 实训要求及注意事项

(1) 按实训规定穿好服装。男生穿衬衫、西服、领带、深色皮鞋;女生穿衬衫、西装裙、丝巾、黑色皮鞋,长发盘起;

(2) 实训时要认真积极,不允许说笑、打闹;

(3) 服从实训指导教师的安排，未经教师批准，不得擅自离开、开启车辆等；

(4) 实训时，注意使用标准话术及动作的规范性；

(5) 车辆、工作场所、通道应保持有序、整洁；

(6) 实训结束，整理、清洁设备和场地。

**2. 设备/工具/耗材的要求**

(1) 设备：前台桌、椅子、模拟电话机、电话接拨话术卡、电话信息记录卡、客户信息参考脚本；

(2) 耗材：文件夹、签字笔、记录纸。

**3. 实训主要步骤**

(1) 组织学生学习电话接待的相关知识和礼仪要求。

(2) 安排学生充当销售顾问或客服人员，要求每个人进行演示：

① 对需要回答的业务内容作一定范围的规定，电话机设在免提状态，以确保周围都能听到；

② 由其他学生扮演客户，销售顾问或客服人员与之进行3～5分钟的对话；

③ 客户除了需要回答提出的各种问题外，也可以适当提些问题。

(3) 以客户身份，拨打中国移动10086、电信10000、联通10010，开设在免提功能，通过人工服务，学习电信企业客服代表的专业回复。

(4) 组织学生编写各类回访短信模版。

**4. 实训参考话术**

**【客户交车回访话术示例】**

1) 交车客户离店2小时

"××先生/女士，××4S店祝贺您购买了××汽车，祝愿您在遵守安全规则的同时充分享受驾驶乐趣！您以后若对车辆有任何疑问或问题，请及时联系我们的客户热线××××-××××××，我们将竭诚为您服务！小张祝您一路平安！"

2) 交付第3天回访

(1) "您好！我是××4S店销售顾问××，请问是××先生/女士吗？"

(2) "这几天您新买的××汽车使用情况是否一切顺利？"(如遇问题，记录并及时协调解决，访问终止，若肯定答复，请继续……)"您对车辆的功能操作清楚吗？推荐您阅读本车的《使用说明》，正确使用、护理爱车。"

(3) 挂机时："好的，谢谢您！如有问题请随时和我们联系，祝您一切顺利！"

3) 交车后7天内

此次回访主要目的是关心客户对于新车操作有无疑问，感谢客户对于公司SSI的反馈，提醒厂家SSI。

话术示范：

(1) "××先生/女士，您好！我是××4S店的小张。现在接听电话方便吗？"

(2) "给您打电话主要是关心一下，对于新车上的操作，不知道您有没有什么不清楚的地方？需不需要我再为您讲解一下。"

(3)“昨天我看到公司客服中心对您做的销售满意度调查评分表,您都给小张打的十分,(如果不是十分,询问原因,提及改进措施)非常感谢您对我的信任和支持,以后您车辆的事情就是我车辆的事情,有什么需要帮助的请随时与我联系,我一定会提供我最大的帮助。”

(4)“还有就是,我们厂家还有一次回访,就是 021 或者 400 上海那边的电话,请您一定要注意接听一下,回访内容和上次您到我们店提车时我们经理做的面访内容是一样的,您上次提车时都是非常满意的,如果回访到您,也要给小张打非常满意,上面的内容都要回答做了的啊。”

(5)“如果您在车辆使用中有任何问题,都可以随时与我联系。”

(6)“感谢您对我的信任和支持,在我们公司购车。我们有什么做得不好的地方,还请××先生/女士多多包涵,最后祝您用车愉快,生活幸福,再见。”

4) 交车后第 15 天内,公司 SSI 回访结果出来之后

此次回访的主要目的是询问客户是否有转介绍,进行寒暄后再次提醒厂家回访。

(1)“××先生/女士,您好!我是××4S 店的小张啊,现在方便接听电话吗?”

(2)“车辆用了快半个月了,这几天新车使用情况怎么样?一切都还满意吧?”

(3)“上次不是听您说有朋友也在看我们品牌的车,不知道他最近有没有买车的打算啊?”

(4)“××先生/女士,这边还要麻烦您一下,就是我上次给您说的厂家回访您接到电话了吗?(没有),它是从我们所有客户中随机抽取,时间有点长,可能有二十分钟。如果××先生/女士有幸被抽中了,请一定要帮小张所有项目给好评,都要打满分,到时候公司还会送些小礼品,这个忙××先生/女士一定要帮啊,所以如果是看到 021 或者是 400 的电话,请一定要接听。”示意图参见图 9-3。

(5)“再次表示感谢,祝您用车愉快,再见。”

**图 9-3 请求客户在厂家回访时打满分**

5) 交付第 3 周回访

(1)“您好!××先生,我是××4S 店销售顾问××,接电话方便吗?(如方便,继续)这一段时间您的新车使用情况是否一切顺利(如遇问题,作好记录并及时协调解决,访问

终止;若肯定答复,请继续……)?”

(2)“您周围的同事或朋友对您的新车评价怎么样?”如积极答复,则追问:“他们中有需要买车的吗? 您可以方便把他的联系方式告诉我吗?”如表示不便,则回答:“或者您推荐他们过来找我好了,我一定做好服务,让您和您的朋友都满意。”若评价不够,则追问:“那您有哪些问题需要我们尽快解决的请告诉我,我会协调相关人员帮您解决(表现出买卖不在诚意在的真诚与热心态度)。”

(3)挂机时:“好的,谢谢您,如有问题,请随时和我们联系,祝您一切顺利!”

6)交车后30天内

此次回访主要目的是询问客户公里数,提醒客户首保公里数及时间要求,询问厂家是否回访。

(1)“××先生/女士,您好! 我是××4S店的小张,我又给您打电话了,现在方便接听电话吗?”

(2)“您车子都提了一个月了,开了好多公里了吧? 对车子使用还满意吗? 油耗怎么样啊? 我对您做下首保提醒,我们首保是5000km,时间是6个月内,以先到为准,您到时候要过来提前一天和我联系,我帮您预约,过来就不用排队了。”

(3)“好的,到时候您朋友要买车一定要给小张介绍啊,我们还可以办老带新,要送礼物的。”

(4)“××先生/女士,您有没有接到厂家的回访电话?”(接到了,都打的满分)“那非常感谢,下次您来保养,我让公司送小礼物。”(没有接到)“那××先生/女士一定要多留意一下,如果有021或者是400的电话,一定要接听,打9.9分这个月工资扣多了,拜托了。”

(5)“有什么需要帮助的,随时和我联系,祝您用车愉快,再见。”

**【销售回访满意度电话话术示例】**

“您好,我是××旗舰店的回访专员,请问您是××先生/小姐吗? 不好意思,打扰您了,我想对您在我店购买的××车现在的使用情况进行一个满意度的电话回访,大概需要打扰您几分钟,请问您现在是否方便呢?”

(1)“请问在交车之后,销售顾问是否主动跟您联系,确保您购车及用车的满意状况呢?”

(2)“请问您在提车的时候,是否进行了试乘试驾?”

(3)“请问在您提车时,销售顾问是否给您加了1/4的汽油?”

(4)“请问我们的销售顾问是否给您介绍了售后服务代表?”

(5)“请问您对我们的销售顾问是否满意? 包括礼貌、热情方面,汽车专业知识方面,解释您所有的疑问。”

(6)“请问在您购车整个过程中,有关书面文件(投保单、上牌资料、用户信息登记本、交车确认表)的解释,办理速度是否满意呢?”

(7)“完成购车书面文件的整个过程是否便捷?”

(8)“专营店是否在承诺的时间内交车?”

(9)“交车时,对新车的车况和整洁程度(包括干净,无凹陷,无划痕等)方面是否满

意呢？”

(10)“交车时，对专营店人员为您详细的解释(用户手册，配置等)方面是否满意呢？”

(11)“对专营店完成交车过程所需时间(包括检查配置、用户手册等)方面是否满意呢？”

(12)“在整个交车过程中，销售顾问对您的关注程度方面是否满意呢？”

(13)“从整个过程来说，您在这家专营店的总体购车体验是否满意呢？”

(14)“请问您是否是首次购车？”

是：“恭喜您了，还要提醒您一下，首保的时间是一个月或者 1000km 以内，以哪个条件先到为准，希望您提早跟我们店里预约，为您安排合适的时间。”

不是：“您原来的车子现在还在使用吗？我们店里也有二手车置换服务，请问我们的销售顾问是否向您推荐过呢？”

(有：“请问是什么原因没有在我们这边回购呢？您的车子是通过什么渠道卖掉的？”)

(没有：“我们这边也有二手车回购，有需要的话您也可以拿过来评估一下，如果价钱合适，我们就可以回购的。”)

(15)“您是哪位介绍过来的？

另外还要提醒您一下，您首保的时间是一个月或者 1000km 以内，以哪个条件先到为准，希望到时候提前跟我们这边预约下，让我们为您安排合适的时间。

非常感谢您对我们提的建议，您的建议是我们前进的方向。以后我们会在各方面都有所改进，做得更加完善。

最后，非常感谢您的配合，有一件事情可能还要麻烦您一下。我们总部可能会打电话给您，让您做满意度问卷，麻烦您到时候每项都给我们打 10 分可以吗？

非常感谢您，祝您行车平安，打扰了，再见。”

**【回访短信模版示例】**

回访短信参见表 9-6。

**表 9-6　回访短信模版**

| 类　型 | 短信回访参考样例 | 备　注 |
|---|---|---|
| 来电客户 | ××先生/女士，您好！感谢您来电咨询，××4S 店销售顾问××有幸为您服务，欢迎您随时来店亲临体验，祝您和家人身体健康，事事如意 | |
| 首次来店客户 | ××先生/女士，您好！感谢您对××汽车品牌的厚爱！如果您一直关注，我会坚持为您服务，欢迎您随时致电××咨询，期待与您有更深层次的交流与合作！祝您和家人身体健康，事事如意！您的专属销售×× | |
| 1 级、2 级客户 | ××先生/女士，您好！感谢您对××车型的关注！近期有最新资讯，我会第一时间告诉您，进无止境的是我们给您的承诺，期待您再次光临！祝您和家人身体健康，事事如意！您的专属销售×× | |

续表

| 类　型 | 短信回访参考样例 | 备　注 |
|---|---|---|
| 3级、4级客户 | ××先生/女士，您好！冒昧打扰您了，如果××车型纳入您的购车计划，我们欢迎您随时来电或来店深度体验！祝您和家人身体健康，事事如意！您的专属销售×× | |
| 大型促销活动 | ××先生/女士，您好！我公司××活动即将开始，您所关注的××车型也在活动范围内，会给您带来震撼的惊喜。详情咨询您的专属销售×× | |
| 订车客户 | ××先生/女士，您好！感谢您对我公司的信任与支持，您的爱车到店之日前我会第一时间通知您，期间有任何疑问请与我联系，我将与您共同关注您的爱车！您的专属销售×× | |
| 车辆分配及提车通知 | ××先生/女士，您好！××提前恭喜您成为××车子的车主！您所订购的爱车将于×日到店！请准备好提车所需的资料（身份证、银行卡……）。祝您和家人身体健康，事事如意！您的专属销售×× | |
| 交车后12小时内 | ××先生/女士，您好！今天是对您特别喜庆的日子，××恭喜您如愿开上您的爱车！很期待更多为您服务的日子。如果您身边有朋友对这款车感兴趣，请帮我们美言几句，推荐一下，找我咨询！您也会收到一份意外的惊喜！您的专属销售×× | |
| 交车后24小时内 | ××先生/女士，您好！如果您对车辆的操作有任何疑问，可以直接咨询我！祝您用车愉快！您的专属销售×× | |
| 战败客户 | ××先生/女士，您好！恭喜您如愿开上爱车，××车也是一款不错的车子！如果您身边有朋友对这款车感兴趣，请帮我们美言几句，推荐一下，找我咨询！对此表示衷心的感谢！××祝您和家人身体健康，事事如意 | |

## 练习与思考题

### 1. 选择题

(1) 回访时间一般是每天的(　　)。

A. 全天

B. 早上6:00至晚上22:00

C. 上午9:00至11:00，下午16:00至18:00

D. 晚上18:00后

(2) 用户回访登记表一般不包括(　　)。

A. 姓名　　B. 日期　　C. 行驶里程数　　D. 时间

(3) 销售顾问提醒客户新车的首保为(　　)km。

A. 2500　　B. 5000　　C. 7500　　D. 9000

(4) 对于维修后的车辆，要(　　)分类进行回访。

A. 根据维修日期　　B. 根据维修程度

C. 根据维修部位　　D. 根据维修时车辆的整体情况

(5) 总成大修的车辆在维修后需要进行电话回访至少三次,分别是(　　)。

A. 第一次三天内,第二次半个月内,第三次两个月内

B. 第一次一周内,第二次半个月内,第三次两个月内

C. 第一次一周内,第二次一个月内,第三次两个月内

D. 第一次三天内,第二次一个月内,第三次两个月内

(6) (　　)不是销售顾问回访的主要任务。

A. 提供用车信息

B. 核实交易事项

C. 提供咨询服务

D. 消除客户可能产生的失落情绪

(7) 销售顾问在进行电话回访时,正确的语言表达方式是(　　)。

A. 只使用普通话　　B. 使用自己的方言

C. 使用普通话,或与来电同样的方言　　D. 使用当地的方言

(8) 销售顾问在作电话回访服务时,完整的记录要点是(　　)

A. 何时,何人　　B. 何时,何事

C. 何时,何人,何地,何事,为什么　　D. 何时何地何事

### 2. 判断题

(1) 在进行电话回访时,要说清楚自己的身份,避免客户误会。　　(　　)

(2) 首日客户回访应该在交车当天或第二天。　　(　　)

(3) 销售顾问可以根据自己的时间确定回访日期,回访后如果客户没有问题,可以不用作回访记录。　　(　　)

(4) 通过回访可以赢得客户的安心和满意,也可提高 4S 店的服务能力。　　(　　)

(5) 销售顾问在进行电话访问时,要礼貌地询问客户是否方便接听电话,如不方便要跟客户另约时间。　　(　　)

### 3. 简答题

(1) 电话跟踪服务的好处是什么?

(2) 新车客户回访的意义何在?

# 作　业　单

## 作业单 1-1　仪容检视

根据仪容检视情况填写作业表 1-1。

作业表 1-1　仪容检视表

| 项目 | 评价标准 | 达标 | 未达标 | 未达标整改项目说明及要求 |
|---|---|---|---|---|
| 头发 | 不彩染、不怪异 | | | |
| | 无油腻、无头屑、无气味 | | | |
| | 前不齐眉、侧不遮耳、后不触领 | | | |
| 面部 | 化淡妆上岗 | | | |
| | 不留胡须 | | | |
| | 牙齿清洁无异物、口腔无异味 | | | |
| | 眼耳鼻口无分泌物、耳鼻毛不外露 | | | |
| 手部 | 保持手部清洁 | | | |
| | 不留长指甲 | | | |
| | 指甲不染色 | | | |

## 作业单 1-2 仪表检视

根据仪表检视情况填写作业表 1-2。

作业表 1-2 仪表检视

| 项目 | 评 价 标 准 | 达标 | 未达标 | 未达标整改项目说明及要求 |
|---|---|---|---|---|
| 工装 | 按岗位规定着装 | | | |
| | 不脏、不皱、不破损 | | | |
| 皮鞋 | 系好鞋带、保持光亮 | | | |
| 袜子 | 不脏、不破、无异味 | | | |
| 口袋 | 上衣口袋和裤子口袋里不乱放杂物 | | | |
| 领带 | 不脏不皱，长度触及皮带扣 | | | |
| 饰品 | 正确佩戴工牌、胸卡 | | | |
| | 不戴与身份、岗位不相符的饰品 | | | |

## 作业单1-3　女生化妆检视

根据女生化妆检视情况填写作业表1-3。

作业表1-3　女生化妆检视表

| 化妆程序 | 标　　准 | 达标 | 未达标 | 未达标整改项目说明及要求 |
| --- | --- | --- | --- | --- |
| 拍爽肤水 | 不过敏，不起红斑 | | | |
| 润肤 | 不起皮，不起皱 | | | |
| 粉底 | 不厚重，与肤色不要有太大反差 | | | |
| 定妆 | 通透，无痕迹 | | | |
| 画眉 | 与脸形相符，不脱离眉骨 | | | |
| 画眼影 | 宜用咖啡色、明黄色、淡紫色等 | | | |
| 画眼线 | 不张扬 | | | |
| 涂睫毛膏 | 睫毛不粘连 | | | |
| 涂腮红 | 宜用肉粉色 | | | |
| 涂口红 | 与眼影、腮红协调 | | | |

# 作业单 1-4 电话信息记录

根据电话信息记录情况填写作业表 1-4。

作业表 1-4 电话信息记录卡

| 日期 | | 销售顾问 | |
|---|---|---|---|
| 来电方(客户) | | 电话号码 | |
| 来电时间(时段) | | | |
| 来电内容 | | | |
| 处理意见 | | | |
| 备注事项 | | | |
| 去电方(客户) | | 通话人 | |
| 去电时间(时段) | | 通话时间 | |
| 去电内容 | | 通话结果 | |
| 备注事项 | | | |

# 作业单 2-1　潜在客户识别和开发技巧

根据潜在客户开发方法和技巧技能实训的内容，填写作业表 2-1。

**作业表 2-1　潜在客户识别和开发技巧**

<table>
<tr><th>项　目</th><th>实训题目</th><th>答　案</th></tr>
<tr><td rowspan="3">潜在客户识别</td><td>开发客户的渠道中，线上渠道和线下渠道最大区别和优势是什么？</td><td></td></tr>
<tr><td>潜在客户最需要具备的特质有哪些？</td><td></td></tr>
<tr><td>如何判定一个潜在客户的级别？都有哪些信号？</td><td></td></tr>
<tr><td rowspan="3">潜在客户开发技巧</td><td rowspan="3">如果要策划举办一次车展，你认为哪些方面需要重点筹划，才能更好地进行潜在客户开发？</td><td></td></tr>
<tr><td></td></tr>
<tr><td></td></tr>
</table>

## 作业单 3-1　展厅接待

姓名：________________ 班级：________________ 日期：________________

1. 在作展厅接待前，销售顾问要注意的展厅客户接待规范包括：________、________、________、________、________。

2. 甄别客户的参考话术是什么？

3. 客户的基本信息登记

将客户的基本信息记录到作业表 3-1 中。

作业表 3-1　客户基本信息登记表

| 前台接待 | | | | | | | | | | 销售顾问反馈 | | | | | |
|---|---|---|---|---|---|---|---|---|---|---|---|---|---|---|---|
| 序号 | 日期 | 客户状态 | 电约进店类型 | 到店时间 | 离店时间 | 停留 | 销售前台 | 销售组别 | 销售顾问 | 客户姓名 | 留档 | 信息来源 | 区域 | 意向车型 | 客户级别 |
| 1 | | | | | | | | | | | | | | | |
| 2 | | | | | | | | | | | | | | | |
| 3 | | | | | | | | | | | | | | | |
| 4 | | | | | | | | | | | | | | | |
| 5 | | | | | | | | | | | | | | | |
| 6 | | | | | | | | | | | | | | | |
| 7 | | | | | | | | | | | | | | | |
| 8 | | | | | | | | | | | | | | | |
| 9 | | | | | | | | | | | | | | | |
| 10 | | | | | | | | | | | | | | | |
| 11 | | | | | | | | | | | | | | | |
| 12 | | | | | | | | | | | | | | | |
| 13 | | | | | | | | | | | | | | | |
| 14 | | | | | | | | | | | | | | | |
| 15 | | | | | | | | | | | | | | | |

4. 客户进店后，自行看车，不理睬前台时，你会如何应对？

5. 客户进来直接问价格，并索要最低价时，你会如何应对？

6. 客户说他刚去过另一品牌店，并大力夸奖该品牌的车如何之好时，你会如何应对？

# 作业单 4-1 客户需求分析演练

姓名：________________ 班级：________________ 日期：________________

1. 试着分析当前这个客户的性格类型。

2. 如果这个客户的性格类型是抒发型，我们如何应对？

3. 如果这个客户的性格类型是控制型，我们如何应对？

4. 需求分析

将需求分析情况填入作业表 4-1。

**作业表 4-1 需求分析表**

填表日期：________________ 销售客户：________________ 客户姓名：________________

<table>
<tr><td rowspan="4">基本信息</td><td>性别</td><td></td><td>联系电话</td><td></td></tr>
<tr><td>年龄</td><td></td><td>购车阶段</td><td>○进过其他品牌店<br>○进过其他奥迪店</td></tr>
<tr><td>兴趣爱好</td><td></td><td>预期购买日期</td><td></td></tr>
<tr><td>客户类型</td><td>○首购 ○再购</td><td>客户级别</td><td>H 级 A 级 B 级 C 级 O 级</td></tr>
<tr><td rowspan="2">车型预算</td><td>意向车型</td><td></td><td>二手车置换</td><td>○是 ○否</td></tr>
<tr><td>购车预算</td><td></td><td>金融产品</td><td>○是 ○否</td></tr>
<tr><td rowspan="2">用车历史</td><td>当前车型</td><td></td><td>当前车龄</td><td></td></tr>
<tr><td>当前行驶里程</td><td></td><td>使用感受及问题</td><td></td></tr>
</table>

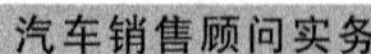


续表

<table>
<tr><td rowspan="2">购车用途</td><td>购车性质</td><td>○私人 ○公司 ○政府<br>○其他______</td><td>新车用途</td><td>○商用 ○休闲 ○上班上学<br>○家庭 ○旅游 ○其他______</td></tr>
<tr><td>主要使用者</td><td></td><td>乘客类型及数量</td><td></td></tr>
<tr><td>产品需求</td><td>性能偏好</td><td>○外观 ○内饰 ○动力<br>○操控 ○舒适 ○安全<br>○使用成本 ○其他____</td><td>配置需求</td><td></td></tr>
<tr><td rowspan="2">推荐方案</td><td>车型</td><td></td><td>金融方案</td><td></td></tr>
<tr><td>二手车方案</td><td colspan="3"></td></tr>
</table>

5. 在与客户沟通过程中，当客户对竞品意向较大时，你会如何应对？

6. 在与客户沟通过程中，当客户对动力操控十分在意时，你会如何推荐自己的车型？

7. 在与客户沟通过程中，当客户对舒适性要求很高时，你会如何推荐精品？

## 作业单 5-1　六方位环车介绍

姓名：__________________ 班级：__________________ 日期：__________________

1. 在作汽车产品介绍前，要具体做的准备工作包括：__________、__________、__________、__________。

2. 汽车环车介绍的循序是：______________________________________________________________________________。

3. 将六方位主要的介绍内容填入作业表 5-1。

作业表 5-1　六方位主要介绍内容

| 方　位 | 具体位置 | 介绍内容 | 介绍时的注意要点 |
| --- | --- | --- | --- |
| 第一方位 | | | |
| 第二方位 | | | |
| 第三方位 | | | |
| 第四方位 | | | |
| 第五方位 | | | |
| 第六方位 | | | |

4. 在你介绍的过程中，当客户拿其他车型与你所推荐车型相比较时，你会如何应对？

5. 当客户最关心车辆的操控性和舒适性时，你会如何应对？

## 作业单6-1　车辆试乘试驾

姓名：________________　班级：________________　日期：________________

**1. 填空题**

(1) 请将正确的选项分类填到合适的位置。

A. 车辆准备　　B. 文件资料准备　　C. 试乘试驾中的操作规范

D. 特殊情况应对　　E. 车辆归位　　F. 要点介绍及信息填写

G. 体验重点项目　　H. 注意事项　　I. 商谈促进

J. 试乘试驾中的话术　　K. 获取客户信息

试乘试驾前　　试乘试驾中　　试乘试驾后

(2) 试乘试驾路线应该标明(　　),时间控制在(　　)min 左右为宜。

(3) 所选道路应避免(　　)地区和(　　)地区。

(4) 与客户交换驾驶时,应为客户打开(　　),请客户入座,并指导其调整(　　)、(　　)、(　　)等,协助客户达到最佳的驾驶姿势后,轻声关上门,同时提醒客户系上(　　)及遵守(　　),确保试驾的安全。

(5) 在换乘时需先将(　　)关闭,然后取下(　　),待客户入座,销售顾问进入副驾驶座后,再将(　　)交由客户。

(6) 试乘试驾结束后,销售顾问在客户需要车后须确认(　　)。

**2. 多项选择题**

(1) 提醒客户参加试乘试驾活动准备(　　)。

A. 提醒客户最好穿运动鞋、轻便服装

B. 确认是否需要带家人及朋友同来

C. 客户试乘试驾协议准备

D. 提醒客户带好行驶证

(2) 试乘试驾前车辆准备(　　)。

A. 定期做 PDI 检查,查看车辆状态,排除任何故障

B. 车辆油料充足、内外整洁,且试乘试驾车贴完整无损

C. 车辆内无私人物品,将座椅塑料套去除干净并套上座椅套,有脚垫、有抽纸

D. 备有车辆可以播放的音乐光碟,类型丰富,可由客户选择播放

(3) 试乘试驾应注意(　　)。

A. 采用提示性语言,尽量避免与客户做过多交谈,以免分散客户行车的注意力

B. 及时提醒客户行驶路线及注意事项

C. 多采用封闭式提问、寻求客户认同感

D. 应多与客户沟通交谈，并对车辆进行讲解

(4) 未能促成现场成交时，(　　)。

A. 面对未能成交情况，要正确认识失败

B. 不要流露出失望无奈的表情

C. 要继续保持热情态度

D. 友好地与客户告别，真诚感谢客户

(5) 试乘试驾应注意(　　)。

A. 严格遵守驾驶规章制度，保证安全

B. 全程系好安全带

C. 遵从销售顾问的指示和安排

D. 可体验一下危险驾驶动作，以全面展示车辆的各种性能

E. 造成的一切交通违章由驾驶员承担

**3. 判断题**

(1) 试乘试驾过程中，销售顾问可无驾照，但客户必须有驾照。(　　)

(2) 带领客户到试乘试驾车停放区，并注意礼仪，如替客户开车门、关车门，由客户将试驾车辆开出展厅。(　　)

(3) 客户到达试乘试驾车之后，启动发动机并准备好 CD，将车内温度调到最舒适的状态。(　　)

(4) 为了使客户对汽车的性能有直观感受，销售顾问可灵活运用试乘试驾话术，让客户体验试乘的感受。(　　)

(5) 运用 FAB 话术向客户讲解所试乘试驾车的各项功能。(　　)

(6) 与客户交换驾驶时，应选择适当的安全地点换手，将车辆停妥并熄火下车。(　　)

(7) 试驾时，只需主驾驶座上的人系好安全带，副驾驶则无须系安全带。(　　)

(8) 自己坐上副驾驶座后，以双手将钥匙交给试驾的客户，试驾中要确保行车安全，并控制好时间。(　　)

**4. 创意题**

请用自己的方式创作一张邀请客户进行试乘试驾体验活动的邀请卡，注意在邀请卡上要尽可能注明活动时间、地点、流程，并提醒客户携带驾驶证等。

## 作业单 7-1　报价方法与技巧

根据汽车报价方法与技巧掌握情况，填写作业表 7-1。

作业表 7-1　报价方法与技巧问答

| 项　目 | 问　题 | 答　案 |
| --- | --- | --- |
| 报价方法 | 报价方法有哪些 | |
| 报价技巧 | 报价前需要做哪些准备 | |
| | 报价过程中的四步报价法是什么 | |
| | 举例说明如何采用对半报价法 | |
| | 举例说明如何利用吉利数字进行报价 | |
| | 举例说明如何采用模糊报价法 | |
| 报价时机 | 最好的报价时机是什么时候 | |

## 作业单 7-2　客户异议的分析与处理

模拟销售场景，对销售场景中出现的客户的异议进行分析和判断。掌握对客户异议的分析方法后，进行客户异议的处理的情景模拟，从而掌握对客户异议的处理方法。根据销售模拟场景填写作业表 7-2。

作业表 7-2　客户异议分析与处理

| 项　目 | 问　题 | 答　案 |
|---|---|---|
| 对客户异议的分析能力 | 如何辨别是真实异议，还是表面异议 | |
| | 实训中，客户的异议属于哪一种 | |
| 对客户异议的处理能力 | 实训中，处理异议时用了哪些方法 | |
| | 实训中，处理异议时用了哪些技巧 | |

## 作业单 7-3　成交技巧实训

模拟销售场景，在销售场景中识别出成交信号。识别成交信号后，进行成交环节的情景模拟，应用成交技巧达成成交。根据销售模拟场景填写作业表 7-3。

作业表 7-3　成交信号识别与技巧

| 项　　目 | 问　　题 | 答　　案 |
|---|---|---|
| 成交信号识别 | 实训中，客户有哪些成交信号 | |
| 成交技巧 | 实训中，你使用了哪些成交技巧 | |
| 新车订购流程 | 实训中，你在交车环节做了哪些工作 | |

## 作业单 8-1　PDI 检查流程

姓名：________________ 班级：________________ 日期：________________

### 1. 写出作业图 8-47 中车载工具的名称与使用位置

| | |
|---|---|
| 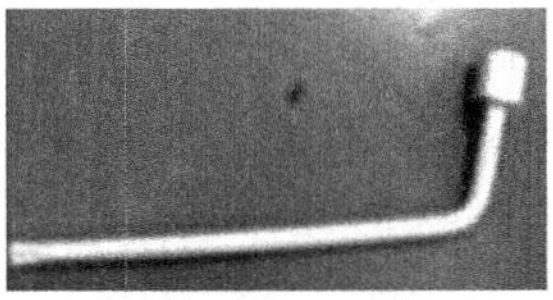 | |
|  | |
|  | |
|  | |

作业图 8-1　车载工具

### 2. PDI 检查表的认识

熟悉作业表 8-1 和作业表 8-2 中的每项内容含义，运用现场的车辆，实际对照各个项目检查。也可以再列举几个不同品牌车型的表格，对比执行。

**作业表 8-1　商品车 PDI 检查表 1**

VIN：____________ 检查日期：________ 公里数：________ 车身颜色：________

**一、上牌项目**

1. 车身钢印：□正常　□缺失　□缺字、笔画　□字体不清　□号码错误
2. 车身铭牌：□正常　□缺失　□缺字、笔画　□字体不清　□号码错误　□日期不符

续表

3. 前挡风玻璃下方铭牌：□正常 □缺失 □号码错误

4. 合格证：□正常 □无公章 □VIN 号不正确 □发动机号不正确 □车身颜色不符

**二、安全及行驶项目**

1. 发动机：□正常 □无法启动 □冷却液液位低 □机油液位低 □抖动 □异响

2. 变速箱：□正常 □无法行驶 □漏油 □无法挂挡(MT) □无挡位(AT) □异响

3. 制动系统：□正常 □制动液液位低 □制动液泄漏 □制动失效 □异响

4. 转向系统：□正常 □转向液位低 □转向重 □异响

5. 发动机舱内管子、卡箍：□正常 □________脱落、松动

6. 燃油泄露：□正常 □发动机舱内 □车辆后部

7. 车身钣金开裂：□正常 □________位置钣金开裂

8. 外部灯光检查：□正常 □高位刹车灯部分不亮

____________________常亮 ____________________不亮

9. 内部灯光检查(仅限于仪表头各类指示灯/故障灯)：□正常

________________常亮 ________________闪烁 ________________不亮

**三、配置检查**

1. On Star(如配置) □信号正常 □无信号

2. 轮船、钢圈一致性(牌子、型号) □一致 □不一致 □________鼓包 □缺肉

3. 全车玻璃：________位置 □正常 □气泡 □裂纹 □碎裂

4. 四门防擦条(外观)(如配置) □一致 □不一致

5. 四门内饰板(外观) □一致 □不一致

6. 左右外后视镜(外观) □一致 □不一致

**四、功能性检查**

1. 天窗功能(如配置)：□正常 □无法开启 □无法关闭 □遮阳板无法正常关闭

2. 音响娱乐功能：□正常 □无法开机 □无声音 □屏幕显示不正常(包括无显示)

3. 空调功能(当环境温度大于 5℃时检查)：□正常 □无法制冷 □出风模式不正常 □异响

4. 四门玻璃升降功能(配置电动升降开关)

左前门：□正常 □无法升降 右前门：□正常 □无法升降

左后门：□正常 □无法升降 右后门：□正常 □无法升降

5. 驾驶员座椅电动调节(如配置)：□正常 □无法前后 □调节异响

6. 遥控钥匙(如配置)：□正常 □无法开门 □无法关门 □钥匙找不到

7. 四门开关：□正常 □________门无法开启 □________门无法关闭 □________门开关异响

8. 雨刮检查：□喷水正常 □动作正常 □漏液

其他：____________________________________________________________

检查人签名：______________

**作业表 8-2　商品车 PDI 检查表 2**

| 检查日期 | 车架号 | 生产日期 |
|---|---|---|
| 对各项检查结果作如下标记"√"=合格　"×"=异常 | | |
| 外部与内部检查：<br>(1) □内部与外部缺陷 | (25) □从内部、悬架及制动器发出的噪声 | 关闭各类检查 |
| (2) □油漆、电镀部件和车内装饰 | (26) □制动器及手刹 | (52) □方向盘自锁功能<br>(53) □手刹调节 |
| (3) □随车物品、工具、备胎、千斤顶、使用说明书、随车钥匙 | (27) □方向盘自动回正<br>(28) □方向盘振动与位置 | (54) □方向盘角度调整 |
| (4) 拆下车轮防波动和车身保护模 | (29) □挡位变化 | (55)□遮阳板 |
| 发动机部分检查： | (30) □里程表行程读数及取消 | (56) □中央门锁及遥控装置(警报) |
| (5) □发动机盖锁扣及铰链<br>(6) □电瓶电极 | 起动发电机检查： | (57) □室内照明灯<br>(58) □阅读照明灯 |
| (7) □电解液高度 | (31) □电瓶和起动机的工作及各警告灯显示情况 | (59) □前后座椅安全带 |
| (8) □主地线 | (32) □怠速 | (60) □座椅靠背角度、座椅调整 |
| (9) □主保险及备用件 | (33) □前部清洗器工作 | (61) □开启 |
| (10) □发动机油位 | (34) □前雨刮器的工作 | (62) □行李箱灯 |
| (11) □冷却液位及水质 | (35) □方向指示灯与自动解除 | (63) □加油盖的开启及燃油牌号 |
| (12) □助力转向液位 | (36) □侧灯和牌照灯 | (64) □行李箱盖(后车门)的关闭及锁定 |
| (13) □变速箱油位 | (37) □大灯及远光(远光指示灯) | 支起汽车检查 |
| (14) □玻璃清洗液位 | (38) □雾灯开关 | (65) □底部、发动机、制动器与燃油管路是否磨损或破损 |
| (15) □传动皮带的松紧状况(助力转向、发电机、压缩机) | (39) □制动灯和倒车灯 | (66) □悬加的固定与螺栓 |
| (16) □油门控制拉线(A/T 控制拉线)关闭发动机盖 | (40) □仪表灯调光灯 | (67) □M/T 油位 |
| 操作与控制检查： | (41) □喇叭 | 降下汽车检查 |
| (17) □离合器踏板高度与自由行程 | (42) □点烟器 | (68) □确认所有车轮螺母扭矩 |
| (18) □制动器踏板高度与自由行程 | (43) □后窗除雾器与指示灯 | (69) □轮胎压力标签 |
| (19) □油门踏板 | (44) □各种挡位下空调系统性能(制冷、送风量) | (70) □轮胎压力(包括备胎) |
| (20) □检查室内保险及备用件 | (45) □循环开关 | (71) □工具与千斤顶 |
| 把点火开关转至位置Ⅰ<br>检查：<br>(21) □收音机调整 | (46) □时钟的设定及检查<br>关闭发动机<br>检查 | 最终检查、准备<br>(72) □冷却风扇 |
| (22) □收音机/录音机/CD 机与天线 | (47) □"未关灯"警告灯 | (73) □怠速/排放 |
| 把点火开关转至位置Ⅱ检查： | 打开所有的车门检查 | (74) □燃油、发动机、冷却液及废气的渗漏 |
| (23) □所有警报灯的检查、发电机、手刹、油压、制动故障、A/T 档位显示器 | (48) □手动车窗 | (75) □热起动性能 |
| 行驶试验<br>检查 | (49) □后门儿童锁<br>(50) □给锁/拉链加注润滑油 | (76) □用 ABS 检测仪检查 ABS 性能<br>(77) □清洗车辆内外部 |
| (24) □驾驶性能 | (51) □关闭车门检查安装情况 | (78) □检查车内包括行李箱是否有漏入 |

续表

| (79) □其他 | | |
| --- | --- | --- |
| PDI | 问题诊断及解决方案与时间： | 销售 |
| 对以上项目的正确安装、调试及操作已做过检查。 | | 该车辆已完成了所有车辆检查项目，可以满意交付客户使用。车上的所有必要附件已配备齐全，所有证明文件已正确填写完毕 |
| 特此证明<br>检查员签字：　　　日期： | | 特此证明<br>检查员签字：　　　日期： |

当一组同学进行实操时，其余同学进行观摩。并且，观摩同学们进行新车交接 PDI 检查作业汇报的录像资料，指出其中与标准的新车交接检查作业规范不符的地方，记录在作业表 8-3 中。

**作业表 8-3　记录表**

| 序　　号 | 不规范的现象 | 规范操作的要点 | 备　　注 |
| --- | --- | --- | --- |
| | | | |
| | | | |
| | | | |
| | | | |
| | | | |

## 作业单 8-2　新车交付流程

姓名：＿＿＿＿＿＿＿＿＿　班级：＿＿＿＿＿＿＿＿＿　日期：＿＿＿＿＿＿＿＿＿

### 1. 交车注意事项

将交车注意事项填入作业表 8-4 中。

作业表 8-4　交车注意事项

| 序号 | 问　　题 | 回　　答 |
| --- | --- | --- |
| 1 | 交车时，客户希望得到什么？ | |
| 2 | 交车前，销售顾问该准备哪些事宜？ | |
| 3 | 交车前，销售顾问该准备哪些物品？ | |
| 4 | 交车时，销售顾问该做什么 | |
| 5 | 交车时，销售顾问该说什么？ | |
| 6 | 如何让客户满意离去？ | |

### 2. 组织策划一次交车仪式

某日，某品牌 4S 店举行了一场别开生面的新车交付仪式。当天正好是车主张先生的生日，4S 店特别为张先生准备了一场特别的交车仪式，并在活动结束后安排工作人员送张先生夫妇离开。

交车仪式的角色设置和任务分配见作业表 8-5。

**作业表 8-5　交车仪式的角色设置和任务分配**

| 角色设置 | 任　　务 |
| --- | --- |
| 销售主管 | 组织安排活动 |
| 销售顾问 | 详细讲解新车在外形设计、配置空间、安全性能等方面的特点，并对新车车内功能重新做一遍完整展示，让客户对新车的使用更加了解 |
| 服务顾问 | 详细讲解新车纳税、办理保险、办理牌照等方面的注意事项，并带领客户办理各种手续 |
| 技术人员 | 对新车的日常维护、行驶中要注意的各种事项作详细说明 |
| 注意事项 | (1) 按照要求在实训室组织进行；<br>(2) 分组举行，每一组同学扮演各个角色；<br>(3) 整个过程需要拍照和摄像，制作总结汇报 PPT 和微视频；<br>(4) 所有人员着装礼仪按 4S 店要求进行 |

# 作业单 9-1 客户关系维系具体方式要点

姓名：________________ 班级：________________ 日期：________________

将客户关系维系具体方式要点填入作业表 9-1。

作业表 9-1 客户关系维系具体方式要点

| 序号 | 方 式 | 流 程 要 点 | 注 意 事 项 |
|---|---|---|---|
| 1 | 上门拜访 | | |
| 2 | 电话关爱 | | |
| 3 | 微信、QQ、短信问候 | | |
| 4 | 礼物(上门/快递) | | |
| 5 | 联谊活动 | | |
| 6 | 金牌服务 | | |
| 7 | 其他 | | |

# 作业单 9-2　新车售后跟踪服务话术

姓名：________________ 班级：________________ 日期：________________

将新车售后跟踪服务话术填入作业表 9-2。

作业表 9-2　新车售后跟踪服务话术

| 售后跟踪关键指标 | 销 售 话 术 | 备　注 |
|---|---|---|
| (1) 销售顾问应了解客户的车辆使用情况，及时解答客户在用车时遇到的问题 | | |
| (2) 在回答客户问题时要耐心，如遇到不懂的问题不要急于回答，征询相关人员后再给予回答 | | |
| (3) 主动提醒客户定期保养，并为客户讲解到经销商保养的好处 | | |
| (4) 邀请、鼓励客户参加车主俱乐部，并告知客户参加的好处 | | |
| (5) 适时让客户介绍新客户，并表示感谢 | | |
| (6) 售后客户跟踪的标准(交车当天问候一次安全) | | |

续表

| 售后跟踪关键指标 | 销售话术 | 备注 |
| --- | --- | --- |
| ① 在车辆交付 24 小时之内，销售顾问询问客户是否满意，并确认车况是否良好 | | |
| ② 在车辆交付 24 小时之内，销售顾问是否主动帮助解决问题 | | |
| ③ 在车辆交付 1～3 天内，提醒客户将会再次联系，进行满意度调查 | | |
| ④ 是否有记录表明曾通过短信或电话向客户传达个性化祝福和问候 | | |
| ⑤ 在交车一周后，问候一次用车操作熟悉情况 | | |
| ⑥ 在交车一个月后，问候一次用车是否有问题，并适当请客户介绍新客户 | | |
| ⑦ 在交车三个月后，问候一次客户的用车感受和出现问题及保养，并适当请客户介绍新客户 | | |

# 参考文献

[1] 李金艳.如何做好汽车销售准备工作[J].职业技术,2012,(02).

[2] 王瑛.浅谈汽车品牌对汽车销售的影响[J].科技创业家,2013.

[3] 赵淑贤.浅谈汽车销售流程及操作技巧[J].中国城市经济,2011.

[4] 王子春.论汽车 4S 店销售顾问绩效考核[J].人力资源管理,2015(10).

[5] 刘鑫爽.浅谈优秀的汽车销售顾问"炼成术"[J].科技资讯,2014, 12(23).

[6] 张艳芳.基于典型工作任务分析的学习情境设计[J].职业教育研究,2013(12).

[7] 邓果露,张凡. 浅谈汽车顾问式销售之产品展示与介绍[J].民营科技,2014,(8).